JN081721

How-nual　Shuwasystem Industry Trend Guide Book

図解入門
業界研究

最新 金融業界の動向とカラクリがよ～くわかる本

業界人、就職、転職に役立つ情報満載!

［第6版］

平木 恭一 著

秀和システム

●注意

(1) 本書は著者が独自に調査した結果を出版したものです。

(2) 本書は内容について万全を期して作成いたしましたが、万一、ご不審な点や誤り、記載漏れなどお気付きの点がありましたら、出版元まで書面にてご連絡ください。

(3) 本書の内容に関して運用した結果の影響については、上記(2)項にかかわらず責任を負いかねます。あらかじめご了承ください。

(4) 本書の全部または一部について、出版元から文書による承諾を得ずに複製することは禁じられています。

(5) 本書に記載されているホームページのアドレスなどは、予告なく変更されることがあります。

(6) 商標

本書に記載されている会社名、商品名などは一般に各社の商標または登録商標です。

はじめに

2020年初頭からの新型コロナウイルス感染拡大は、世界中の経済活動をマヒさせました。それから3年が経過し、わが国では2023年5月、新型コロナの感染分類が5類に移行して行動制限がなくなり、ようやくポストコロナの時代を迎えています。

しかし、2022年2月にロシアによるウクライナ侵攻、さらに2023年10月にはイスラエルとハマスの軍事衝突と各地で戦火が勃発、多くの犠牲者が出ています。世界的な政情不安は、原油価格高騰によるエネルギーコストの上昇に拍車をかけ、私たちの暮らしに諸物価高騰という形で影響を与えています。

金融業界はコロナ禍による経済の停滞からようやく脱し、収益の回復傾向が見られます。コロナ禍で普及が加速したインターネットバンキングを前面に出して業務を展開し、攻めに転じています。

銀行、証券、保険の各業態が共通して目指しているのは、AIなどの最新テクノロジーを駆使した新サービスの開発。加えて、海外の金融ビジネス市場に目を向け、アジアや欧米の有力な金融機関との提携あるいは買収により、収益を積み上げることです。地域金融機関は地場経済の不振により厳しい状況が続いており、国は合併特例措置を講じてさらなる再編を後押ししています。

保険業界は死亡保障から生前保障に重心を移し、損保は新事業の構築に注力しています。証券は新NISAに期待を寄せています。ノンバンクはスマホ決済やBNPLなど新たなライバルとの競争に直面しています。

本書は、現場の取材を通して得た関係者のコメントなども盛り込んだ異色の金融入門書で、2019年発行の第5版をさらに改訂したものです。銀行やノンバンク、証券、保険といった各業態の仕組みと現状を、豊富な資料とともに紹介しています。金融業界を的確に把握するための副読本にしていただければ幸いです。

2023年12月

著者

最新金融業界の動向とカラクリがよ～くわかる本［第6版］

第2章　銀行の仕組みと最新動向

第3章　ノンバンクの仕組みと最新動向

第4章 生損保の仕組みと最新動向

第5章　証券会社の仕組みと最新動向

第1章

金融業界の現状

金融業界ではコロナ禍で「非対面･非接触」が常態化しています。AIなど先進技術の利活用によって銀行業務は様変わりし、デジタル化が進展してきました。第1章では、銀行･信金、生損保、証券、ノンバンクにおける最新事情について解説します。またCBDC（中央銀行デジタル通貨）やESG投資についても紹介します。

Section

1-1 ポストコロナの金融業界

2023年5月に新型コロナウイルス感染症が5類に移行したことで、産業界は「ポストコロナ」に向けて本格的に始動しました。金融業界ではインターネット取引が普及し、非対面チャネル重視の傾向は今後も続きそうです。

コロナ感染症が**5類***に位置付けられたことで、行動制限がなくなり、感染対策は自主判断のもとで行うようになりました。金融業界ではコロナ禍の3年間、支店の臨時休業や窓口業務の時間短縮など、コロナ対策を徹底しました。また窓口対応を減らすため、利用者にインターネットバンキングの積極活用を勧めてきました。

民間の調査機関の調査（22年3月実施、18～69歳の男女672人対象）によると、インターネットバンキングを利用している人は約80％にのぼっています。また別の民間企業調査機関の調査（23年2月、有効回答約1万社）によると、企業の2割がインターネット銀行を利用していると答えています。個人・法人ともに**インターネット取引**の利用がコロナ禍で進んだことを示しています。

金融業界ではコロナ禍以前から、合理化を目的とした支店の統廃合や業務効率の改善を狙いにしたデジタル化で、自行顧客に対してインターネット取引への移行を進めていました。コロナ禍はこうした業務効率化と顧客サービス改善の進捗を一気に早めたと見ることができます。

行員の働き方も様変わりしました。**非対面チャネル**（インターネット取引）が進むとともに、自宅勤務によるテレワークが常態化しています。「銀行内部の仕事はインターネットでもある程度やれると思っていたが、顧客とじかに接する仕事は非対面ではできないと固く信じていた。しかし、いざ始めてみると意外とすんなりできた」（大手銀行関係者）との声は少なくありません。非対面が難しいと思われていた法人取引においても、「取引先のほうがネット商談を希望するところが増えている」（同）ことから、いやおうなくネットワーク取引に傾注するほかないのです。

5類　感染症法が定める感染症の類型の1つ。感染力や重篤性などの危険性は最も低いとされる。5類感染症には季節性インフルエンザや麻疹（はしか）、風疹、感染性胃腸炎がある。

非対面化でもリスク管理や投資家保護

コロナの規制緩和で資金需要も伸びてきています。全国銀行協会の調査によれば、23年4月末の全国銀行の貸出残高は571兆円。前年同月比で24兆円増えており、サービス業を中心とした消費行動の活性化や売上拡大による運転資金の増加、設備投資への意欲の向上が見られます。

ただ、23年3月に起きた欧米銀行の経営破たんや信用不安による買収など、金融システム安定化を脅かしかねない懸念材料もあります。流動性リスクや金利リスクへの備え、さらには**ALM管理***といったリスク管理体制の強化が求められます。

また、23年6月に千葉銀行、武蔵野銀行が仕組み債の不適切な販売を行い、業務改善命令を受けました。投資経験に乏しい個人投資家とりわけ自行顧客に対し、適切な説明をせずに購入させて多額の損失を与えたことは、投資家保護に背を向ける不適切行為です。

非対面取引が今後、金融ビジネスの主流になることは間違いありません。AIなどデジタル化への対応に後れを取れば業績不振を招きかねない時代ですが、リスク管理や顧客保護もゆるがせにできません。

ポストコロナ時代に突入

コロナ5類移行（2023年5月）

↓

個人の8割、企業の2割がインターネット取引	消費行動が活性化、資金需要も回復

↓

欧米銀の金融不安（2023年3月）	一部地銀で仕組み債の不適切販売が発覚（2023年6月）

ALM管理　資産（Asset）と負債（Liability）を総合的に管理（Management）すること。銀行や保険では預金、保険料は「負債」に該当し、「資産」は国債などの有価証券がそれにあたる。資産と負債のバランスを取って経営リスクを軽減する狙いがある。

Section

1-2 欧米の金融不安で教訓を得る

2023年3月、欧米の銀行で経営破たんや大型の銀行買収がありました。IT企業を主要顧客にしていた米銀、欧州プライベートバンクの代表格が同時期に経営不安に陥りました。わが国金融機関への影響は軽微ながら、教訓も得ました。

米カリフォルニア州に本部を置く**シリコンバレー銀行（SVB）**が23年3月10日に破たんしました。きっかけはFRB（連邦準備制度理事会）が同月、3年ぶりに利上げに踏み切り、ゼロ金利政策を解除したことにあります。

テクノロジー産業の集積地を地盤にしていたSVBはIT業界の新興企業との取引が多く、円換算では約28兆円規模の総資産を持ち、全米16位の有力銀行でした。しかし取引先が特定業種に偏り、企業数も少ないことから、融資は伸び悩んでいました。預貸率も40%あまりで、運用の多くを債券投資に頼っていました。このためFRBによる利上げで金利は上昇局面に入り、逆に債券価格が暴落してSVBは多額の含み損を抱えることになりました。これを見た同行の預金者が一斉に預金を引き出し、これに耐えられなくなって経営破たんしたのです。

SVBが破たんした2日後、ニューヨーク州にある米銀29位の**シグネチャー銀行**＊も破たんしました。同行は暗号資産業界との取引を伸ばして成長してきました。SVBの破たん以降、同じくIT関連取引先が多い同行の株価が急落しました。SVB同様、預金者には預金保護の上限を超える大口預金者が多く、預金流出のスピードが速かったのが破たんにつながりました。

投資銀行業務の危うさを露呈

一方、欧州の銀行大手**クレディ・スイス（CS）**は23年3月、多額の損失や幹部の不祥事などから信用不安に陥りました。これに対して長年のライバルである**UBSグループ**＊が救済に乗り出し、同年6月に買収を完了、約4000億円で傘下に収めました。

シグネチャー銀行　2001年設立。2018年に仮想通貨（暗号資産）事業に参入、預金の3割を占めるまでになったが2023年3月に破たん。トランプ前大統領一族と密接な関係にあったとの指摘がある。

スイスの銀行は、強固な秘密主義に基づいたプライベートバンキング（PB）業務を展開して世界の富豪たちを喜ばせてきました。しかし1990年代に、米銀並みに債券トレーディングやIPO（株式公開引受）、M&A（企業買収）などの**投資銀行業務**に傾斜していきました。背景には、リーマン・ショック以前の米投資銀行が世界の金融市場で大きな存在感を示していたことがあります。大口顧客へ過度に依存するPB業務からの脱皮の側面もありました。

しかし、リーマン・ショックで顕在化したように、投資銀行業務は大きなリスクを取りながら大きな利益を得て行員が巨万の富を稼ぐギャンブル的なビジネスモデルであり、一部の行員が銀行を食い物にする風土を醸成しました。CSもリスクの高い投資銀行業務に傾注した結果、多額の損失や幹部の不祥事などガバナンス不全に陥り、信用をなくしてしまったといえるでしょう。

わが国では、今回の欧米銀の経営不安が引き金になり、22年度決算で保有する外国債券の含み損を計上する銀行がありましたが、業績への影響は比較的軽微で済みました。リーマン・ショック以降は自己資本比率のさらなる規制や企業統治への厳しい監視など、世界的な金融システムの安定化策が進み、連鎖的な金融不安は起きませんでした。

しかし、SVBのように預貸率が低く融資が伸びないことから、債券運用に走ったり、外部の証券会社と提携して資金運用を一任したりする地銀があります。また、CSが傾斜した投資銀行業務は一時期、国内の銀行が理想としたビジネスモデルでもありました。今回の破たん劇は、一時的なブームに乗らず、足元を見つめて経営することの大切さを教訓として示したといえるかもしれません。

2023年3月に起きた欧米金融不安

シリコンバレー銀行	・IT企業の顧客が多い ・融資伸び悩み ・債券投資 ・利上げで債券価格が下落し　多額の含み損
クレディ・スイス	・プライベートバンキングで成長 ・1990年代に投資銀行業務に傾斜 ・経営風土が一変し、ガバナンス不全に ・ライバルのUBSが買収

地道な融資から投資銀行業務へのシフトの危険性。リーマン・ショックの教訓が生かされなかった!?

Term **UBSグループ**　スイス最大の銀行グループ。世界各地で投資銀行業務とプライベートバンキング業務を展開している。19世紀後半に設立されたスイス・ユニオン銀行とスイス銀行が1998年に合併、その後米銀大手とも提携した。

Section

1-3 生成AIが銀行業務を変える

AI（人工知能）が急速に進歩し、金融機関の業務改善に大きな影響を与えようとしています。生成AIは膨大なデータを保有する金融ビジネスとの親和性が高く、今後さらに活躍の場を広げそうです。

生成AIは、コンピュータが学習したデータをもとに新しいデータや情報を作る技術。AIが人間の思考パターンを深層学習などによって体得して実行し、アイデアやコンテンツを生み出すといわれています。一般にAIはデータ量が多ければ多いほど学習能力が高まるので、膨大なデータを保有する金融機関の業務で利活用の場があるとの指摘は以前からありました。2022年に米**オープンAI***が「**ChatGPT**（チャットジーピーティー）」を公開したことで、世界の金融機関が生成AIに注目し始めました。現在、生成AIは顧客対応や融資審査、ドキュメント処理などで活用されています。

顧客対応では、対話形式での問い合わせ対応を目的として多くの銀行がチャットボットを導入しています。AIの一種である「大規模言語モデル」は、単語や文章の生成に特化しているといわれ、これを利用したチャットボットではチャットに書き込まれた質問に迅速に回答できます。

融資審査では、インターネットによる消費者ローンの申し込み時に設定項目への入力で簡便な審査が終了するなど、業務効率化が急速に進んでいます。この分野では従来、一定の自動審査（**スコアリング**）が行われてきましたが、AIによって審査精度がさらに向上しています。ドキュメント処理では、紙レベルの情報をパソコン入力する際の手間が大幅に軽減されます。自動翻訳機能で外国人顧客との対話が円滑になるなど、AIの威力が銀行支店の現場で発揮されています。

情報の真偽など懸念材料もある

金融機関の業務は内製化されており、パターン化できるものが少なくありません。問題は顧客対応の分野でした。

オープンAI　AIの開発企業。2015年に米サンフランシスコで設立された。IT大手マイクロソフト社が49%出資し筆頭株主。

この領域でも、データを積み重ねていくことで顧客の行動が定型化できるようになりました。

銀行や証券、クレジットカードなどは顧客数も膨大で、個人信用情報も豊富にあります。特に金融機関の顧客情報は**データセット***になっており、AIが機能を十分に発揮できる土壌があるといえるでしょう。

3大メガバンクグループでは、生成AIの活用が進んできました。みずほフィナンシャルグループ（FG）は2023年6月、海外と証券を除く約4万5000人のグループ社員が生成AIの使用を開始。三菱UFJFGは23年中に独自構築したAIを導入する準備を進めています。三井住友銀行は23年4月、業務を支援するAI「SMBC-GPT」の実証実験を同年4月に開始しています。

生成AIには懸念材料もあります。学習データに基づいた判断であり、情報のすべてが正しいとは限りません。そのため、抽出した（生成した）情報や内容も常に正しいとはいえず、片寄りが生じることも否定できません。また、個人情報を入力して回答を求めようとすれば、生成された情報の中に個人情報が含まれて漏えいするリスクもあります。このため、生成AIの導入を予定する銀行では、使用制限を設けるところが少なくありません。

生成AIの利活用で金融業務が変わる時代

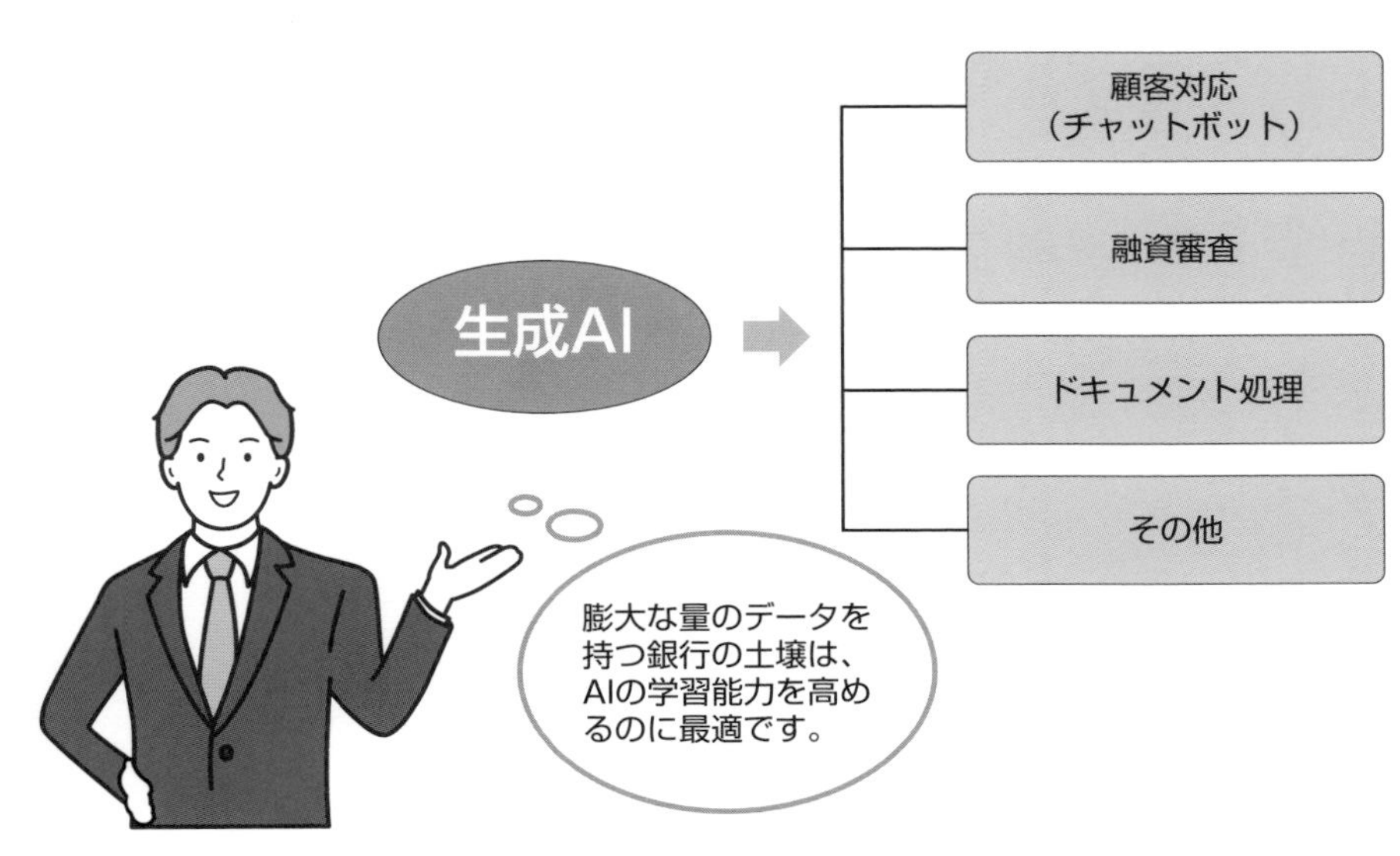

データセット　ある目的で集められ、一定の形式に整えられたデータの集合体。機械学習などコンピュータによる自動処理のための大量の標本データを指す。

Section
1-4 相次ぐ初任給引き上げ

初任給の引き上げが相次いでいます。政府からの圧力で産業界が軒並み初任給や賃上げの圧力を受けており、金融業界も対抗上、人材確保のため待遇改善に乗り出しています。

岸田文雄首相は2023年1月の年頭会見で、「この30年間は企業収益が伸びても賃金は伸びず、想定された**トリクルダウン**＊は起きなかった。この問題に終止符を打ち、賃金が毎年伸びる構造を作る」などと発言しました。また経済3団体主催の新年祝賀会に出席し、連合が今春闘で5％程度のベースアップ（賃上げ）を求めていることに触れ、インフレ率を超える賃上げを要請しました。

22年2月に起きたロシアによる**ウクライナ侵攻**＊の影響で、世界的な原油高騰が生じて資源高・物価高が長期化しています。政府は急騰しているガソリン価格に対して元売り業界に補助金を出すなど対策を講じていますが、物価高は一向に沈静化しません。

そこで経済界に対して思い切った賃上げを求めて、インフレに対処する政策を打ち出しました。

これに対して経済界は、業界によって濃淡はあるものの従来にない比率で初任給を含むベースアップに踏み切るところが出ていました。

金融業界はこれまで優秀な人材を確保するため、待遇面では常に他の業界をリードしてきただけに、賃上げを決断せざるを得ない局面になりました。

メガバンクが先陣、証券・保険も続く

先陣を切ったのは三井住友銀行。23年2月に、「4月入行の大卒初任給を20万5000円から約24％引き上げて25万5000円に引き上げる」と報道されました。

これを受けて、みずほ銀行は23年度から銀行・信託・証券のグループ内各社の採用を一本化し、三井住友銀を上回る26万円としました。三菱ＵＦＪ銀行も23年4月入行組は25万5000円と、三井住友銀と同額にしました。

トリクルダウン　「trickle down」。浸透の意味。「富める者がさらに富めば経済活動が活発になり、貧しい者にも富が浸透し、利益が再分配される」との経済理論をトリクルダウン理論と呼ぶ。

メガバンクグループの銀行に対抗する意味から、大和証券は23年6月から初任給を1万5000円上げて28万円、大手生保も明治安田生命が来年度に業績に応じた特別手当の支給で平均7%の大幅賃上げを実施することになりました。

金融業界ではデジタル化への対応が喫緊の経営課題になっており、DX時代にふさわしい人材の確保が急務になっています。このため各銀行では外部に人材を求めて中途採用を強化していますが、ある程度の金融知識が必要になるため、社内研修を充実させて育成に努めているところも少なくありません。

金融業界はこれまで、金融とITの両面に強い専門人材を育成する経験が不足していました。それだけに、他の産業に流れているデジタル知見の豊かな人材が金融業界に集まらず、ITベンダーの言いなりになってきたことは否定できません。

今後、DX時代に合致した人材の確保が必須となる中で、待遇面でIT産業の後塵（こうじん）を拝することは、人材確保において後れを取ることにつながりそうです。

メガバンクが先陣を切って初任給アップ

by しんぎんぐきゃっと

優秀な人材を確保するため、他産業並みかそれ以上に待遇を改善する必要があります。

by DAMASA

ウクライナ侵攻　2022年2月24日、ロシアはウクライナの首都キーウなどウクライナ各地への攻撃を開始した。プーチン大統領が「特別軍事作戦」と称したこの軍事行動には、ロシアの安全保障を脅かすウクライナのEU加盟を阻止する狙いがあったとされる。

Section

1-5 日銀総裁が10年ぶり交代

わが国の中央銀行である日本銀行の総裁が10年ぶりに交代しました。物価安定が最大の使命で通貨の番人とも呼ばれる日銀のトップ交代により、長期化する低金利局面など金融緩和策の変更はあるのでしょうか。

2023年4月、**日銀総裁**は**黒田東彦**（はるひこ）氏から**植田和男**氏に交代しました。日本銀行の最高ポストは衆参両院で過半数の賛成を得て内閣が任命するもので、任期は1期5年。金融政策の舵（かじ）を取る日銀総裁の発言は、一言一句が金融証券市場に大きな影響を与えます。

バブル景気前夜の1980年代、国際金融市場で「円」の力が増して、日本市場のプレゼンスが急速に膨らみました。当時の日銀総裁発言は世界を駆け巡り、「Maekawa said」（前川はこう言った）、「Sumida Said」（澄田はこう話した）などと報道されたものです。

総裁の椅子は60年代後半からは日銀と大蔵省（現財務省）が交互に分け合っていました。大蔵省の事務次官は退任後、日銀総裁か東京証券取引所理事長、専売公社総裁（現日本たばこ）のいずれかのポストに収まるのが慣例でした。

しかし、大蔵省の不祥事が起きた90年代終盤、日銀の独立性を担保する日銀法改正があり、3期連続して日銀OBが総裁の座を継承しました。2008年には参院第一党の民主党が大蔵省出身で最有力候補の**武藤敏郎**＊日銀副総裁の起用に反対し、日銀がポストを死守しました。

黒田氏は15年ぶりの大蔵OB就任となり、再び旧大蔵省出身者が「復権」しました。そして異例の2期10年をこなし、旧大蔵省が勢力を誇示する格好になりました。今回は民間出身ながら旧大蔵省、日銀の双方で業務をこなした経験がある植田氏の就任に落ち着き、玉虫色の決着となりました。今後、総裁ポストを巡って日銀・大蔵（財務）両省の主導権争いが再燃する可能性が大いにあります。

武藤敏郎　1943年生まれ。1966年東大法卒、大蔵省入省。2000年大蔵事務次官、2004年日銀副総裁、2014年東京五輪事務局長。

新総裁、金融緩和策はひとまず継続

黒田前総裁は、金融緩和政策を長らく推進。物価に対しては2%を目標に設定し、当時の安倍首相が掲げた異次元緩和を導入しました。黒田総裁は16年に量的緩和策を実施し、民間金融機関から国債や手形を買い取って市場に資金を供給しました。これによって企業の資金調達が低コストになり、設備投資意欲が喚起されました。

反面、マイナス金利を生んで銀行預金の金利ゼロ時代が現在に至るまで続いており、庶民の暮らしが良くなったとの実感はあまりないと思われます。

植田総裁が推進する金融政策に関しては、黒田前総裁が進めた緩和策をひとまずは継承すると見られています。23年7月のG20（主要20カ国地域）財務相・中央銀行総裁会議の席上、「日銀が目指す持続的で安定的な2%の物価目標実現には距離がある。その認識が変わらなければ、粘り強く金融緩和を続ける姿勢も変わらない」などと述べています。

10年ぶりの交代で、戦後初の学者出身ということもあり、就任当初から政策変更などの動向に注目が集まっていましたが、激変緩和を避けて、しばらくは前任者の政策を踏襲しつつ様子見とのスタンスにあるようです。

歴代の日銀総裁一覧

氏名	在任期間	出身	主な経歴
渋沢 敬三	1944/3～1945/10	民間	第一銀行副頭取、日銀副総裁
新木 栄吉	1945/10～1946/6	日銀	日銀副総裁（公職追放により辞任）
一萬田 尚登	1946/6～1954/12	日銀	日銀理事
新木 栄吉	1954/12～1956/11	日銀	2回目の就任
山際 正道	1956/11～1964/12	大蔵省	大蔵事務次官
宇佐美 洵	1964/12～1969/12	民間	三菱銀行頭取
佐々木 直	1969/12～1974/12	日銀	日銀副総裁
森永 貞一郎	1974/12～1979/12	大蔵省	大蔵事務次官、東京証券取引所理事長
前川 春雄	1979/12～1984/12	日銀	日銀副総裁
澄田 智	1984/12～1989/12	大蔵省	大蔵事務次官、日銀副総裁
三重野 康	1989/12～1994/12	日銀	日銀副総裁
松下 康雄	1994/12～1998/3	大蔵省	大蔵事務次官、さくら銀行会長
速水 優	1998/3～2003/3	日銀	日銀理事、日商岩井会長
福井 俊彦	2003/3～2008/3	日銀	日銀副総裁
白川 方明	2008/4～2013/3	日銀	日銀副総裁
黒田 東彦	2013/3～2023/4	大蔵省／財務省	財務官、アジア開発銀行総裁
植田 和男	2023/4～	民間	東大教授、日銀審議委員

Section
1-6 全銀システムが初の障害

わが国の送金ネットワークシステムである全銀システムが2023年10月、稼働開始から半世紀で初めて障害に見舞われました。トラブルは500万件以上にのぼり、一部の利用者に悪影響を与えました（第2章－17参照）。

23年10月10日午前8時30分、**全国銀行資金決済ネットワーク**（**全銀ネット**）と三菱UFJ銀行など10あまりの金融機関との間で、他行宛ての振込処理ができなくなりました。午後から代替手段による処理を開始しましたが、処理の遅れなどの影響により500万件以上で障害が発生しました。2日後には復旧しましたが、給与や学費などの振込に影響が生じました。

原因は10月の3連休（7～9日）に実施したRC（中継コンピュータ）の更改作業における不具合といわれています。RCは全銀ネットと各金融機関のコンピュータをつなぐもので、7年をメドに刷新する必要があります。

全銀ネットは1973年の稼働開始から50年が経過していますが、利用者に直接被害を及ぼすようなトラブルは今回が初めて。銀行間送金に対する信頼が低い欧米では送金システムはあまり発達していませんが、わが国では金融機関に対する信頼は高く、国内唯一の為替ネットワークシステムである全銀ネットに対する信頼度は高いものがあります。金融業界も自ら「世界に冠たるネットワークシステム」と自負してきただけに、今回の障害が現在開発中の次期システムに何らかの影響を与えるのは避けられないとの指摘が出ています。

システム障害について金融庁は10月13日、全銀ネットに対して資金決済法に基づく報告徴求命令を出し、11月末までに原因分析や今後の再発防止策について報告するよう求めました。全銀ネットを運営する全国銀行協会の10月19日の記者会見で、**加藤勝彦**＊会長は「痛恨の思いだ。本当に申し訳ない」などと謝罪、「50年間トラブルがなかった。過信があったのではないか」との見方を示しました。

Term

加藤勝彦　1965年生まれ。88年慶大商卒、富士銀行（現みずほ銀行）入行。2013年ハノイ支店長、2016年ソウル支店長、2018年執行役員、2022年みずほ銀行頭取。

■中核ベンダーのNTTデータも痛恨

全銀ネットの開発は**NTTデータ***が中核のベンダーとなって手がけてきました。次期全銀システムも同社が構築することが決まっています。

NTTデータはほかにも、多くの地方銀行が加入している4つの共同化システムおよび信用金庫業界の共同化システムを長年運営してきました。全銀ネットにおける成功事例をもとに、信金の業界システム、さらに地銀共同システムと、国内金融機関におけるシステムの総元締めといっても過言ではない地位に君臨しています。

しかし、足元の全銀システムが半世紀を経て初のトラブルに遭遇したことで、同社が現在開発・構築を進めている「**統合バンキングクラウド**」が何らかの影響を受けるのは避けられない、との声が出てきています。

統合バンキングクラウドは、NTTデータが運営しているほぼすべての共同化システムで採用される計画であり、クラウド型オープン勘定系の共同化システムを今後の金融業界におけるシステムの主流にすることで、デジタル時代の金融システムにおける絶対王者の座を死守する狙いがあります。全銀ネットは同社の金融システム事業における根幹ともいえるだけに、大規模システム障害は痛恨事といえるでしょう。

金融庁は同社に対して23年10月、今回のシステム障害に関する報告命令を出しました。

全銀システム、50年で初の障害が発生

▲全銀ネットが入る銀行会館

NTTデータ　1985年に旧電電公社が民営化されNTT（日本電信電話株式会社）を設立。3年後に通信事業部を分離独立させて発足。2023年7月に持株会社「NTTデータグループ」に移行し、NTTデータ（国内）とNTT DATA（海外）の2子会社制になった。

Section

1-7 解禁される給与デジタル払い

給与のデジタル払いが実現しそうです。給与の支払いは現在、企業規模に関係なく大半の会社が銀行振込で処理していますが、国はデジタル時代に呼応する形で、資金決済業者を介してスマホに直接支払う給与デジタル化を実現させる意向です。

電子マネーなどに直接給与が振り込まれると、銀行口座から決済サービス口座に資金移動（チャージ）していた手順がなくなり、直接スマホに入金されます。支払いに使えるデビットカードと類似したシステムで、コロナ禍により非接触のニーズが高まっていることも導入の機運を後押ししました。「○○ペイ」などの名称で知られるスマホ決済の資金決済業者は今後、解禁に向けて給与の受け皿となる「受け取り口座サービス」の実施を検討しています。

給与のデジタル払いが日本国内で実現すれば、キャッシュレス化は一気に進むことが予想され、電子マネー決済に慣れ親しむ若い世代の消費意欲が高まるとの期待が高まっています。

課題は安全性。資金決済業者が万が一にでも経営破たんすれば、この仕組みは成り立ちません。また、**ハッキング**＊など不正使用その他の犯罪防止に備えたセキュリティ対策も重要です。

給与振替は銀行にとって大企業取引におけるサービスの一環で、メインバンク維持のために大切な業務の1つ。口座振込手数料も大きな収益源で、デジタル払いが進展すれば企業の銀行離れを助長し法人取引が先細ることにもなりかねず、銀行は安全性などを理由に実施に難色を示しているところが少なくありません。

銀行にとっても収益減の懸念あり

メガバンクなどの大手銀行は、大企業取引が収益の源泉。傘下に多くの関連会社を抱え、受発注業者との付き合いがある大企業グループとの取引は旨味が大きいといわれています。とりわけグループ全体では数万人規模にもなる従業

Term

ハッキング　hacking。コンピュータシステムやネットワークシステムの脆弱（ぜいじゃく）な部分を狙って破壊行為（解析・改造・構築）をすること。

員の給与天引きによる口座取引は、黙っていても手数料が落ちる宝の山です。

給与デジタル払いが実現すれば、この**口座振替手数料**がなくなり、銀行にとって大打撃。口座振替手数料は、本業の儲けである「業務粗利益」の中の「役務取引等収益」に、投資信託の手数料などとともに計上されています。三井住友銀行を例に取ると、同行の2023年3月期（単体）における国内業務粗利益は8355億円。そのうち役務取引等収益は2173億円。デジタル給与払いが原因で口座振替手数料が半減すると仮定すると、役務取引等収益は1087億円。業務粗利益は約13％減る計算。同行の業務粗利益は「資金利益」が6347億円、「特定取引利益」がマイナス3億円、「その他業務利益」もマイナス185億円。融資の金利などで稼ぐ資金利益は対前年比で41億円減少。口座振替手数料が減ると、銀行収益はかなり厳しくなります。銀行がデジタル給与払いに反対する理由は、ここにあります。

多くの企業では、従業員が入社するとメインバンクの個人口座を作らせ、各種の社会保険料を給与から天引きしています。いったん口座を開設すれば、たとえ転職してもそのままで、一生、メインバンク口座として使っているという人も少なくありません。

しかし、スマホがなければ夜も日も明けない階層が続々と社会人になっていく今後は、デジタル給与の波に抗し切れないでしょう。銀行の大企業取引は変化し、結果として銀行業の土台が大きく毀損する可能性もなくはありません。

給与のデジタル払いが2023年秋にも解禁

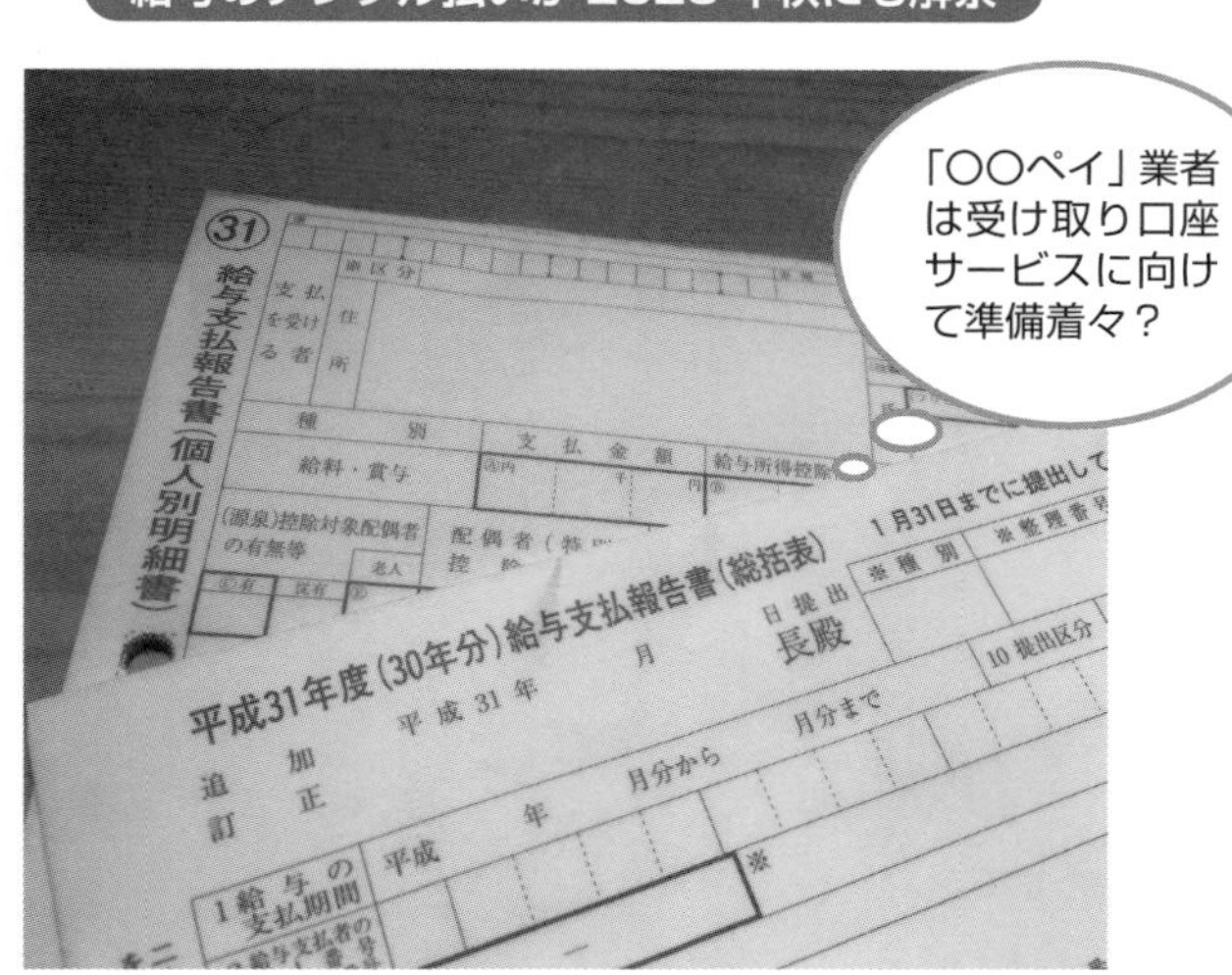

by Tatsuo Yamashi

天引き　給料から年金その他の社会保険料、各種の税金をあらかじめ差し引くこと。給与天引き。労働基準法で賃金は全額支給が義務付けられているが、年金保険料などは天引きが認められている。

Section

1-8 検討進むCBDCの発行計画

CBDC*（中央銀行デジタル通貨）の発行に向けての検討が進んでいます。現時点でCBDCの具体的な発行計画はありませんが、キャッシュレス化、デジタル化など急速な環境変化への備えが重視されています。

「**中央銀行デジタル通貨**」（**CBDC**）とは、中央銀行が発行する、紙幣とは異なる電子マネーを指します。わが国の中央銀行である日本銀行に現時点でCBDCを発行する計画はありませんが、欧米や中国などで実証実験が進んでいることから、今後、国際通貨として流通する可能性もあり、財務省をはじめ関係省庁や民間金融機関を含む幅広い議論と実証実験が本格化するもようです。

CBDC発行の背景には、キャッシュレス化が進んで貨幣の流通が減少していることや、銀行口座を持てない貧困層に対する金融サービスの提供（**金融包摂**）が求められていることなどがあります。

わが国は長い間、現金による決済が主流を占めてきましたが、国の調査によれば2022年実績でキャッシュレス決済比率は36％。口座振替も含めると54％程度に上昇しているといわれています。キャッシュレス比率の政府目標は25年までに4割程度ですが、この目標は実質的にクリアしていると思われます。キャッシュレス化がさらに進めば、デジタル社会にふさわしい決済システムとしてのCBDCの有用性も高まってくることが予想されます。

ホールセール型とリテール型に大別

日銀などを中心に進められている議論によると、CBDCは銀行など限定されたユーザーが大口取引のために利用する「**ホールセール型CBDC**」と、個人や一般企業を含む幅広い層が利用する「**一般利用（リテール）型CBDC**」に大別されます。これに従来の紙幣と中央銀行当座預金が並立する形で、通貨の流通構造を形成するもようです。

CBDC　Central Bank Digital Currencyの略。

現在進められている議論の検討対象は「一般利用（リテール）型CBDC」であり、中央銀行と民間による決済システムの二重構造を維持することが適当と判断されています。そして一般利用型CBDCは、基本的に①誰でも使える（ユニバーサルアクセス）、②セキュリティ、③強じん性（24時間365日稼働）、④即時決済性、⑤相互運用性――を具備することが求められています。

考慮すべき点として、物価の安定と金融システムの安定との関係を保つことが要請されています。CBDCが広範に普及すれば、利便性の点で銀行預金からの大幅資金シフトを生じる恐れがあり、金融機関の信用低下につながって金融システムが不安定化することも危惧されます。

そうならないための方策として、CBDCの発行額や保有額の制限、金利の有無などの経済的な設計が重要と思われます。

また、CBDCの普及によって一部の電子マネーなどが強大な力を持つ可能性もあります。いわゆる**GAFA***などの巨大なITプラットフォームがインターネット市場の寡占化を生んだこともあり、こうした動きが再燃しないようにインフラを整備することも重要ではないでしょうか。

キャッシュレス決済比率の推移

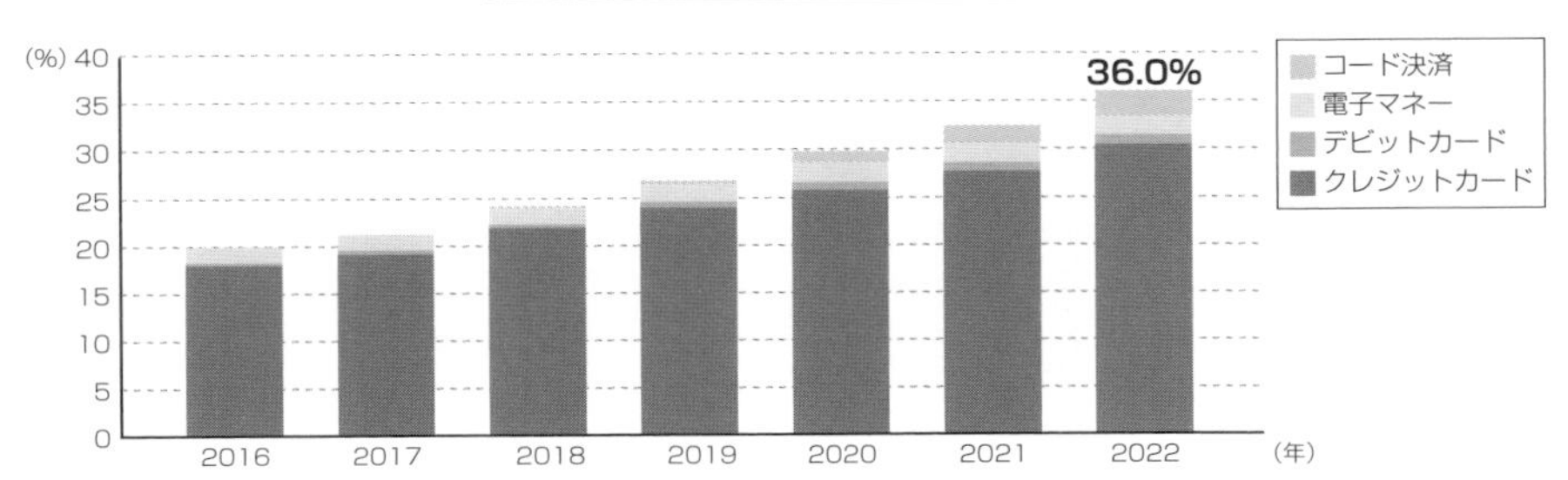

CBDC 発行時における通貨構造の予想図

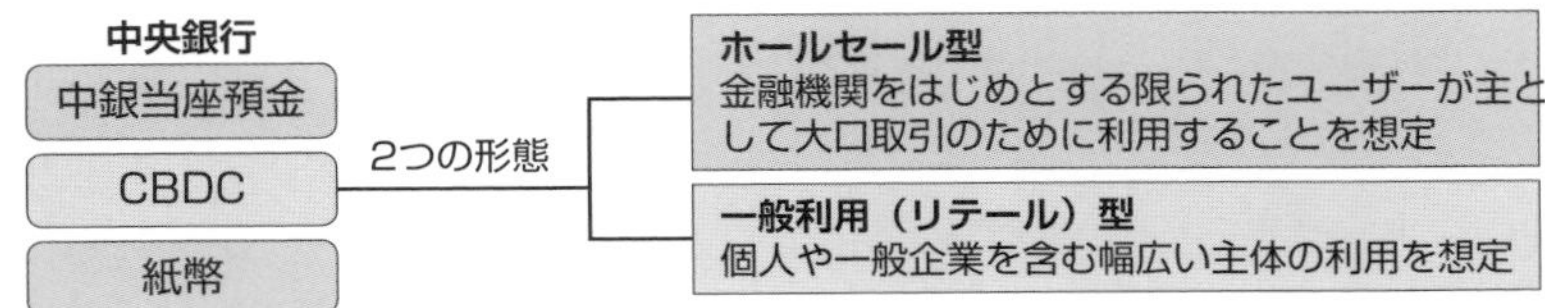

出典：財務省「我が国の通貨と決済を巡る現状」（2点とも）

GAFA　米国ITの大手グーグル（Google）、アップル（Apple）、フェイスブック（Facebook、2021年10月からメタ）、アマゾン・ドット・コム（Amazon.com）の頭文字を取った造語。ビッグテック企業とも呼ばれる。

Section 1-9

メガバンクグループ2022年度業績

わが国を代表する金融グループであるメガバンクグループの2023年3月期決算は、円安による為替の影響などで9年ぶりの高水準となり、好業績を記録しました。

3グループともに、円安による為替の影響や大企業などの法人融資の伸びで連結業績が伸長。当期純利益はみずほFGと三井住友FGが増益。3社合計で前年比5％増の2兆4779億円と、9年ぶりの高水準でした。

3メガトップの三菱UFJフィナンシャル・グループ（FG）は当期純利益で唯一減益を記録しましたが、微減にとどめ、過去最高だった昨年度に続いて2年連続で1兆円超えになりました。

三井住友FGは法人向けの預金・貸出金が増加し決済ビジネスも好調だったことから、最終利益は前年比14％増の8058億円。みずほFGは海外の法人向け業務が好調でした。

経費率（営業経費÷業務粗利益×100）を見ると、各グループともに60％台を記録しています。これまで60％台は三井住友FGだけでしたが（三井住友銀の22年度経費率は51・9％）、三菱、みずほの2メガでデジタル化による業務効率の改善が進み、経費削減が順調に推移していることを裏付けています。ただ、みずほFGは前年度と比べてやや後退気味です。

証券の不振をノンバンクが補完

各グループの業態別利益の内訳を見ると、銀行・信託の利益貢献が目に付きます。証券は、不祥事で業績低下したSMBC日興証券を抱える三井住友FGこそ減益ですが、三菱、みずほの両グループの証券は堅調です。

三菱UFJFGではアジア系銀行の**アユタヤ銀行***（タイ）とダモン銀行（インドネシア）、三井住友FGではプロミス、モビットを傘下に持つ消費者金融と三井住友ファイナンス&リースのノンバンクが、それぞれグループ純利益の1割ほどを占めているのが目を引きます。

アユタヤ銀行　1945年設立。2013年に三菱UFJFGが約5600億円で買収し、連結子会社化。アユタヤはタイ中部の都市アユタヤを中心に14世紀から18世紀に栄えたタイ王朝の名称。

三菱UFJFGの親会社株主純利益内訳

単位：億円

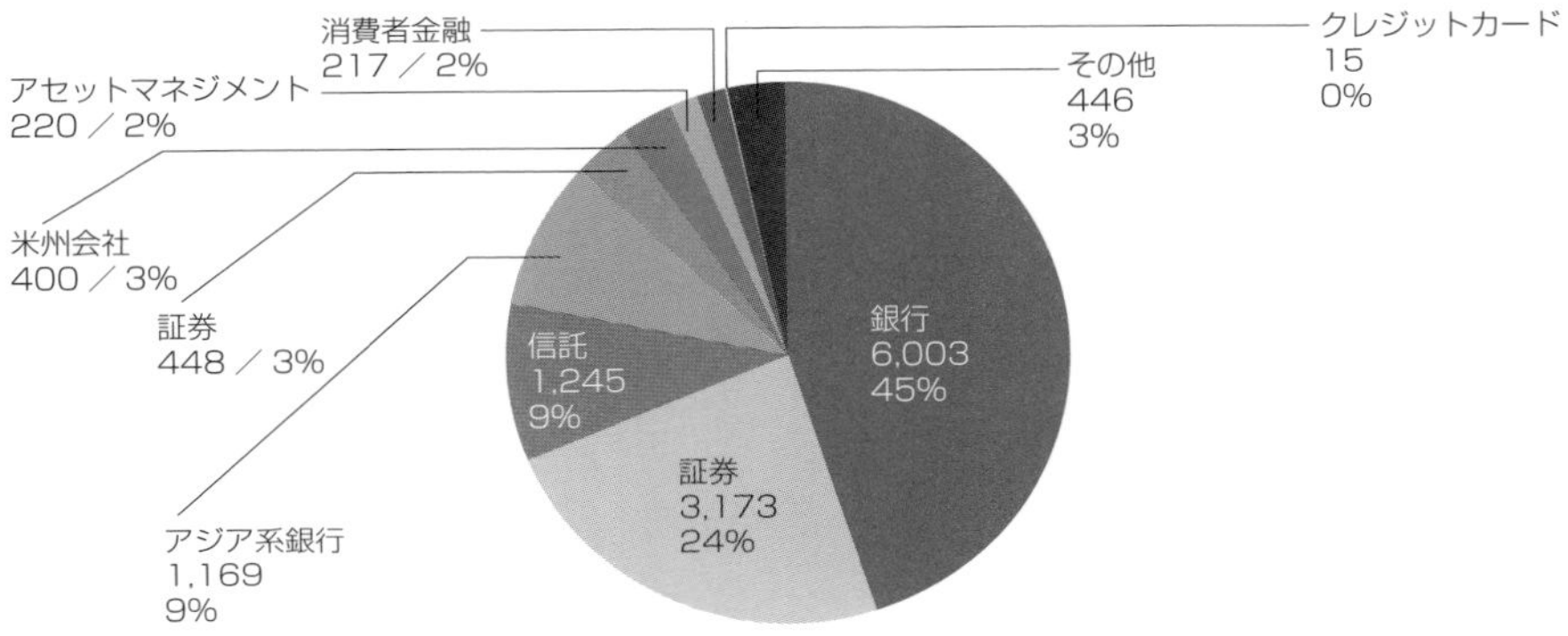

三井住友FGの業態別純利益

単位：億円

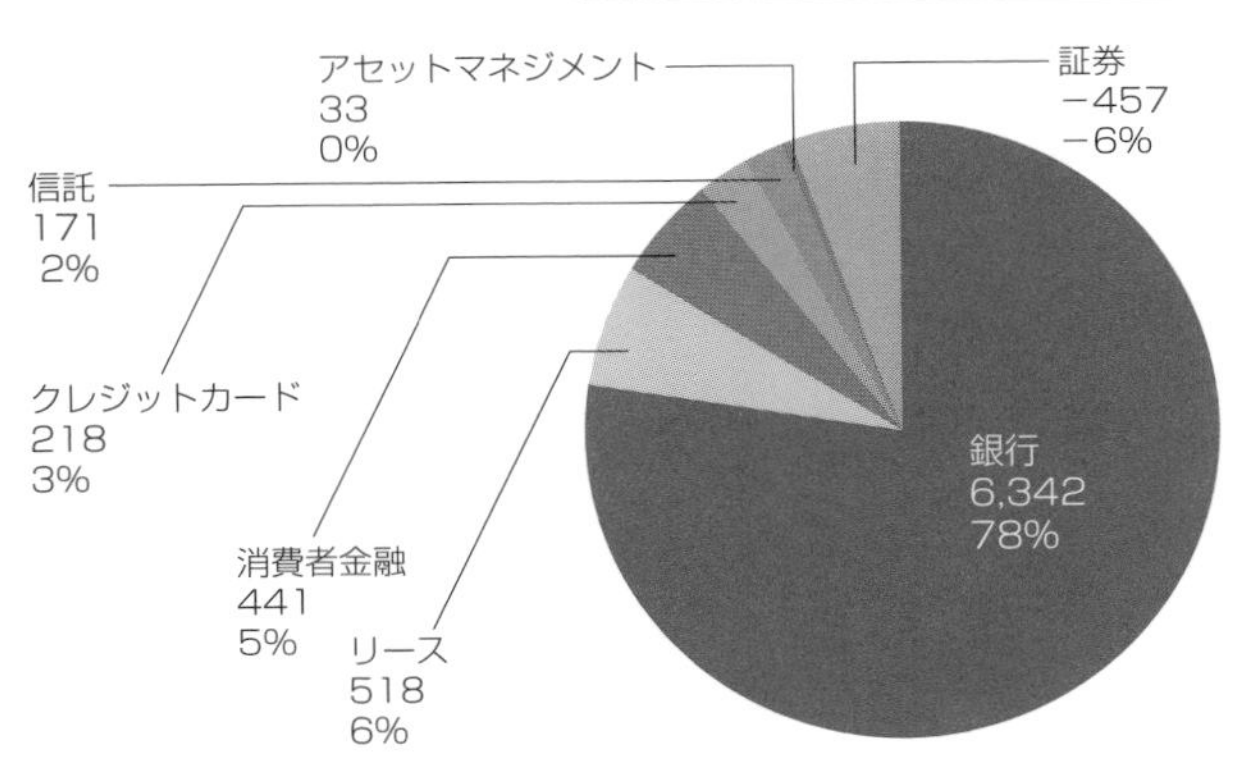

みずほFGの業態別業務純益

単位：億円

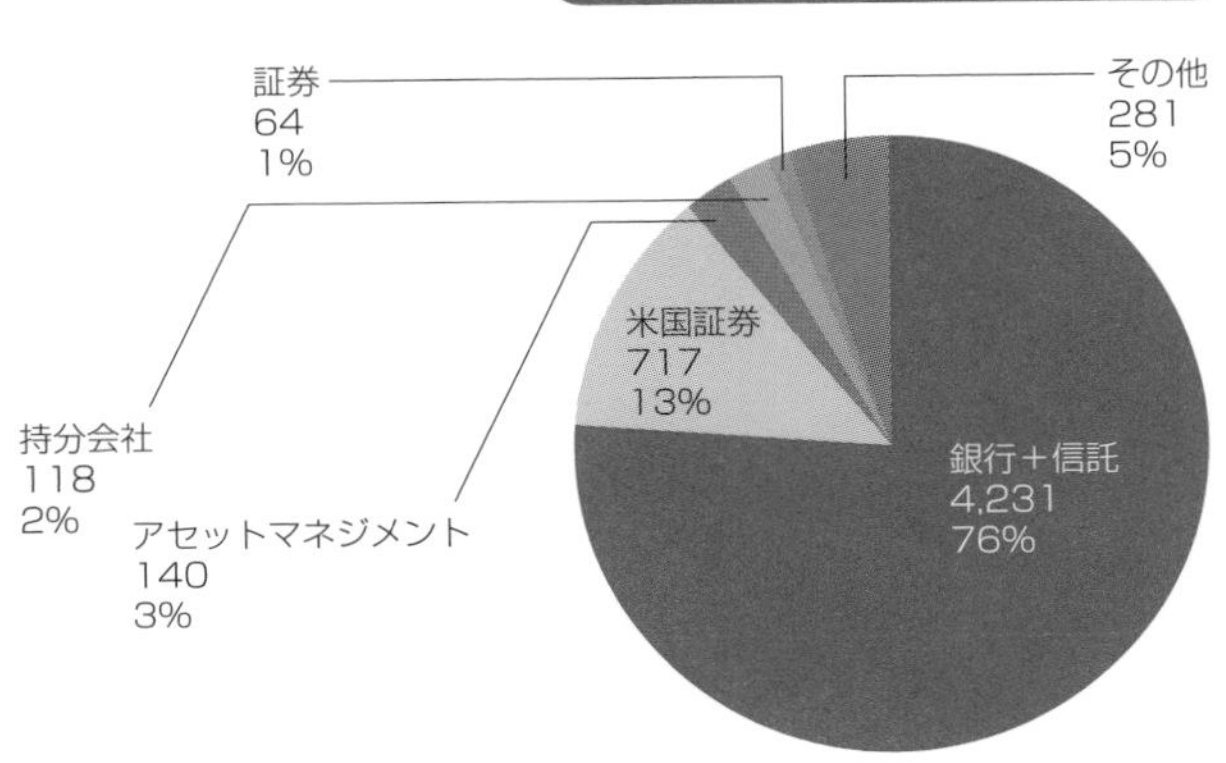

Section

1-10 地方銀行ランキング

地方銀行の再編が加速しています。地域内の有力銀行同士の取引シェアが高まることを懸念する公正取引委員会が、独占禁止法に合併特例を盛り込み、県内合併を認める姿勢に変化したからです。

同一県内の地銀同士による合併で最初に話題になったのは、十八銀行（長崎市）と親和銀行（佐世保市）の合併。18年8月に正式決定し、20年10月に**十八親和銀行**が誕生しました。両行は、合併すれば長崎県内の金融機関での融資シェアが7割を超えるといわれていましたが、「地銀はいま、県境を越えた貸し出し競争に直面する一方、ITの進展で店舗の必要性が低下しているのに、店舗リストラなど経費削減策がこれに追い付いていない。今後さらに県境を越えた貸し出し競争がし烈になる」などと主張。「融資シェアだけで銀行の支配力を判定するのは不合理」と指摘し、公取委を説得しました。

■公取委が合併特例措置

十八親和銀行の誕生とほぼ同時期に、公取委は主管する独占禁止法に「合併によって地域内の貸し出しシェアが高くなっても一定の条件を満たせば独禁法の適用除外とする」特例措置を講じました。

一定の条件とは、独占禁止法の理念である公正自由な市場競争以外の経済目標を達成するという意味で、地銀合併のケースでは地域の経済や住民に好影響を及ぼすことだと思われます。

青森県で長い間ライバル関係にあった青森銀行とみちのく銀行の合併が、この特例措置により実現しました。また新潟県の有力地銀である第四、北越の2行も21年1月に合併が実現、同年5月には三重県で地銀の三重銀行と第二地銀の第三銀行が合併するなど、全国各地で県内合併が起きています。

Point

公正取引委員会　内閣府の外局。独占禁止法を運用するために設けられました。談合やカルテルなどの不正取引を取り締まります。銀行の合併は、市場を独占し公正な取引競争を阻害する懸念があることから、大手銀行同士または同一営業地域内での合併について、公取委の審査対象になることがあります。

地方銀行の預金量概要（2023年3月期）

単位：億円

順位	銀行名	預金	貸出金
1	横浜	178,343	141,660
2	千葉	154,245	121,536
3	福岡	134,104	116,354
4	静岡	117,526	100,630
5	常陽	102,513	72,230
6	西日本シティ	95,552	87,379
7	広島	89,449	72,753
8	七十七	86,611	55,702
9	第四北越	83,876	52,881
10	京都	83,760	63,059
11	八十二	81,864	61,561
12	群馬	80,538	60,497
13	中国	79,153	55,664
14	北陸	76,113	51,864
15	関西みらい	72,759	69,074
16	足利	69,119	53,655
17	十六	62,813	47,250
18	伊予	61,891	53,261
19	北海道	58,604	43,588
20	百五	57,796	45,712
21	東邦	57,770	39,172
22	南都	57,277	39,667
23	大垣共立	57,190	45,254
24	滋賀	57,183	43,603
25	池田泉州	56,159	47,863
26	山口	55,542	46,056
27	山陰合同	55,199	43,435
28	十八親和	55,006	42,098
29	肥後	54,360	44,121
30	きらぼし	53,482	47,354
31	武蔵野	48,809	39,216
32	鹿児島	48,053	41,254

順位	銀行名	預金	貸出金
33	百十四	47,041	33,668
34	紀陽	45,413	36,099
35	北國	43,841	25,456
36	三十三	37,682	28,684
37	山梨中央	35,020	22,965
38	大分	34,558	20,982
39	スルガ	33,557	20,802
40	阿波	32,571	21,697
41	岩手	31,879	20,182
42	宮崎	30,858	22,464
43	秋田	30,579	18,979
44	四国	30,040	19,792
45	青森	28,798	20,475
46	福井	28,624	18,773
47	千葉興業	28,342	23,568
48	佐賀	27,835	21,890
49	山形	27,483	18,012
50	琉球	27,124	18,470
51	沖縄	25,439	17,982
52	筑波	25,130	19,512
53	みちのく	21,562	17,651
54	清水	15,468	12,511
55	北都	13,620	9,599
56	荘内	13,065	9,482
57	但馬	11,544	9,638
58	北九州	11,536	13,527
59	鳥取	9,926	8,791
60	東北	9,109	6,589
61	筑邦	7,951	5,581
62	富山	4,973	3,829
	合計	3,253,223	2,493,052

出典：全国地方銀行協会「地方銀行Data Box」

合併における融資シェア　銀行合併が不認可になる融資シェア（占有率）の基準は、従来から明文化されていませんでした。しかし、合併後に50%を超えると想定される場合は、取引先への融資シェアを下げて調整するなどの措置が取られたといわれています。

地方銀行の持株会社概要（2023年3月期）

単位：億円

持株会社グループ名	預金	貸出金	グループの銀行	
			地銀協加盟銀行	地銀協非加盟銀行
ふくおかFG	205,291	176,884	福岡銀行、十八親和銀行	熊本銀行、みんなの銀行
コンコルディアFG	194,417	157,503	横浜銀行	東日本銀行
めぶきFG	171,373	124,362	足利銀行、常陽銀行	
ほくほくFG	134,552	95,335	北海道銀行、北陸銀行	
しずおかFG	117,051	100,371	静岡銀行	
関西みらいFG	110,747	98,947	関西みらい銀行	みなと銀行*
九州FG	102,292	84,582	肥後銀行、鹿児島銀行	
山口FG	99,540	83,478	山口銀行、北九州銀行	もみじ銀行
西日本FH	97,918	89,554	西日本シティ銀行	長崎銀行
ひろぎんHD	89,255	72,241	広島銀行	
第四北越FG	83,676	52,660	第四北越銀行	
ちゅうぎんFG	78,980	55,558	中国銀行	
十六FG	62,670	46,954	十六銀行	
いよぎんHD	61,671	53,043	伊予銀行	
東京きらぼしFG	56,254	47,062	きらぼし銀行	UI銀行
池田泉州HD	55,793	47,372	池田泉州銀行	
プロクレアHD	50,244	37,745	青森銀行、みちのく銀行	
北國FH	43,608	25,236	北國銀行	
三十三FG	37,538	28,521	三十三銀行	
フィデアHD	26,637	18,921	北都銀行、荘内銀行	
おきなわFG	25,281	17,833	沖縄銀行	

(注) FG…フィナンシャルグループ、HD…ホールディングス、FH…フィナンシャルホールディングス

みなと銀行　1949年に無尽会社として設立。1966年に阪神相互銀行、1988年に普銀転換で阪神銀行、1999年にみどり銀行（旧兵庫銀行）を吸収してみなと銀行に商号変更した。

Column

地銀マンの副業・兼業

地方銀行では、専門知識を持った優秀な人材の確保や行員のスキルアップ、モチベーション向上などを目的とし、副業・兼業を制度化する動きが広がっている――。

地方銀行の副業・兼業の実態について、全国地方銀行協会の「地銀協レポート」（2023年2月15日号）が詳しく報じています。レポートによれば、地銀各行はこれまで、家業である農業や相続した不動産の賃貸などについては、個別の事情に応じて例外的に副業・兼業を認めてきましたが、これを人事制度化したことはありませんでした。しかし近年、コロナ禍を通じた働き方改革の大きな流れの中で、国の後押しを受けながらサイドビジネスの活用機運や制度整備を行う動きが広まりつつあるようです。

副業と兼業の違いについて、「兼業」は本業以外の業務の色彩が強く、副業は本業に関連した仕事、というのが一般的な見方のようです。地銀協レポートでは、「副業の制度化を先行し、兼業についてはより慎重に対応している」と推察しています。銀行業務に関連する「副業」であれば前向きに検討して制度として受け入れ、銀行業務と距離のある仕事に関しては慎重に対応している、というのが現状のようです。

2022年11月現在、地銀全62行中、半数以上の32行が副業、1行が兼業を制度化。副業は3行が近く措置予定、12行が検討中で、兼業の制度化は1行が近く措置予定、12行が検討中。制度化の動きは今後も増えていくと見ています。

副業・兼業の実態ですが、サッカーやテニスなどの指導員・審判員などのスポーツ関係が最も多く、27行。ピアノ講師や絵画教室など文化・芸術関係が21行。そして経営コンサルティングやデジタル関係が続きます。地銀は硬式野球部が都市対抗などの全国大会に出場するところも多く、強豪チームが少なくありません。現在でも甲子園に出場した地元選手がお膝元の地銀に入行しているケースが見られます。

また、中学や高校の文化・スポーツクラブ活動では、時間外労働になりがちな教員の負担軽減のため、クラブ活動の指導員を地域の競技経験者に委託する事例が増えています。地方大会における審判員の確保も、地域スポーツでは悩ましい課題になっています。

地銀は昔からスポーツや文化の部活動が盛んで、その伝統を守って活動を継続してきました。地域経済の低迷や再編合併など、地銀が置かれている経営環境は厳しいものがありますが、地域の教育機関への支援は、地域貢献の一環。積極的に関与してほしいものです。

Section

1-11 第二地銀ランキング

愛知と大阪で経営統合・合併があり、第二地銀の銀行数減少が続いています。経営基盤が脆弱なだけに業界の地盤沈下が懸念されます。

2017年に三井住友フィナンシャルグループ（FG）の関西アーバン銀行（大阪市）とみなと銀行（神戸市）、りそなホールディングス（HD）傘下の近畿大阪銀行（大阪市）の3行が経営統合し、**関西みらいFG**が設立されました。

19年4月には地方銀行の近畿大阪銀と第二地銀の関西アーバン銀が合併して**関西みらい銀行**（地銀）が誕生、残るみなと銀と関西みらい銀との合併が取り沙汰されていますが、みなと銀は神戸市を本拠にしているだけに曲折も予想されています。かつて関西地区は第二地銀だけでも13行が存在し、「第二地銀王国」の異名を取っていましたが、今は昔。第二地方銀行協会の加盟銀行はみなと銀1行だけです。

中部地区では愛知県に3行が併存していた第二地銀のうち、愛知銀行と中京銀行が22年10月に経営統合。25年1月に合併して「**あいち銀行**」が発足します。

地銀と信金に挟まれる

第二地銀業界は元来、地域取引シェアを独走する地銀と、狭域高密着で手ごわい信用金庫に挟まれて苦戦していました。第二地銀は各県で地方銀行に次ぐ広範囲の営業区域で活動していますが、そこに複数の信用金庫が各世帯をこまめに営業展開して食い込んでいます。広域展開では地銀を相手に苦戦し、局地戦では信金の後塵を拝しているのです。

近年は地域経済の低迷からコロナ禍を経て一層の経営不振に陥っているところもあり、3回目の申請でようやく公的資金の注入が認められた「じもとHD」傘下の**きらやか銀行**など、再編の火はいまもなおくすぶり続けています。

業界では18年5月に八千代銀行が姿を消し、前述した上位行の関西アーバン銀行も合併で地銀に移行、21年には当時業界13位の第三銀行が三重銀行と合併しました。

きらやか銀行の公的資金注入　コロナ禍で苦しむ中小企業への融資を主眼にした公的資金は、「コロナ特例」として返済期限を設けておらず、注入された銀行にとっては従来に比べて負担は軽いといわれています。ただ、きらやか銀行は不良債権比率が高く、3回目の申請でようやく認められました。

第二地方銀行の預金量ランキング（2018年3月末）

単位：億円

順位	銀行名	預金	貸出金	持株会社
1	北洋	110,192	77,625	
2	京葉	53,029	40,877	
3	名古屋	43,621	36,324	
4	みなと	38,167	30,531	関西みらいFG
5	もみじ	33,032	24,637	山口FG
6	愛知	37,077	30,069	あいちフィナンシャルグループ（2022/10設立）
7	栃木	30,594	20,317	
8	愛媛	26,251	19,275	
9	東和	21,912	15,404	
10	東日本	17,835	16,643	コンコルディアFG
11	東京スター	18,246	14,312	
12	中京	19,304	15,683	あいちFG（2025/1合併して「あいち銀行」）
13	徳島大正	22,255	19,052	トモニHD
14	香川	17,972	14,985	トモニHD
15	熊本	16,271	19,822	ふくおかFG
16	西京	18,814	15,722	
17	大光	14,515	11,336	
18	北日本	14,045	10,414	
19	きらやか	12,771	9,818	じもとHD
20	富山第一	12,490	9,546	
21	トマト	12,133	10,206	
22	仙台	12,109	9,033	じもとHD
23	長野	10,804	6,950	2023年6月経営統合、2025年度までに合併
24	高知	10,297	7,576	
25	大東	7,994	6,612	
26	南日本	7,772	5,788	
27	福島	7,646	6,282	
28	沖縄海邦	7,383	5,495	
29	宮崎太陽	7,362	5,405	
30	静岡中央	7,165	5,966	
31	豊和	5,767	4,159	
32	福岡中央	4,860	4,245	2023年10月にふくおかFGと経営統合
33	神奈川	4,867	3,951	
34	福邦	4,327	3,492	
35	島根	4,671	3,430	
36	長崎	2,590	2,673	西日本FH
37	佐賀共栄	2,355	1,907	

出典：各行の決算関連資料、ディスクロージャーなど

第二地銀を含む地銀持株会社ランキング（2023年3月期）

単位：億円

持株会社グループ名	預金	貸出金	グループの銀行	
			第二地銀	地銀
ふくおかFG	205,291	176,884	熊本銀行	福岡銀行、十八親和銀行
コンコルディアFG	194,417	157,503	東日本銀行	横浜銀行
関西みらいFG	110,747	98,947	みなと銀行	関西みらい銀行
西日本FH	97,918	89,554	長崎銀行	西日本シティ銀行
あいちFG	36,649	32,365	愛知銀行、中京銀行	
トモニHD	33,329	27,058	徳島大正銀行、香川銀行	
じもとHD	22,430	17,782	きらやか銀行、仙台銀行	

（注）FG…フィナンシャルグループ、HD…ホールディングス、FH…フィナンシャルホールディングス

Section

1-12 信用金庫ランキング

信用金庫は特定地域に強い営業地盤を持ちますが、小口預金を集金するなど営業コストが高いのが特徴。経営体力を増強して地銀などとの競合に耐え、生き残りをかける必要があります。

信用金庫は、限られた営業地域でキメ細かいサービスを展開する金融機関。地元の個人や中小零細企業、個人事業主が主な取引先です。協同組織の金融機関であり、会員の出資金をもとに営業しているため、地域経済の発展に尽力することを使命としてきました。

信金の営業スタイルは独特で、**軒取引**が基本です。軒取引とは、世帯ごとに顧客情報を管理する手法のことで、口座を開設している世帯主の家族構成を含めたデータベースを長年蓄積してきました。限られた営業エリアの中で、より多く取引するための知恵でもありました。

■業界内合併は限界に来ている？

きめ細かい営業は、コストもかかります。「土日に来てくれ、と言われれば休みを返上して自宅を訪問する。引っ越したが集金はいままでどおりに、と頼まれれば電車を使ってでも訪問する」（信金関係者）。しかし低金利で定期預金の魅力がなくなったことから、伝統的な営業スタイルは崩れつつあります。

地域や規模の格差が大きいのも信金業界の特徴。預金量が1兆円以上の信金は40金庫以上ありますが、1000億円以下の小規模信金も少なくありません。上位の信金は3大都市圏に集中しており、地方の信金では**預貸率***の低い信金もあります。

1999年からの10年間には91の合併事例があり、2009〜18年は18例、19年以降は5例と再編の勢いは減速しています。業界内での経営再編は一巡し、今後は地方銀行、第二地銀など他業態との合併が出てくるかもしれません。

預貸率　貸出金を預金量で割った数値。集めた預金がどれくらい融資に使われているかを示す。金融機関の貸し出しスタンスや地域の設備投資意欲を見る尺度の1つになる。数値が高ければ銀行の融資が積極的で、地域への貸し出し意欲も旺盛と判断できる。

信用金庫の預金量ランキング（2023年3月期）

単位：億円

順位	信用金庫名	預金	貸出金	店舗数	役職員数（人）	預貸率
1	京都中央	53,330	32,171	133	2,423	60.3%
2	城南	40,053	23,584	86	2,036	58.9%
3	岡崎	36,063	17,151	101	1,685	47.6%
4	多摩	32,196	11,648	79	2,022	36.2%
5	埼玉県	31,566	18,429	96	1,538	58.4%
6	京都	28,710	18,456	94	1,551	64.3%
7	尼崎	27,532	13,196	90	1,343	47.9%
8	浜松いわた	27,522	13,166	87	1,677	47.8%
9	城北	26,677	13,100	90	1,874	49.1%
10	大阪	26,397	15,810	70	1,337	59.9%
11	岐阜	25,900	14,326	89	1,459	55.3%
12	大阪シティ	25,592	14,224	87	1,570	55.6%
13	朝日	24,043	14,570	64	1,389	60.6%
14	川崎	23,036	13,725	56	1,221	59.6%
15	碧海	22,743	11,805	78	1,234	51.9%
16	西武	22,582	15,074	76	1,154	66.8%
17	瀬戸	21,827	11,257	72	1,209	51.6%
18	東京東	21,124	11,530	66	1,334	54.6%
19	横浜	20,121	11,378	61	1,282	56.5%
20	巣鴨	19,933	9,259	41	996	46.5%
21	しずおか焼津	17,920	8,977	62	967	50.1%
22	豊田	17,595	9,017	42	841	51.2%
23	大阪厚生	16,504	7,070	29	596	42.8%
24	広島	16,409	10,561	75	869	64.4%
25	さわやか	15,821	9,267	63	1,029	58.6%
26	北おおさか	15,262	8,154	65	1,029	53.4%
27	西尾	14,200	7,315	51	723	51.5%
28	蒲郡	14,130	6,141	44	799	43.5%
29	飯能	13,687	6,325	47	840	46.2%
30	かながわ	13,544	6,468	50	764	47.8%
31	湘南	12,790	7,460	47	710	58.3%
32	播州	12,291	7,469	68	831	60.8%
33	東濃	12,138	5,727	56	804	47.2%
34	東京	12,022	7,553	30	676	62.8%
35	芝	11,909	5,967	48	822	50.1%
36	水戸	11,882	4,595	66	847	38.7%
37	北海道	11,872	6,501	81	644	54.8%
38	きのくに	11,769	4,068	43	704	34.6%
39	千葉	11,412	6,030	49	773	52.8%
40	いちい	11,141	4,363	48	479	39.2%

出典：各金庫のWebサイトおよびディスクロージャーなど

Section
1-13 日本郵政がゆうちょ銀株売却

国内最大の金融グループである日本郵政は2023年3月、ゆうちょ銀行の株式を一部売却しました。稼ぎ頭の株を売って成長投資にあてる狙いですが、グループの事業モデルの変化が指摘されています。

日本郵政グループは、持株会社である日本郵政株式会社の下に、郵便局を店舗ネットワークにした郵便事業を展開する**日本郵便**株式会社と**ゆうちょ銀行**、**かんぽ生命**を置き、3社が郵便・窓口事業・保険・銀行の4事業を展開する、という変則的な営業スタイルを維持してきました。

同グループは、日本郵便が保有する郵便局のネットワークを使って、ゆうちょ銀行とかんぽ生命から金融・保険の業務委託を受ける形でサービスを提供しており、顧客の利便性は民営化前とほぼ変わりません。

日本郵便は、「郵便・物流」「金融窓口」「国際物流」の3事業を展開していますが、利益の大半を金融窓口が稼いでいます。15年に持株会社と傘下の子会社3社が同時に株式公開して親子上場が実現しましたが、公営だった郵便局事業は、民営化の過程でいびつな会社組織に変わりました。

■成長投資に充当

今回のゆうちょ銀行株売却は、ゆうちょ銀の経営自由度の拡大につながる一方で、「グループ利益の75％を占める最大の稼ぎ手との距離が広がり、銀行事業への過度な依存から脱却することを求められる」（金融業界関係者）との見方が出ています。

売却益は約1兆3000億円で、成長投資に振り向けられると思われますが、利益率の低い郵便事業および窓口事業のコスト削減は避けられず、サービス低下が懸念されています。

不規則な民営化　民営化されたとはいっても、郵便事業は郵便局の独占事業であり、郵政民営化法で国民が等しく受けられるサービス（＝ユニバーサルサービス）として郵便局による事業展開が義務付けられています。一方、ゆうちょ銀行にはこうしたサービス提供の義務はありません。

日本郵政グループの決算概要（2023年3月期）

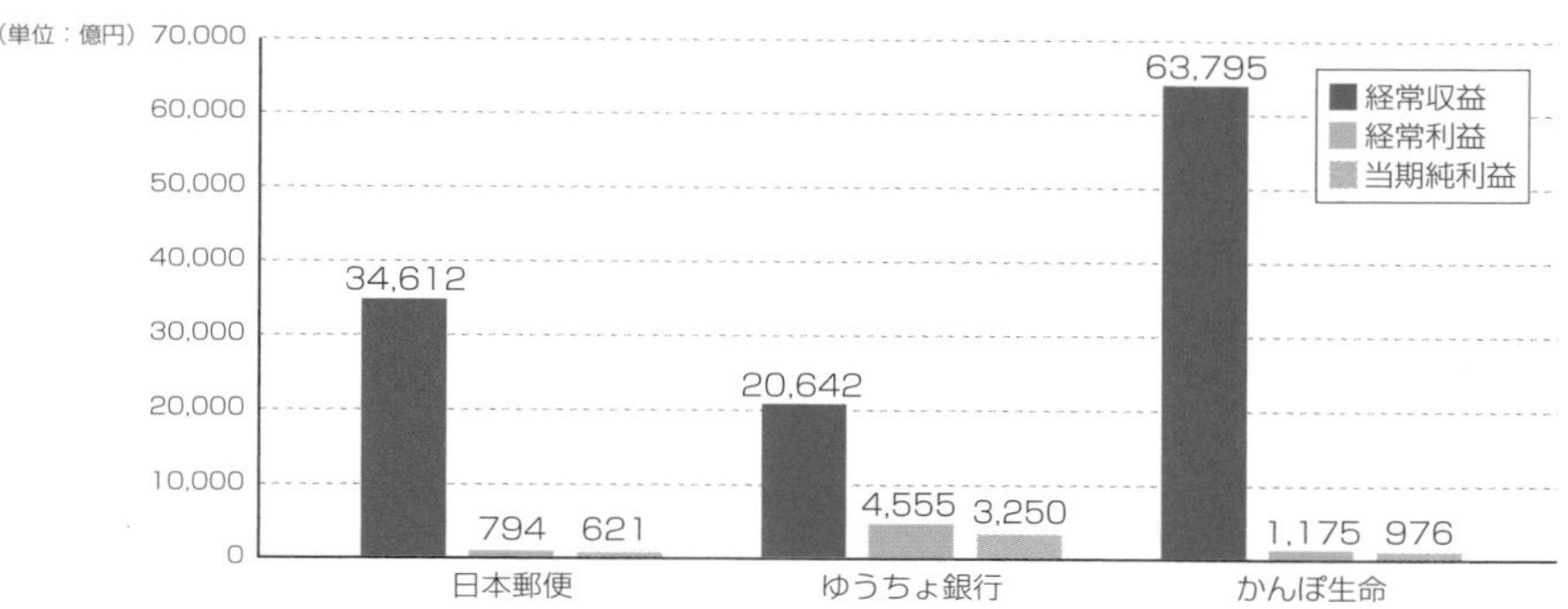

郵便窓口事業の収益構造の推移

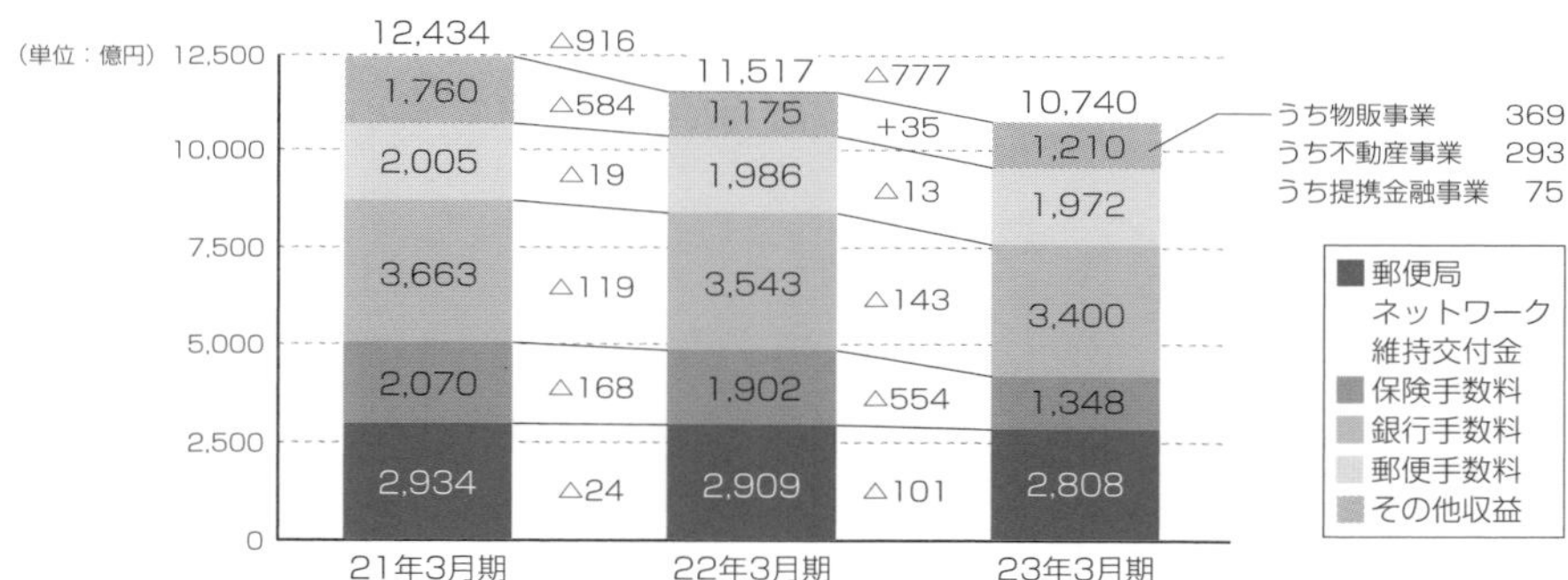

ゆうちょ銀行の貯金残高推移

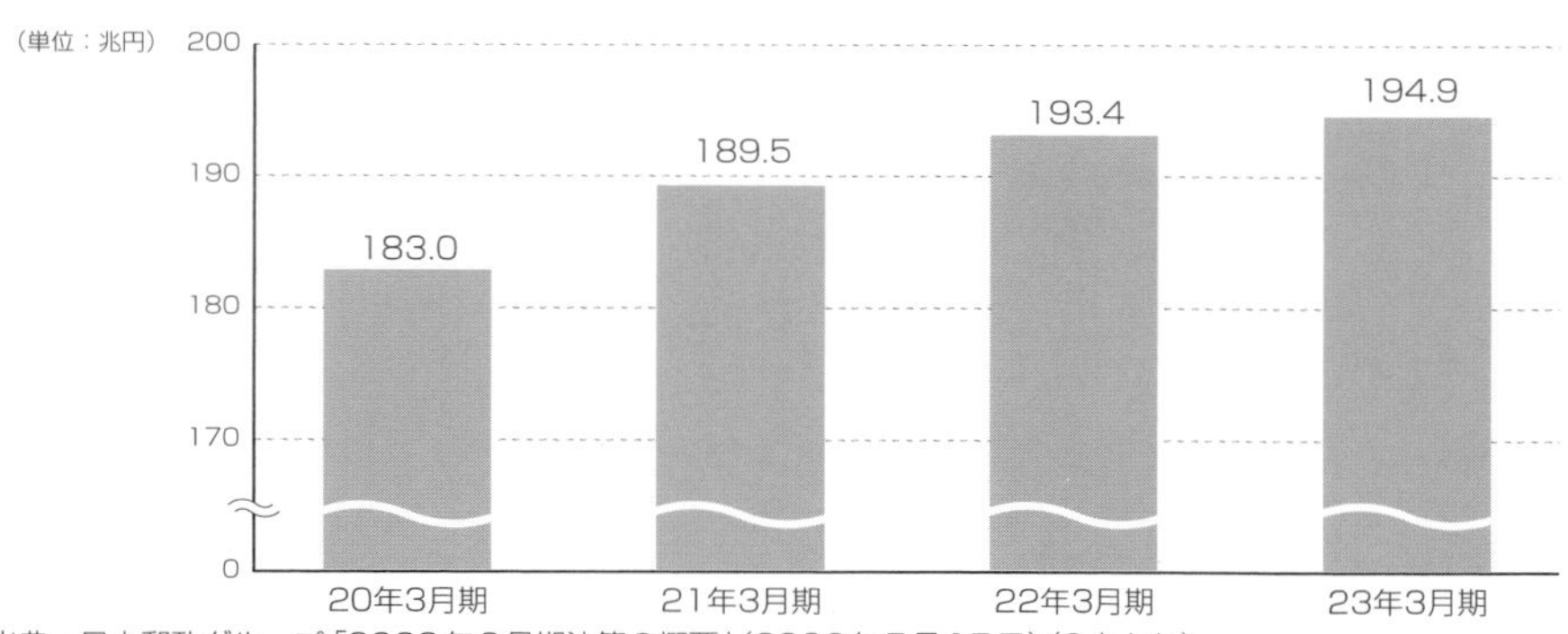

出典：日本郵政グループ「2023年3月期決算の概要」(2023年5月15日)(3点とも)

Section

1-14 非接触のタッチ決済が増加

コロナ禍を経た今日、非接触型のクレジットカードと決済端末が増加しています。迅速な処理と安全性・利便性の高さから、実店舗での導入が相次いでいます。

タッチ決済とは、ビザやマスターなどの国際ブランドが展開している非接触型の決済方法のこと。2020年に全世界で新型コロナウイルスが感染拡大したことを背景に、タッチ決済対応のクレジットカードの発行が増加し、専用端末の導入が加盟店の間で広がっています。海外ではすでにタッチ決済がクレジットカード決済の主流になっており、国内でもコンビニエンスストアやスーパーを中心に端末の設置が進んでいます。

タッチ決済に最も力を入れているビザの発表によると、23年3月末現在で国内の「**Visaタッチ***」対応カードの発行枚数は1億枚を突破。13年5月の発行開始以来、10年で大台を達成しました。対応端末の設置数は180万台を超えています。タッチ決済は自動販売機にも導入が進んでおり、今後はクレジットカードの「リアル利用」で主流になる可能性が高いと思われます。

メリット多いが少額に限られる

タッチ決済は利用者、ショップともにメリットがあります。専用端末にかざすだけで決済が素早く完了します。レジで係員とカードの受け渡しをする必要がないので、セキュリティが高く衛生上も問題ありません。店にとっては顧客にサインや暗証番号の入力を求める手順が省けるので、業務効率が向上します。

従来のプラスチックカードでもスマートフォンでも、そして電子マネーやデビットカードでもタッチ決済への対応が進み、利便性が格段に向上しています。

ただし、上限が1万円から3万円程度と少額決済に限定されているケースが大半。利用金額に限度があるのがデメリットです。また、公共料金など一部の支払いには使えないなどの制限もあります。

Visaタッチ　日本国内のVisaタッチは、日本信販（現三菱UFJニコス）が2004年に開始した「スマートプラス」の基本技術をベースにした非接触型決済サービス。対応カードの開発で2014年までにサービス提供を終了した。

コロナ禍で普及が進んだ非接触決済

タッチ決済が使えるカード

左記のタッチ決済対応マークがついているカードでタッチ決済がご利用いただけます。

タッチ決済が利用される理由

迅速性
かざすだけの素早い決済

安全性
カードの手渡しが不要
セキュリティ面・衛生面で安全

利便性
プラスチックカード
モバイル経由
ウェアラブル端末

3面待ち 推奨

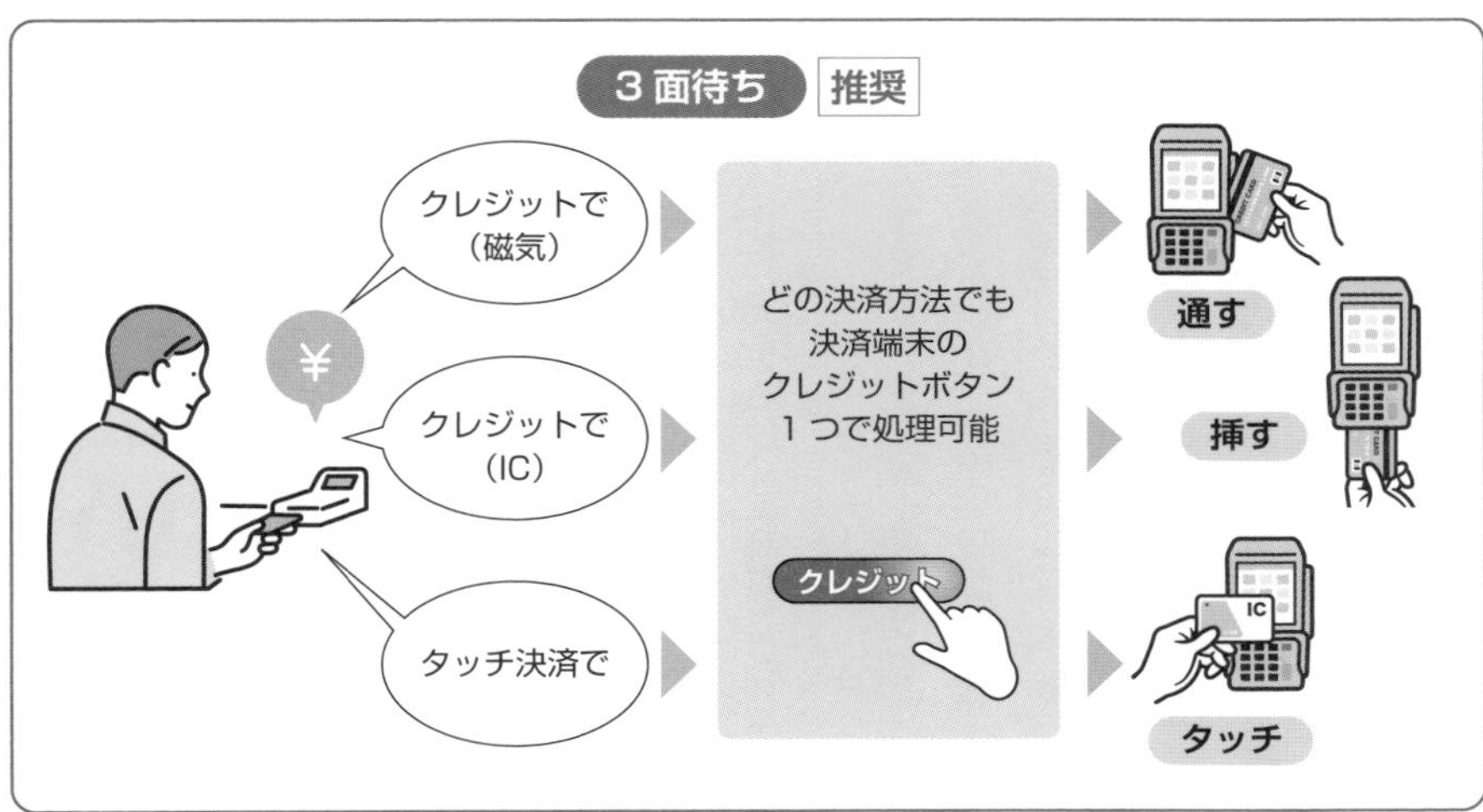

出典：日本クレジットカード協会　Webサイト「タッチ決済について」(一部改変)

タッチ決済取引の現状　ビザ・ワールド・ジャパンによれば、2021年と2023年の四半期（1-3月）の比較でタッチ決済取引件数は、コンビニで約10倍、ドラッグストアで約12倍、スーパーで約5倍などに増加しているもようです。

Section

1-15 国内上陸したBNPL(後払い決済)

クレジットカードなしで後払いができるBNPLが注目を集めています。既存勢力も、提携を働きかけるなど〝競争と協調〟の姿勢で今後の動向を注視しています。

BNPLは「Buy Now Pay Later」の略で、**後払い決済**を意味します。BNPL事業者が小売店(ショップ)に対して利用者の代金立て替えを行う仕組みで、利用者は手数料がかからず与信審査もありません。店側がBNPL業者に手数料を払うビジネスモデルで、比較的小規模のインターネットショップなどが顧客誘引のために導入し、欧米では有望市場に成長しています。

世界で初めて2005年にBNPLを設立したスウェーデンの「**クラーナ**」や、米国の「**アファーム**」などが世界的に知られています。わが国では消費者金融大手、フリマアプリなど業種を越えてBNPLへの新規参入が相次いでおり、市場規模も24年度には約1兆9000億円にまで伸びるとの予測も出ています。

クレジットカードは年会費や与信審査があり、2回払いはあるものの基本的に分割払いはできず、一括かリボルビングしか選択できません。BNPLは利用枠が比較的少額にとどまるものの、会社によっては約1カ月に4回の分割払いや36回の長期分割などがあり、返済の選択肢が多いのも特徴の1つです。

「欧米ではクレジットカードはリボルビングが一般的だったが、BNPLは分割払いができる点が新鮮に映った」(クレジットカード関係者)との指摘があります。また、欧米ではクレジットカードの決済は銀行口座引き落としではなく、ATMでの現金返済や小切手の郵送に頼っていたため、カード要らずのBNPLは簡便な決済手段として支持を集めたといわれています。

欧米のBNPL業者　「クラーナ」はスウェーデンの新興企業で欧州最大規模、ソフトバンクグループも出資しています。米国の「アファーム」はペイパルの創業者の1人が設立。「アフターペイ」はオーストラリアのスタートアップ企業で、北米、英国などで展開しています。

24年度には1兆9000億円市場にも

BNPLは自ら加盟店を獲得し、ショップの利用者にはコスト負担がありません。加盟店と顧客の双方から手数料を取って事業展開してきた既存のクレジットカードや信販会社にとっては脅威になります。

とはいえカード・信販大手は、電子マネーの登場のときと同様に、BNPL業者を競争相手と見ながらも協調していく姿勢を見せています。

背景には、BNPLを支持する多くの若い世代を取り込んで、高齢化社会での利用者減少に歯止めをかける狙いがあります。三井住友カードは22年6月、すでにBNPLを展開しているIT大手の**GMOインターネットグループ**＊のGMOペイメントゲートウェイ、GMOペイメントサービスと提携し、BNPL事業の進出を決めています。

BNPL人気の裏には、クレジットカードの不正利用の増加があるとの指摘もあります。コロナ禍でEC取引が増える一方で、カード番号を盗用して不正利用される被害が後を絶たないからです。

ただしBNPLは、利用限度額が10万円など低く設定されていますが、主要顧客である若年層は低収入の人も多く、返済の延滞傾向も指摘されています。

BNPLとクレジットカードの比較

		BNPL	クレジットカード
手数料	利用者	不要	必要
	小売店	4～5%	2～3%
与信審査		不要	必要
返済方法		一括・分割（1カ月に4回など多彩）	一括・リボ

GMOインターネットグループ　1991年設立。レンタルサーバーやネット広告、メディア事業などインターネットインフラ事業の最大手の一角。2018年には「GMOあおぞらネット銀行」を設立した。

Section

1-16 コロナと格闘した生保業界

コロナ禍の中、生命保険各社は入院給付金の支払いに追われました。その後、感染症としての位置付けが変わり、大手各社は「みなし入院給付」を2023年7月に終了しました。

国内でコロナが感染拡大し始めたのは20年3月以降。医療現場がひっ迫して入院できない患者が続出し、自宅やホテルなどでの療養を余儀なくされる人が増えました。生保各社は、こうした状況にある保険契約者に対して「**みなし入院**＊」の給付金を支払うことにしました。

この結果、保険金の支払いが急増。ワクチン接種が本格化した21年4月からの1年間は前年度に比べて件数で11倍強、金額にして12倍強になりました。コロナによる死者も増加し、保険金全体の支払額は21年度に1876億円と前年度比約4倍の結果になりました。

22年度は「第6波」「第7波」が到来して感染者数はさらに拡大。みなし入院給金の支払額も比例して増加していき、生命保険協会によれば22年7月時点で「みなし入院」契約者の支払いは約3050億円に達しました。

5類移行で「給付」終了

しかし大手生保各社は、23年8月から感染上の位置付けが季節性インフルエンザと同じ「5類」に移行することを受けて、自宅療養などの「みなし入院」契約者に対する給付を終了させました。

その背景には、国がコロナ感染の発生届けを65歳以上の人と要入院や妊婦など重症化リスクの高い人に限定する姿勢を示したことがあります。

生保各社は、コロナの拡大によって保険金の請求事務が激増して人手不足に陥るなどで支払いが遅れて、対応に苦慮していました。

Term
みなし入院　神奈川県が20年4月に開始した独自の入院給付制度。同県が発行するコロナ感染の専用証明書を提出すれば支払われる仕組みで、全国に普及し、生保各社も支払いに対応した。

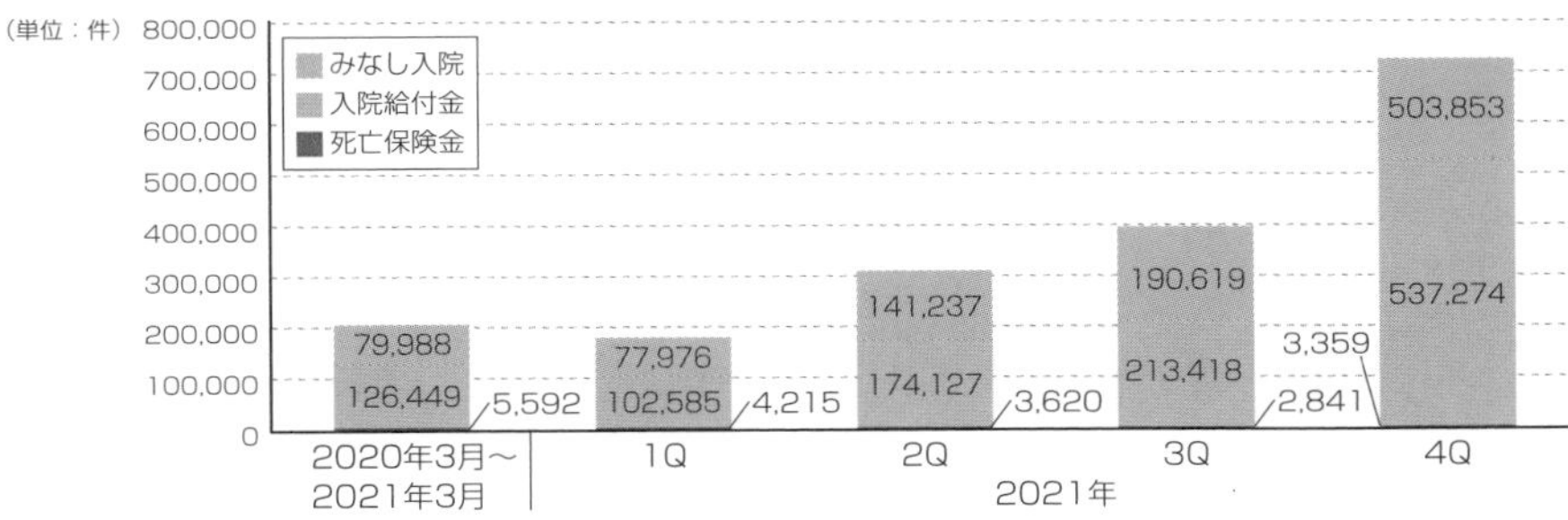

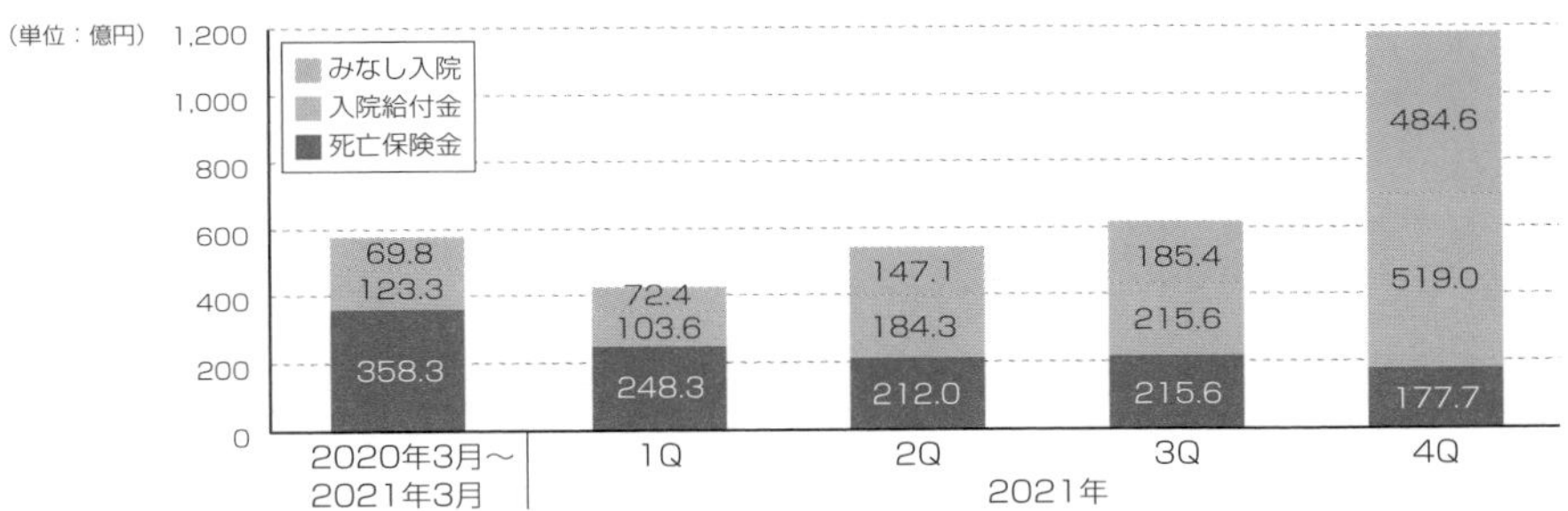

出典：一般社団法人生命保険協会「新型コロナウイルス感染症を巡る生命保険業界の取組み報告書」(2022年4月) (2点とも)

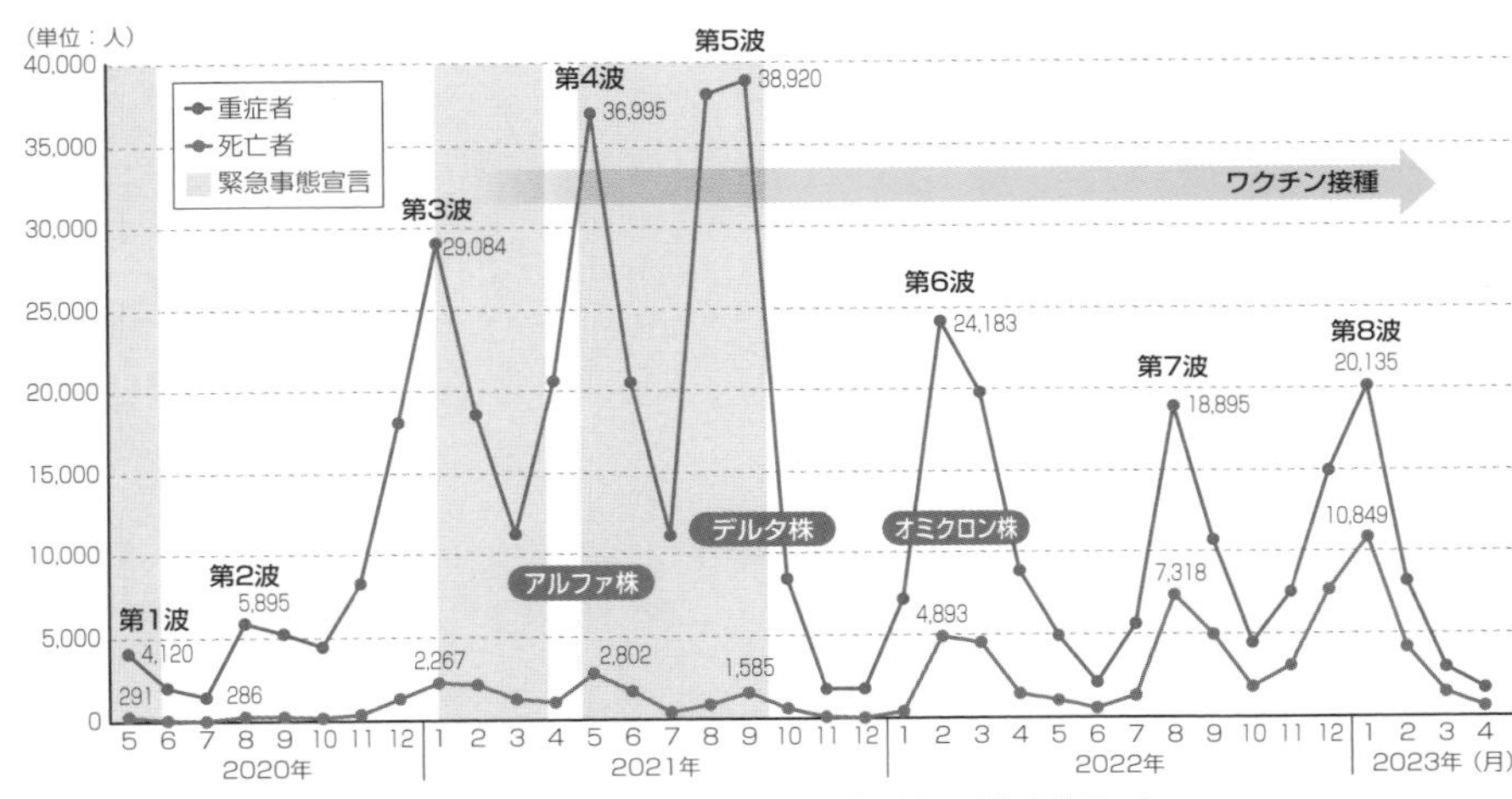

出典：厚生労働省Webサイト「データからわかる－新型コロナウイルス感染症情報－」

Section

1-17 被災者支援で自治体と連携（損保業界）

損保業界は、災害時の支援金を迅速に受けられるよう、自治体と協力して罹災証明書の一本化に取り組んでいます。また、AIを活用した被災データの提供にも一役買っています。

わが国では近年、地震や台風、豪雨などの自然災害が頻発し規模が大型化しています。自然災害によって被災した家屋を復旧するには相応の経費がかかります。

災害復旧の期間中は、雨水や土砂、ひび割れなどによる住宅とその周辺の被害への対応や清掃に時間を取られて日常生活は一変。仕事に行けなくなり、資金不足にも陥ります。そこで公的な経済支援を申請することになりますが、被害の程度を判定する**罹災証明書**が必要になります。

罹災証明書は市区町村が担当する自治事務で、各自治体が申請を受け付けて1カ月以内に被害調査を実施。各種の被災者支援策を受ける際に必要です。また、給付金や仮設住宅、税減免など幅広い支援を受けるのに欠かせません。

ところが、大規模災害では自治体の調査負担が大きくなって罹災証明書の発行に時間がかかり、復旧に必要な支援金の受給が遅れるという問題が各地で表面化しました。一部の地域で不動産鑑定士など専門家の知見を得て罹災証明書を発行しているとの報道もありますが、大手損保で自治体と連携して証明書発行に便宜を図る動きが出ています。

手続きの簡素化が実現

三井住友海上では21年から、水害時の保険金支払いで調査した被災家屋の写真や被害状況を、契約者が同意すれば罹災証明書発行の資料として自治体に無償提供する協定を結びました。調査から支払いまで最短3日で完了するため、自治体の手続きに比べて迅速です。また、罹災証明書も損保経由で取得することが可能で、手続きの簡素化が実現します。

損保の火災保険に加入している契約者が被災した場合は、損保と自治体の双方の調査を受ける必要があり、契約者の側に負担感がありました。しかし、損保と自治体が連

Point

罹災証明書の位置付け 2011年の東日本大震災で被災者支援が遅れたことを教訓に、平時から自治体は罹災証明など必要な業務の体制を確保するよう、市区町村長の義務として災害対策基本法に明記されました。しかし、有事の際の事務に人員を増やす予算はありません。

携すれば、契約者の負担軽減にもつながります。

自治体支援は自社のリスク抑制でもある

大規模災害では、ボランティアの活動が早期復旧のカギを握っています。ところが、近年は災害が広域になるケースが多く、ボランティアの派遣先の選定が困難になっているといわれています。

そこで損保大手各社は、AIや衛星撮影による画像など、保険の査定に使っている各種のデジタルデータを迅速な復旧活用に役立ててもらうよう、自治体に無償提供しています。

損保大手が自治体の防災・減災の取り組みを支援する背景には、自然災害に対する保険金の支払いが巨額になり大きな経営課題になっていることがあります。

災害が頻発して大型化すれば支払う保険金は増大し、毎年積み上げるべき保険準備金もそれに比例して巨額になります。こうしたリスクを抑制するためにも、自治体の防災・減災の取り組みへの支援を強化する必要があるのです。

罹災証明書で受けられる支援例

給付	被災者生活再建支援金
融資	住宅金融支援機構融資、災害援護資金*
減免・猶予	地方税、国民年金保険料、医療費、公共料金
現物支給	応急仮設住宅、住宅の応急修理

出典：内閣府「災害に係る住家の被害認定業務実施体制の手引き」

損害基準判定

全壊	半壊				
	大規模半壊	中規模半壊	半壊	準半壊	一部半壊
50%以上	40% 以上 50%未満	30%以上 40%未満	20%以上 30%未満	10%以上 20%未満	10%未満

出典：内閣府「災害に係る住家の被害認定」

災害援護資金　一定規模の自然災害で被災した人に対し、生活を立て直すための資金を貸し出す制度。災害による負傷や住居または家財の損害が対象。最大で350万円の貸付を受けることができる。

Section
1-18 増加するIFA（証券業界）

証券業界でIFA（独立系ファイナンシャルアドバイザー）の存在感が高まっています。2000兆円を超えるわが国の個人金融資産における有力な投資助言者と位置付けられているようです。

IFA＊の活躍は、2004年に証券仲介業務が自由化（解禁）され、07年の金融商品取引法改正で「貯蓄から投資へ」の大号令のもと、個人投資家保護が求められたことが背景にあります。

日銀の調査によると、21年9月末における国内の個人金融資産は2000兆円を超えました。しかし、国民の投資意欲は必ずしも高まっているとはいえません。NISAなど資産形成のための制度設計は年を追うごとに改善されてはいますが、個人投資家による市場参画の熱量が高まっているとはいえないのが現状です。

その原因の1つとして、顧客本位の業務運営（**フィデューシャリー・デューティー**）が十分に展開されていないことが挙げられています。銀行・証券の営業担当者にはノルマがあり、目標達成のためには顧客の投資知識以上の金融商品を推奨したりする事例が後を絶たず、投資家の信頼を損ねているとの指摘があります。

■投資助言の専門家

そこで、銀行や証券などに属さず、個人投資家への適切なアドバイスができる投資助言の専門家を広く育成しようという気運が生まれました。IFAの中には会社組織で活動しているところもありますが、その数はこの10年で2倍強になっています。

近年は証券業界でもインターネット売買が主流を占めつつあり、個人のIFAとネット専業証券が提携を強化するなどして、IFAの存在感が高まっているようです。IFAは会社に縛られず顧客本位の投資助言を行いますが、「まだまだ玉石混交」（証券業界関係者）との指摘もあります。

Term
IFA　Independent Financial Advisorの略。

アドバイザーとなり得る主な業態

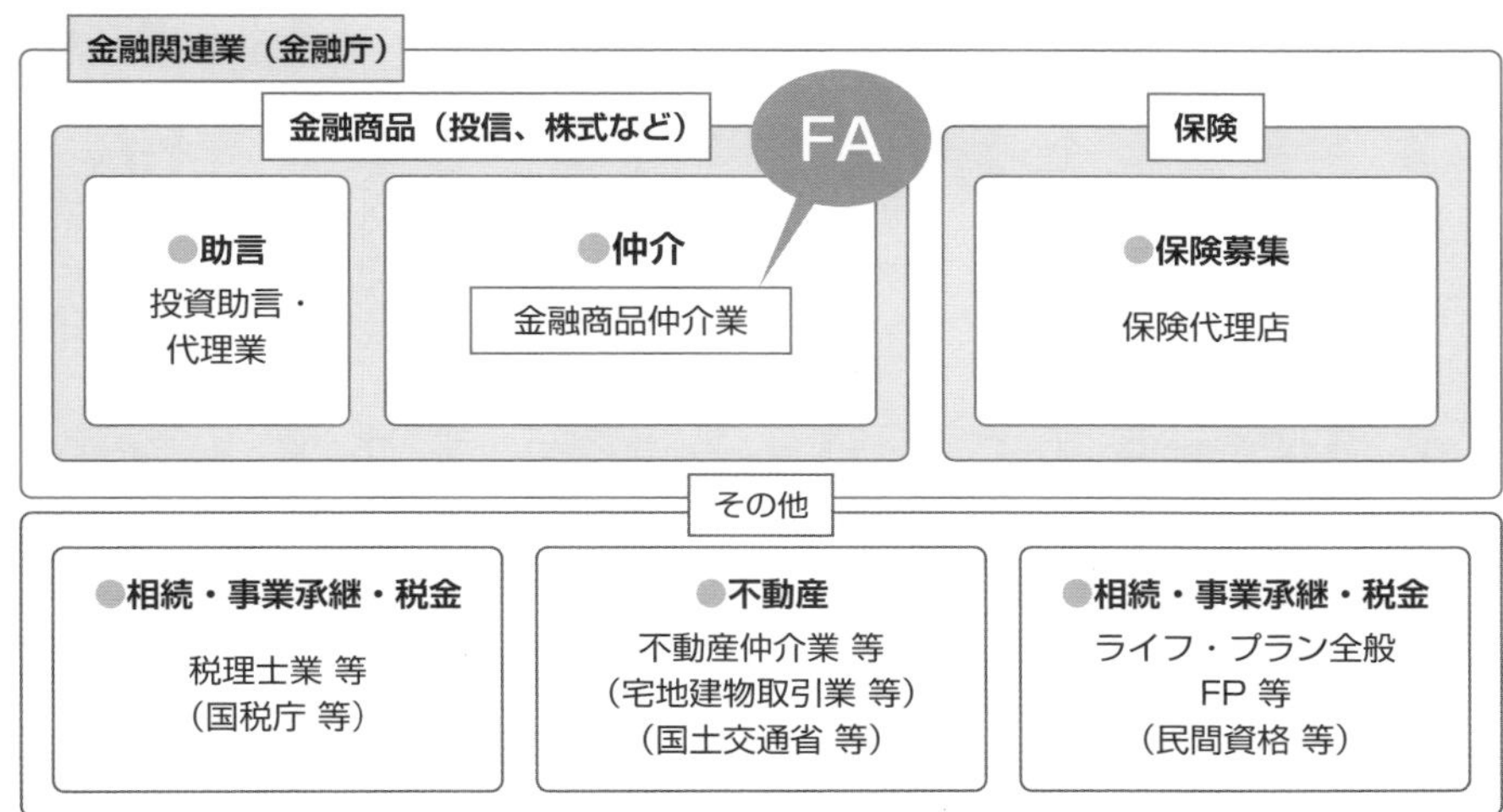

出典：金融審議会 市場WG（第22回）事務局説明資料

金融商品仲介業者の登録外務員数の推移

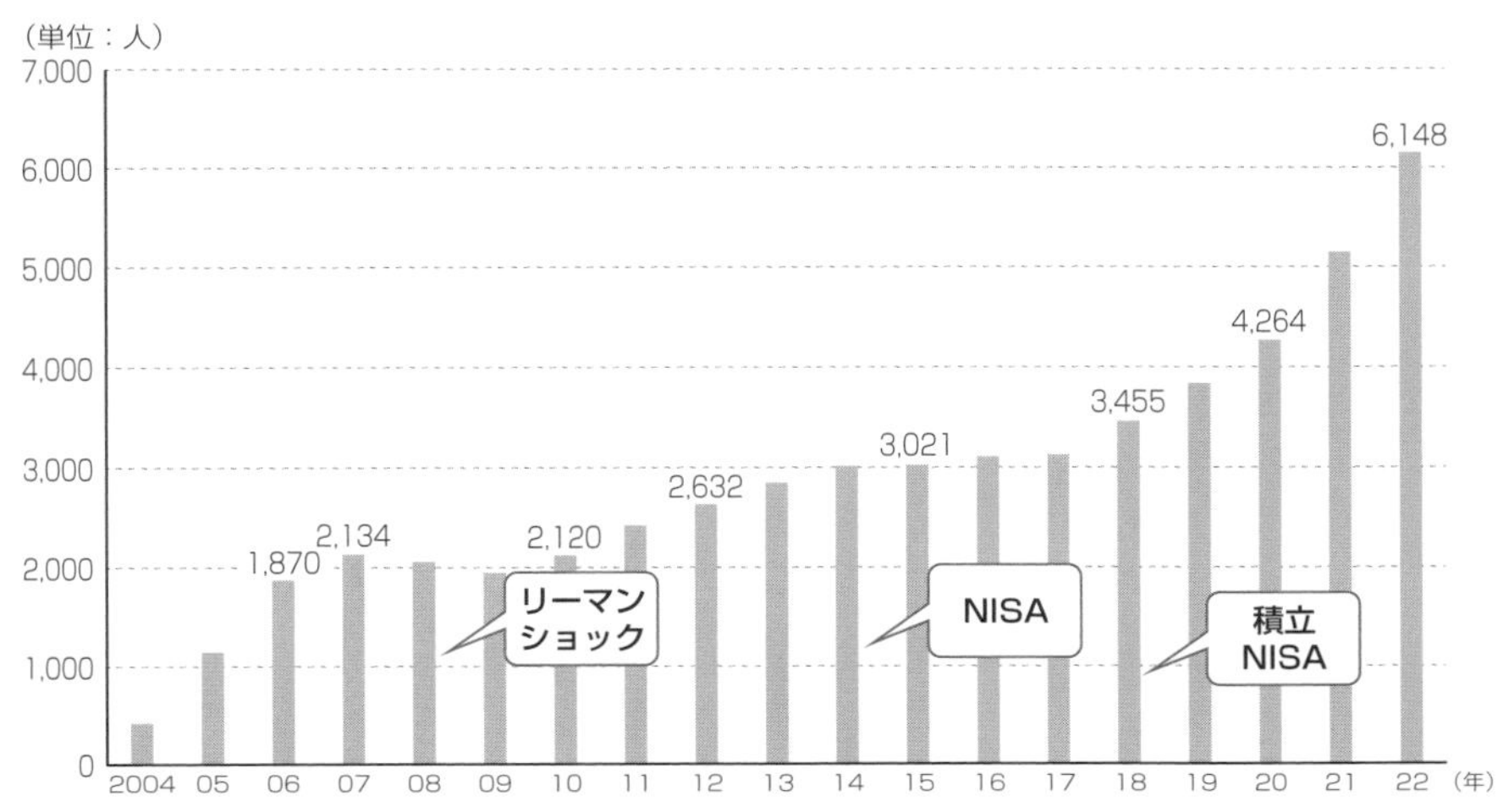

出典：日本証券業協会「金融商品仲介業者の登録外務員数の推移」

ちば証券の仕組み販売　証券取引等監視委員会によると、千葉銀行と武蔵野銀行は2022年に顧客をちば証券に紹介する際、投資の知識や経験、投資目的などを十分に考慮しないまま、仕組み債の購入を勧めたり、支店に対して販売実績を競わせるような指導をしていたといわれています。

Section

1-19 拡大続くESG投資①

環境問題や社会的事件、企業の経営姿勢に対する取り組みなどを重視して投資対象を見極めるESG投資が、世界中で広がっています。より良い地球環境を維持していくための評価軸としてのESGについて考えます。

ESGとは、Environment（環境）、Social（社会）、Governance（企業統治）の頭文字を取ったもので、企業や機関投資家が「より良い社会」を実現するために配慮すべき3つの要素といわれています。

私たち人類は、地球温暖化による気候変動や資源枯渇などの環境問題、男女不平等や人種・民族差別などの人権問題、さらに企業における利益相反や法令違反など、「ESG」を揺るがす諸問題に直面しています。

ESG投資の起源は、**社会的責任投資**（**SRI**＊）という投資手法だといわれています。欧米ではSRIの起源について、「1920年代にキリスト教の一部宗派が、教義に反する酒やたばこ、ギャンブルなどの業種・銘柄を投資の対象から外したことに由来する」との説が有力です。

1960年代に入り、米国で黒人差別に抗議する公民権運動が高まり、また世界各地で南アフリカの**アパルトヘイト**＊政策やベトナム戦争に反対する社会運動の高揚期が続きました。そして1990年代以降、繁栄の裏に隠れた環境汚染や不正会計など企業の反社会的行為が世界中で表面化。これを受けて、金融資本市場における投資行動の見直し機運が一気に高まりました。

発端は国連によるPRIの提唱

その動きを決定的にしたのが、2006年の国連による「**責任投資原則**」（**PRI**＊）の提唱です。**アナン事務総長**＊（当時）は機関投資家に対して、「投資の意思決定プロセスにESGの要素を反映させるべきだ」との声明を出し、PRIの重要性を強調したのです。

Term

SRI　Social Responsible Investmentの略。

アパルトヘイト　南アフリカで1948年に確立された、白人と非白人の関係を規定した人種隔離政策。1991年に廃止された。世界各国はこれを受けて南アフリカへの経済制裁を解除した。

ESG投資が注目される背景の1つは、財務情報の説明力に限界があることです。わが国では上場企業に対して、四半期ごとの決算短信や有価証券報告書などの財務情報を開示することが義務付けられています。また、任意の開示項目として経営理念や経営ビジョン、中期経営計画、知的財産報告書があり、ディスクロージャーは企業会計の国際化と相まって年々開示項目が増えています。

財務情報の限界

しかし近年、ある調査機関が国内の上場企業を対象に「過去20年の純資産と経常利益の数値が株価に適切に反映されているか」を調査したところ、必ずしも関連性は大きくないとの結果が得られました。

これは、「決算情報などの数値情報や定性情報だけでは、企業価値の真の姿は把握しづらくなっている」ことを示しています。そこで、企業がより良く共存していくため、従来の財務情報に加えて、環境・社会に対する認識や行動といった非財務情報を積極的に開示することが求められるようになったのです。

ESGの歴史

1920年代
- 米国メソジスト派教会が酒、たばこ、賭博など教義に反する業種、銘柄を投資対象から除外
- ネガティブ・スクリーニング（投資信託）登場

1960年代
- ベトナム戦争で使用されたナパーム弾を製造したダウ・ケミカル社に製造中止の株主行動
- 労働組合や年金基金でSRI(社会的責任投資)への関心高まる

1990～2000年代
- 地球温暖化、エンロン事件（不正会計）などで地球環境、企業統治（ガバナンス）に注目が集まる
- 1999年に国内で初のエコファンド登場

→ **2006年** 国際連合がPRIを提唱し、ESGの反映を強調

PRI　Principles for Responsible Investmentの略。
アナン事務総長　1938～2018。ガーナ共和国出身、1997年に国連職員として初の事務総長となり、2006年まで務めた。2001年に国連とともにノーベル平和賞を受賞。

財務情報の限界とワーカーズキャピタルの台頭

もう1つの大きな背景は**年金基金**の存在です。資金運用の世界で絶大な存在感があり、世界の投資市場で主要なプレーヤーである年金基金が、こぞって「PRI」を支持するようになりました。年金基金は労働者が拠出する大規模なファンドであり、企業年金や公的年金、労働組合の独自基金などが該当します。

年金基金は多くの労働者が長年にわたって拠出してきたファンドで、退職後の重要な生活資金の原資になっています。それだけに、労働者やOB・OG（退職者）の高い社会参画意識を背景に、ESG（環境・社会・ガバナンス）の非財務的要素を考慮する傾向が強いとされているのです。

年金基金は、資産管理を委託している信託銀行などを通じて株主権限を行使することもあります。そういった年金基金は、公正で持続可能な社会の形成に貢献することを目的としているファンドで、「**ワーカーズキャピタル**」といわれています。

2015年、国民年金・厚生基金を運用する国内最大の機関投資家である**年金積立金管理運用独立行政法人（GPIF）**が国連責任投資原則の署名機関となったことで、わが国の資産運用業界でESG投資がさらに大きくクローズアップされることになりました。

ESG投資の理解深めるSDGs

ESGとほぼ同義で近年大きな注目を集めているのが**SDGs**＊。**持続可能な開発目標**と訳されています。2015年に国連で採択され、2030年までに世界各国が達成すべき目標とされています。

貧困や飢餓の撲滅など途上国の支援を中心とした目標に、健康や福祉の増進、技術革新、気候変動への対応など先進国の課題や環境問題が加わってできており、17の目標（①貧困をなくそう、②飢餓をゼロに、③すべての人に健康と福祉を、④質の高い教育をみんなに、⑤ジェンダー平等を実現しよう、⑥安全な水とトイレを世界中に、⑦エネルギーをみんなに。そしてクリーンに、⑧働きがいも経済成長も、⑨産業と技術革新の基盤を作ろう、⑩人や国の不平等をなくそう――など）があります。企業はこうした世界的かつ広範な目標に少しでも貢献していくことが求められています。

Term

SDGs　Sustainable Development Goalsの略。

Column

ESG投資の課題

2020年から新型コロナウイルスの感染が拡大して生産活動が停滞し、世界経済が低迷しました。一方、景気浮揚の手段として、地球温暖化など気候変動への対応を軸とする経済活動を通して雇用拡大や業績向上を実現させる景気刺激策「**グリーンリカバリー**」が、各国で注目されています。

フランス政府は2023年5月、列車を使って2時間半以内で行ける距離の国内航空路線を廃止することを正式決定しました。コロナ禍で経営難に陥った航空大手「エールフランス-KLM」が、国内路線の4割削減を条件に巨額融資を受けたことが背景にあるといわれています。マクロン政権には気候変動市民評議会があり、「温室効果ガス削減のため、4時間以内での列車移動が可能な国内航空路線を廃止する」ことを評議会が提案していました。

航空路線における乗客1人当たりの二酸化炭素（CO_2）排出量は列車の数十倍にもなり、列車のほうが料金も安く所要時間もあまり差がないことなどから、欧州各国では航空便から列車への転換が急速に進んでいます。英国や米国でも、水素や脱炭素に関する巨額の投資を実施することで雇用の維持拡大、景気浮揚を狙う政策を展開しており、グリーンリカバリーは世界的な経済活動の一大潮流になりつつあります。

「偽善的な環境対策が存在する」と警鐘を鳴らす動きがあります。「**グリーンウォッシュ**」または「**グリーンウォッシング**」と呼ばれ、近年はSDGsやESGに対する関心の高まりを受けて、消費者に対する広告宣伝活動の中にこうした要素を組み込むことが一種のトレンドになってきています。

グリーンウォッシングとは、うわべを取り繕うことを意味する「ホワイトウォッシング（white washing）」に、環境やエコロジーを意味するグリーンを掛け合わせた造語で、「うわべや見せかけの環境活動」を指します。

世界的なハンバーガーチェーン企業が2009年、一部地域でロゴの色を黄色と赤から黄色と緑に変更したことがありました。米国のある自動車大手企業は低燃費を強調したモデルを販売しましたが、燃費は従来モデルと変わりませんでした。また、「オーガニックタバコ」などと称して販売していたたばこ会社もありましたが、「たばこ自体が健康に害があるのに」と矛盾を指摘されました。グリーンウォッシュが問題なのは、環境に良いと言いながら、実際にはその効用がないという点です。

ESG投資の普及拡大には、投資対象である企業がESGに対して適切な行動を展開することが不可欠。見せかけだけの環境改善活動を排除して適切に取り組めば、健全なESG投資の市場が育成されていくのではないでしょうか。

Section

1-20 拡大続くESG投資②

世界のESG投資は2020年時点で35兆ドルあまり。全運用資産の約34％で投資の主流を占め、総投資額におけるESG投資のシェアは今後、さらに高まると思われます。

国際的なコンサルティング会社「ボストンコンサルティンググループ」の調査によれば、2020年末における世界の資産運用残高は推定103兆ドル。これに対して、世界の**ESG投資**の統計を集計している国際団体「Global Sustainable Investment Alliance」（**GSIA**）の20年調査で、サステナブル投資（＝ESG投資）額は約35兆ドル。ESG投資は運用資産の3割強を占める投資規模に成長していると見ることができます。

GSIAの20年調査でESG投資の「投資比率」を地域別に見ると、カナダが最も多くて62％、次いでドイツや北欧など環境問題にシビアな国々が多い欧州（42％）、豪州（38％）、米国（33％）、日本（24％）となっています。

わが国でも投資の4分の1がESG投資となっており、環境や人権、企業統治といった社会性の高い問題に取り組む企業への評価が高いことを示しています。

国内市場規模は493兆円、前年比4％減

23年3月に**JSIF**＊が発表した「日本サステナブル投資白書」の調査（国内の生損保、投資顧問、年金基金など54機関対象）によると、22年の国内におけるESG投資残高は対前年比4％減の493兆円。

ESG投資には多様な投資手法がありますが、国内で最も多い手法は「**ESG統合型**」。財務情報と非財務情報（ESG）の双方を判断材料にするもので、手堅い投資手法といえるでしょう。

次に多いのが「**ネガティブ・スクリーニング**」。最も古いESGの投資手法で、1920年代に米国のキリスト教系の団体が始めたものといわれています。武器製造やギャンブル、ポルノなど反社会的または非倫理的な事業を展開している企業への投資を排除するものです。

JSIF　NPO法人で正式名称は「日本サステナブル投資フォーラム」。2001年10月発足。サステナブル投資の健全な発展による持続可能な社会の構築を目指している。

「国際規範スクリーニング」では、ESGの評価機関が公表している「国際基準をクリアしていない企業」を運用対象から除外します。19年の運用手法別投資残高では、**「エンゲージメント**＊」と「議決権行使」の合計で54％と過半数を超えていました。エンゲージメントの手法では、投資対象の企業との対話を通して、環境や社会貢献、企業経営の姿勢などを改善するため、建設的な意見交換を図ります。その結果として満足できる対話や回答が得られなければ、株式を売却することもあります。こうした対話を主体的に行う**「モノ言う株主」**として市場が注目していましたが、近年、この手法は敬遠されているようです。

国内のESG投資を資産別に見ると、債券が55％、次いで日本株22％、外国株14％の順。いずれも証券市場で企業業績の評価対象になっている有価証券であり、ESG投資に限らず投資対象の候補として選定しやすい点で共通していると思われます。

ただ、ESG投資は開示基準が整備されていないとの指摘があります。このためESG投資をしても効果検証ができず、競合他社との比較が難しいといわれています。22年に国際会計基準（IFRS）の関連団体が開示基準を公表しましたが、不十分との見方があります。

運用手法別のサステナブル投資残高（2022年）

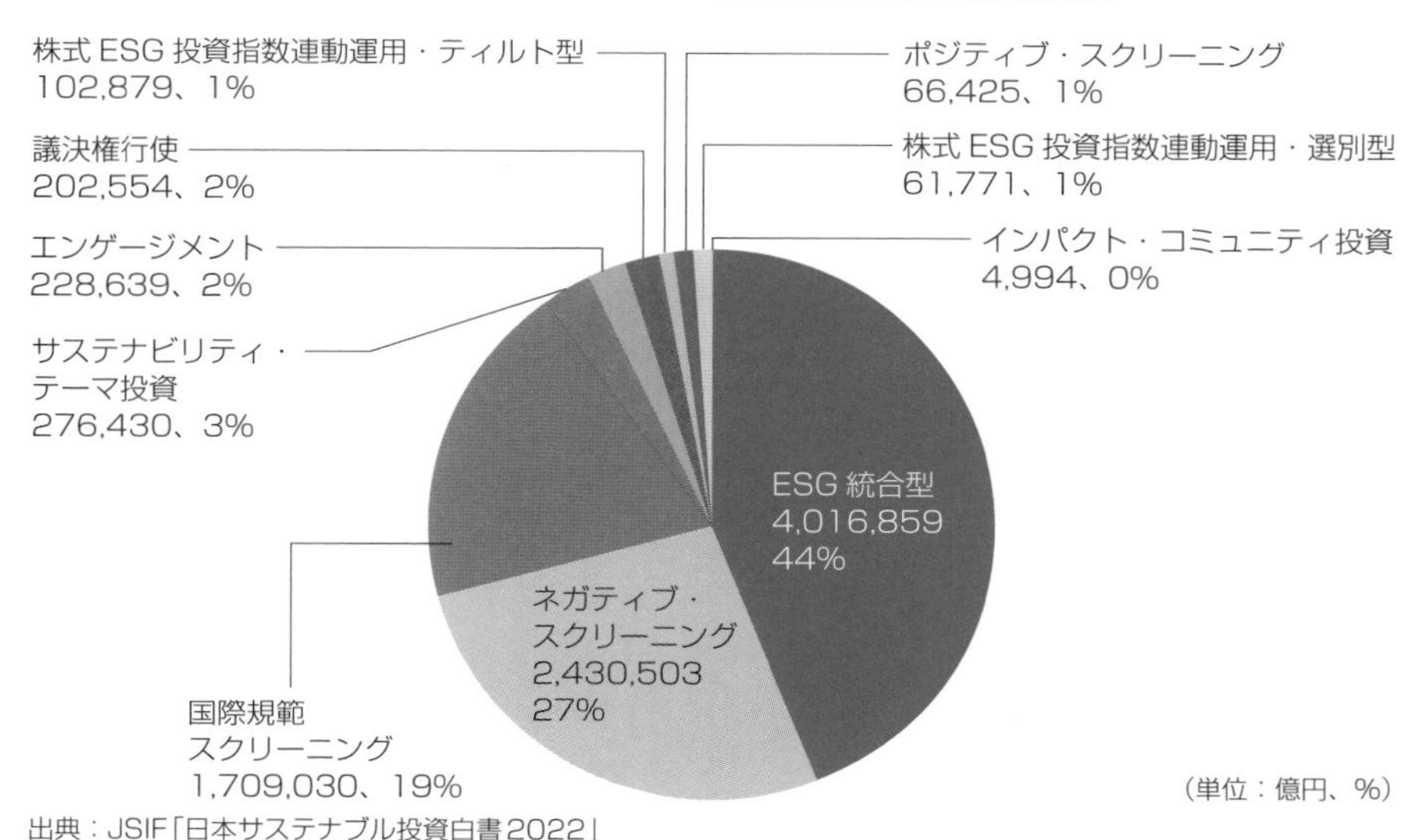

出典：JSIF「日本サステナブル投資白書2022」

エンゲージメント　Engagement。「婚約」「誓約」「約束」「契約」などの意味がある。ESG投資では、「投資家と投資先企業が、環境問題や社会問題へのアプローチを含めた経営戦略・資本戦略などについて、建設的な対話を行うこと」を指す。

Section

1-21 レガシーシステムがDXを阻害？

金融機関は万が一にもシステムトラブルがあってはならず、完璧さを常に求められてきましたが、完璧であろうとするあまり硬直したシステムを構築し、柔軟性のあるデジタル改革に踏み切れませんでした。

1950～70年代の高度経済成長によって国民所得が上昇し、80年代には預金口座数が飛躍的に増加しました。金融業界では利用者数がさらに拡大すると予想して、大量処理に耐えられる大規模の業務システムを構築するようになりました。

全銀システムなど国内の送金ネットワークシステムによって、中小金融機関から大手都市銀行までがオンラインでつながり、全国のATM（現金自動預け払い機）を相互利用できるまでになりました。不良債権処理に端を発する90年代後半の「銀行冬の時代」にはコンビニATMが登場し、銀行支店の補完的存在としてクローズアップされました。

80年代後半から90年代にかけて、ITベンダーやSIer（エスアイヤー）（システム開発会社）の間で「**フォールトトレラント**」（Fault Tolerant）という言葉が盛んに使われていました。システムの無停止を指す用語ですが、「仮に障害が起きても、システムダウンすることなく稼働し続ける状態」を意味します。また、「**ミッションクリティカル**」（Mission Critical）も多用されました。「障害や欠陥があった場合、社会に致命的な影響を与えるほど重要なこと」という意味で、この時代は無停止のコンピュータ（サーバー）が続々と登場した時期でもありました。

こうしたシステム設計の主戦場だったのが金融業界です。極めて公共性の高い業界だけに、振込ミスやATMの不稼働といった、顧客サービスにおけるトラブルは許されません。システムも堅牢（けんろう）性が何より優先されました。

全銀システムのオープン構築化で転換期

しかし、この設計思想が業務の心臓部である基幹システ

Point

全銀の次期新システム　現行システムの製造・販売および保守が終了するのを受けて、2027年の稼働を目指しています。銀行との接続方式であるリレーコンピュータ方式も2035年までに廃止される計画です。

ムや為替ネットワークシステム構築の根底に長く残り、また成功を収めたことで、新たなシステム設計思想が登場する余地を狭めていったことは否定できません。

代表的なのがオープン系の勘定システム。もちろん新登場の頃は実績がないので見向きもされません。しかし、ある程度の実績が出てきてもなお、「時期尚早」「信頼性に欠ける」などの批判が多く、金融業界ではなかなか認められませんでした。堅牢なシステムとその設計思想がDXの登場を阻害していたかもしれないのです。

しかし、今後はオープン系システムが金融業界の**メインストリーム**＊になると思われます。国内における送金ネットワークシステムの総元締めである**全国銀行資金決済ネットワーク**（**全銀ネット**）が、「2027年稼働予定の次期システムにおいてオープン基盤によるシステム構築を目指す」と表明したからです。

一部の銀行――特にインターネット専業銀行やスマホ専業銀行などは、すでにオープン系の勘定システムで業務システムを稼働させており、安全性において従来のレガシーシステムに引けを取りません。業界は本格的なシステム構築の転換期に入ってきています。

堅牢さを常に求められた銀行コンピュータ

無停止システム	24時間365日完全稼働
フォールトトレラント (Fault Tolerant)	ミッションクリティカル (Mission Critilal)

ガチガチのシステム設計思想がDXの登場を阻害した…？

メインストリーム　Mainstream。主流。ある分野の中での大きな流れ。

Section

1-22 共同化からオープン化へ

銀行のシステム構築に大きな変化が起きています。主に多くの地銀・第二地銀が稼働させてきた共同化システムがオープン系システムにくら替えするケースが増えており、今後の主流になりそうな気配です。

北國銀行(ほっこく)は2021年5月、国内の銀行としては初めてクラウドによる**オープン勘定系システム**を稼働させました。同行は00年以降、他に先駆けて先進的な施策を展開しています。

北國銀行は石川県を主要な営業基盤にしている地方銀行で、中堅クラスの規模。業界内ではこれまであまり注目されることはありませんでしたが、近年はデジタル戦略を強化してシステム再構築を図ったことを契機に思い切った経営戦略を展開。金融業界のDXを語るうえで避けて通れない存在になっています。

同行は、マイクロソフトのクラウド「Azure(アジュール)」上で稼働するビプロジー社（旧日本ユニシス）の「バンクビジョン」を採用、国内銀行初のクラウド型オープン勘定系システムを導入しました。こうした「**勘定系クラウド**」は現在、地銀で10行あまりのほか第二地銀などで稼働しており、銀行システムの主流になりつつあります。

これまで地銀・第二地銀は、ITベンターを旗振り役とする共同化センターに加入し、システム経費を抑えてきました。システム共同化は21年3月末時点で地銀の7割、第二地銀の4割が利用していましたが、迅速なデジタル対応が可能でコスト負担も軽減できるクラウド型システムに転換するところが増加しています。

共同化システムもクラウド勘定系に移行

システム共同化は21年3月末時点でNTTデータが31行、日本IBMが18行、日立製作所が11行、日本ユニシスが9行などで稼働していました。

しかし広島銀行が22年11月、「30年度をメドに、福岡銀行

Point

富士通の凋落　2000年代には地方銀行の勘定系システムで存在感を示していましたが、2021年には地銀向け共同利用システム「PROBANK」の利用銀行がなくなりました。第1号ユーザーの東邦銀行での開発遅れのため、他のユーザー銀行の開発にも支障をきたして契約解除が相次ぎ、ユーザーをなくしました。

との間で形成していた日本IBMの**共同化システム**から離脱し、オープン系の共同化システムへの移行を目指すNTTデータにくら替えする」と発表しました。これを機に地銀・第二地銀業界で共同化の流れが一変。オープン系システムやクラウド方式の検討が進んでいきました。

共同化の巨頭であるNTTデータはオープン化、クラウド化の流れをいち早く察知し、開発を急いでいました。同社の狙いはクラウド型オープン勘定系を採用した共同化システムの構築です。メインフレームをオープン化するための仕組みである「PITON（ピトン）*」を24年から提供する予定で、28年から同社の地銀共同センターでの運用を目指しています。

共同化システムに加入していない銀行に対してはオープン化への転換に対応し、同社に4つある地銀・第二地銀向け共同化システムのユーザー銀行に対しては共同センター内でのクラウド型オープン勘定系への移行を進めることで、囲い込みを図る狙いです。

金融業界で多くのユーザーを抱えていた富士通は、30年度にメインフレームの製造・販売を終了させます。金融業界はまさに雪崩を打ってオープン化、クラウド化にまい進しています。

主なオープン勘定系システムと導入銀行

システムの名称	IT ベンダー	銀行名	稼働時期
BankVision on Azure	BIPROGY（旧日本ユニシス）	北國銀行	2021 年 5 月
		紀陽銀行	2022 年 11 月
		山梨中央銀行	2023 年度
		西京銀行	2024 年
OpenStage	日立製作所	静岡銀行	2021 年 1 月
		滋賀銀行	未定
		伊予銀行	2028 年
		京葉銀行	2023 年度
FUJITSU Cloud Service for OSS	富士通	オリックス銀行	2023 年 2 月
統合バンキングクラウド	NTT データ	4 つの共同化システム加盟 31 行	2028 年～
		しんきん共同センター	2024 年

PITON（ピトン）　金属製のくさびの意味。メインフレーム上に構築されたシステムをオープン系システムで稼働させるためのもので、2019年から研究開発に着手。2024年に地銀共同化システム「MAJER」、26年には信金業界の「しんきん共同センター」での導入が決定している。

Section

1-23 動き出した「金融データ活用標準化」

金融機関には膨大なデータが蓄積されていますが、業績向上に向けて有効活用されているとはいえない現状があります。そこでいま注目を集めているのが「データ活用標準化」です。

自宅勤務や非接触など、コロナ禍を契機に生活様式や勤務形態などが一変したことを背景に、金融業界のデジタル化は想定外に急進しました。

DX（デジタル・トランスフォーメーション）が声高に叫ばれていますが、「デジタル化の波に乗っていける金融機関と、そうでない金融機関とのギャップは開くばかりだ」との指摘があります。

そもそも金融機関には膨大な量の顧客情報があり、クレジットカードにも同様にショッピングデータなどが蓄積されています。しかし、こうしたデータを有効に使って経営分析をしたり、営業戦略を練るための有効な資料にしたりする担当者が少なく、いわば宝の持ち腐れの状態です。

金融データは残高金額など真正の情報ですが、クレジットカードの世界では購入した加盟店と購入額はデータとして残っていても、商品名までは蓄積されていないなど、データの質が粗いところがあります。

金融業界は高度にシステム化された装置産業です。また、口座情報を中軸にしたデータの総体が金融機関だともいえます。従来は「データを分析できるスタッフがいない」などと理由を付けては積極的に取り組んできませんでした。しかし、一気にデジタル化の波が押し寄せている現在、データ活用の重要性が高まってきました。

デジタル時代に向けてのインフラ整備

金融業界には銀行や証券、信託、クレジットカード、保険、リースなど数多くの業態があります。こうした業態の垣根を越えて横断的に情報交換してデータ活用におけるスタンダードを生み出していくため、蓄積されているデータを一貫性のある方法で統合し、広く金融業界の各業態での利活用を図る動きが、「標準化」の狙いと思われます。「標準化」

Term

七十七銀行　1878年設立。東北地区最大の地方銀行で、以前は創業家の氏家（うじいえ）家や日銀OBが頭取に就くことが多かった。同行日本橋支店は東京証券取引所がある兜町（かぶとちょう）に近く、株式売買の清算に関わる出納業務を行っている。

の具体的な方法は、データの形式や用語、プロセスを共通の形式に変換してデータの品質向上を図る、というものです。

　こうした動きを受けて2022年4月、一般社団法人金融データ活用推進協会が発足しました。会員は銀行、証券、保険、そしてクレジットカードやリースなどのノンバンクが名を連ねています。同協会は、データ活用の普及や必要な人材の育成を中心に活動しています。

七十七銀行*は22年11月、デジタル戦略部内に「データ分析チーム」を設置しました。同行は、収集・分析したデータをもとに施策を立案・実行していく「**データドリブン***」の考え方を、自行の経営文化として定着させていく意向です。

　データ活用標準化は、デジタル時代に生き残るための環境整備の意味合いが大きいと思われます。使われていない有効な情報を掘り起こして「使えるデータ」に仕立て上げる一方、まずはそのデータを活用できる人材を育ててDX時代に歩を進めていくための土台作りともいえるでしょう。

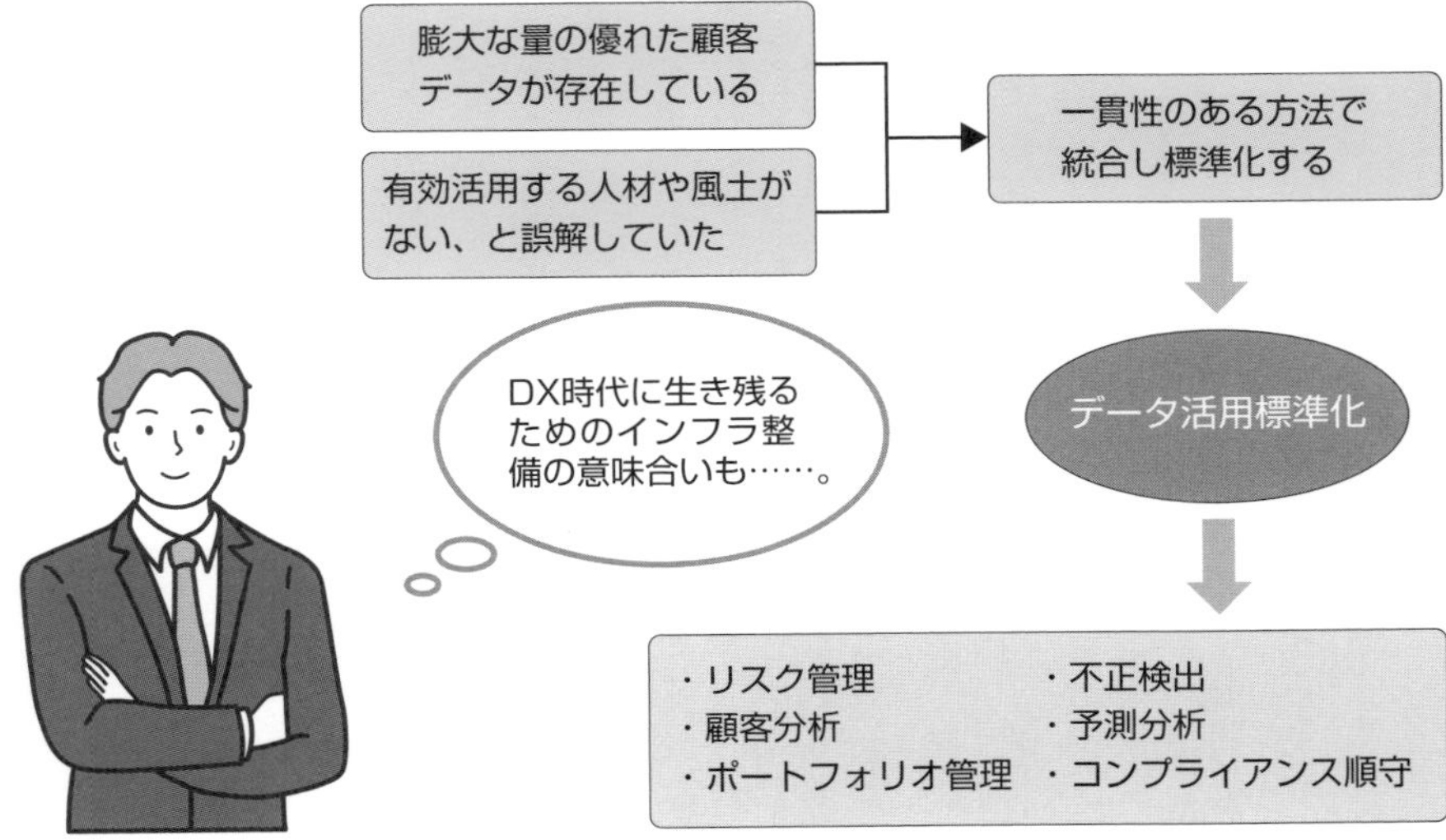

データドリブン　「Driven」は突き動かされるの意味。転じて「起点」。売上データなどの経営数値や市場分析、Web解析データに基づいて経営判断し、行動に移すこと。

Section

1-24 金融革新のDXツール

金融業界はデジタル時代を迎え、DX（デジタル・トランスフォーメーション）を成功させることが生き残りのための最重要課題の1つになっています。DXの代表的なツールを紹介します。

APIは、ソフトウエアやプログラム、Webサービスの間をつなぐインターフェース（接点）を指します。APIによって実現する機能の1つがユーザー認証。

例えば、グーグルやヤフーなど代表的なポータルサイトで作成したアカウント（IDやパスワード）を使って、ゴルフ予約サイトやグルメサイトにログインすることができます。本人同意のもとにポータルサイト側がアカウントを予約サイト側に提供するのですが、その際にAPIを使って暗号化されて送られています。

APIは、あるアプリケーションの機能や管理するデータなどを、他のアプリケーションを使って呼び出し、利用するための接続仕様・仕組み。それを複数の企業に公開することを「**オープンAPI**」と呼んでいます。

ブロックチェーンは、暗号資産（仮想通貨）の「ビットコイン」の考案者が開発した技術。暗号を使って取引履歴を鎖のようにつなげて、その正確性を維持します。データの破壊・改ざんが困難で、銀行の業務処理やシステム構築に大きな変革をもたらす有望な技術と目されています。

ブロックチェーンには、契約の自動化を実現できる「**スマートコントラクト**＊」という仕組みがあります。このため、契約書類の改ざんを防ぐ観点から、貿易金融に関わる業務処理にスマートコントラクトを導入し、処理時間を短縮することが可能になるといわれています。

決済や証明、契約と絡む業務は、不正や改ざんが最大のリスクなので、ブロックチェーンの最大の特性である改ざん防止が威力を発揮するのです。

ブロックチェーンの特性は、転用・活用できる範囲が広いこと。金融以外では、土地の登記簿や芸術作品の真贋（しんがん）証明、自治体予算の可視化や投票、プライバシー保護のための医療情報、市場予測など多岐にわたっています。

スマートコントラクト　直訳すれば、「賢く（smart）契約（cotract）する」。ブロックチェーン上における「契約」を指す。あらかじめプラグラムを実行するルールを決めておき、条件が満たされと自動的に契約を承認する。

ブロックチェーンの基本的な仕組み

集中管理型システム

第三者機関が取引履歴を管理し、信頼性を担保

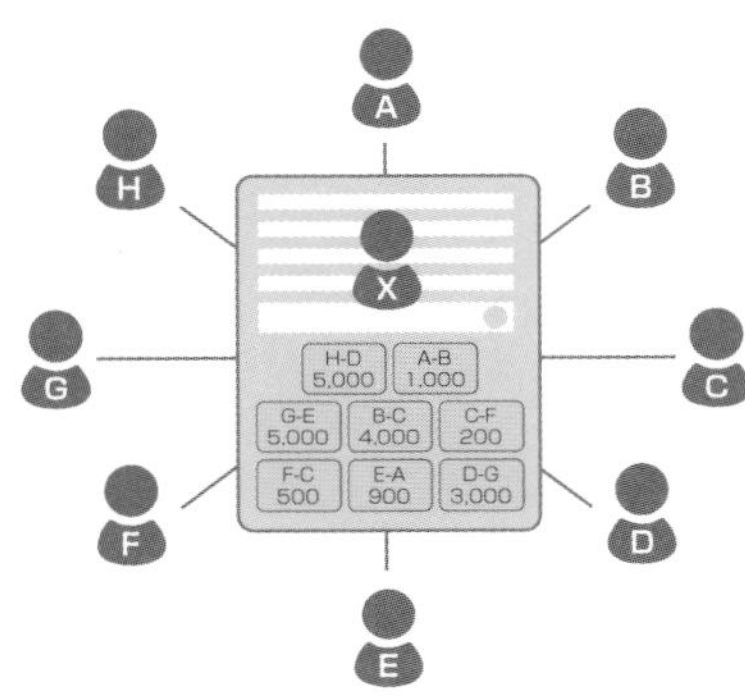

分散型台帳

すべての取引履歴を皆で共有し、信頼性を担保

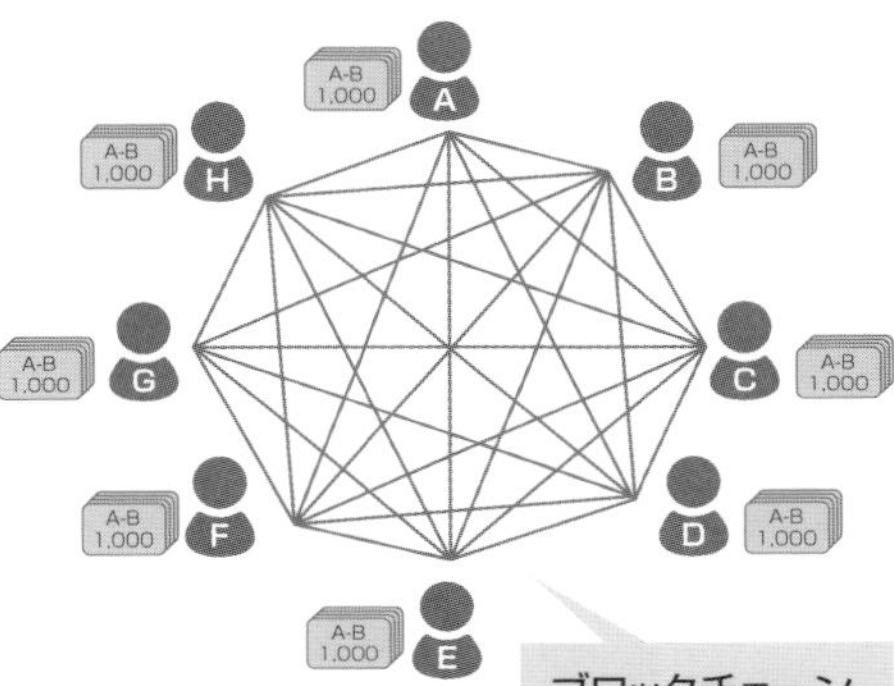

出典：全国銀行協会Webサイト「ブロックチェーンって何？」

AIとチャットボット

金融機関の業務の中で**AI（人工知能）**の活用事例が急増しています。AIを低コストで活用できるようになり、利用者の間にAIを使ったサービスを受け入れる素地が生まれていることも、急増の原因です。

大手の銀行やクレジットカード、保険会社などで、顧客の問い合わせに対応するツールとして**チャットボット***の導入が進んでいます。自動会話プログラムのことで、ある銀行では当初、業務マニュアルに対する行員からの問い合わせ対応に使われていましたが、その後、顧客からの問い合わせ対応にも転用されました。

AIは、多くのデータを分析してコンピュータが学習を重ねてその精度を上げるのが大きな特徴。「**ディープラーニング**（**深層学習**）」によって、業務に対する信頼性が高まります。

例えば融資審査。過去の借入金額や延滞履歴などの属性データを最大限集めて学習し、延滞発生の「予測式」を自動生成します。あるいは、最大限どの程度融資すれば延滞が発生しないかを予測します。

こうしてでき上がった審査モデル（スコアリング）によっ

Term **チャットボット**　「チャット」はインターネットを利用したリアルタイムコミュニケーションのこと、「ボット」はロボットの略。

て、融資の可否を判定します。不正検知も審査と同様で、過去の不正取引のデータを収集し、不正検知の予測モデルを作ります。この予測モデルをもとに、判定対象の取引データを入れて結果を出します。

大量の情報分析では、チャットボットにおける「**テキスト分析**」が代表例でしょう。チャットボットは、インターネットを介して顧客のPCやスマホとつながり、顧客と直接やり取りします。顧客はそこに書き込み、チャットボットはその言葉を理解しながら返答していきます。その裏には、書き込まれたテキストに対してAIが瞬時に反応して返答を作成している仕組みがあります。

金融業務におけるAIの活用範囲は、それ自体では利益を生まない管理的な業務が大半を占めており、こうした業務分野をシステムが代行できれば、AIのシステム導入コストが格段に下がっている現在、人件費の抑制が可能となります。銀行や保険会社などの業務は、定型的なものが少なくありません。ある程度の業務スキルをAIが補完できれば、システムで代用できる範囲は広がります。

オープンAPIの基本的な仕組み

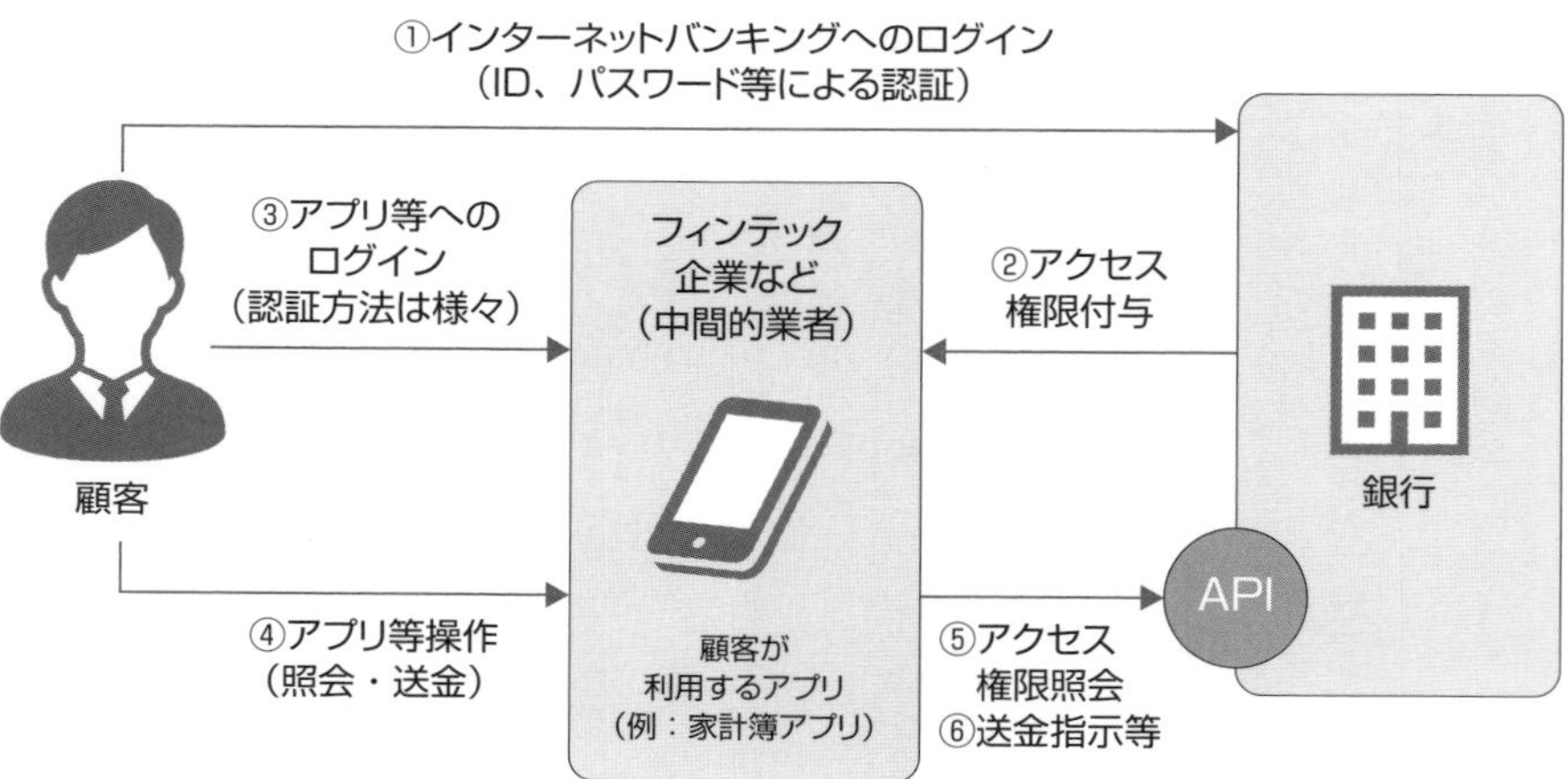

出典：全国銀行協会Webサイト「オープンAPIって何？」を一部改変
https://www.zenginkyo.or.jp/article/tag-g/9797/

RPA Robotic Process Automationの略。
OCR Optical Character Recognitionの略。

大量の伝票処理を効率化するＲＰＡ

金融機関には、申込書や伝票など膨大な書類を処理する業務があります。これをシステム化して業務効率を上げる動きが活発になっています。

ＲＰＡ*は、手作業による業務を自動化する技術。毎日大量に発生する定型の業務を自動化して、業務効率化を促進します。銀行や保険会社は、作業プロセスが単純で創造力をあまり必要としない業務が連日大量に発生する業界で、ＲＰＡは導入メリットが大きいといわれています。

近年、特に増加しているのは、**ＯＣＲ***（光学文字認識）ソフトで帳票類を読み取ってデータ化し、ＡＩによって業務を処理する方法です。これは「**ＡＩ　ＯＣＲ**」とも呼ばれており、従来のＯＣＲ技術では限界があった非定型の帳票の読み取りも可能になりました。

例えば、金融機関の支店に常備している振込依頼の伝票などは、タブレット端末を使ったペーパーレスの記入が増加しています。しかし、手書きで申し込む人もまだまだ少なくありません。「ＡＩ　ＯＣＲ」を活用すれば、手書きの文字を正確に読み取り、自動化のシステムに使えるデータに変換することができます。

代替手段の用意も必要

すでに銀行の顧客データベースに存在する顧客情報と、インターネットを経由したローンの申し込み情報を照合するような作業にも、ＲＰＡは威力を発揮します。自行顧客の融資ニーズを確実に取り込む効果があり、顧客管理上、大きなメリットがあります。

ＲＰＡは、作業過程を予測しながら進める業務に適しています。入力データが整備され、業務がマニュアル化できているものがその対象になります。言い換えると、非定型のものや例外事項の多い業務には適しません。また、ＲＰＡよりも**エクセルのマクロ機能***などを使って自動化したほうが良い場合もあるので、他のツールと比較検討してＲＰＡの適用可否を決めるべきでしょう。

ＲＰＡに障害が発生して業務が停滞した場合のリスクを考えておくことも必要です。これはＲＰＡに限ったことではありませんが、大量処理に導入する場合が多いので、代替手段を用意しておくことが求められます。

エクセルのマクロ機能　「マクロ」とは、複数の操作をまとめて、必要に応じて呼び出せるようにする機能。Microsoft Excel（エクセル）場合も、マクロによって作業を自動化できる。マクロを通じて、データ入力や集計、印刷など、Excelのすべての機能が操作可能。

菅元首相の銀行過多発言

2020年9月、菅義偉(すがよしひで)官房長官（当時）は自民党総裁選への出馬会見で、地方銀行について「将来的には数が多過ぎるのではないかと思っている」と語りました。新型コロナウイルスの感染拡大が地方経済に深刻な影響を与えている中の発言で、「企業がこのような状況下、（地域経済を）支えるために（地域金融機関）は必要だ」との認識に立ちながらも、**オーバーバンキング**について言及したのです。その後、菅氏は総理に就任。地方銀行の再編が大きくクローズアップされました。

この発言より前の同年5月、地銀同士の統合・合併を独占禁止法の適用除外とする特例法が成立しました。金融庁が、統合・合併をめざす地銀の事業計画を審査し、収益力の向上や金融サービスの維持につながることを条件に、公正取引委員会との協議のうえで認可の可否判断をすることになりました。従来、地銀の同一県内における合併では、合併後の融資取引シェアが特定地域の中でおおむね7割を超える場合、銀行の優先的地位の乱用を懸念して合併を認めない方針を取っていました。しかし、長引く低金利局面や景気低迷で金融機関の業績は停滞した状況が続き、コロナ禍でその傾向に拍車がかかっていました。

菅氏の発言で、やや沈静化していた地銀再編の動きが再燃し、青森銀行とみちのく銀行の経営統合が決まりました。ひと昔前までは犬猿の仲だった両行は、県知事選挙の際など地元青森でことごとく対立していた時期もありました。しかし、地域経済の疲弊と厳しい銀行経営環境のもとで、決断せざるを得ない局面に立たされていたのです。

こうした決断に対して結果的に背中を押す格好になったのが、隣県の秋田で生まれた菅氏の発言でした。その後、県内合併は愛知県や三重県などでも実現しています。今後は、「まだまだ多過ぎる」（金融業界関係者）といわれている信用金庫や信用組合の再編統合が注目されますが、菅氏のような政治家の発言が飛び出すかどうか、気になるところです。

▲みちのく銀行本店　by Ebiebi2

▲青森銀行本店　by 掬茶

第2章

銀行の仕組みと最新動向

本章では、銀行の３大業務その他の仕組みや商品・サービスを解説し、わが国を代表する金融集団であるメガバンクグループの現況やDXの動向、地方銀行・第二地方銀行の最新の再編状況を探りました。また、金融機能の「部品化」や脱銀行化、少額送金システム、APIによる決済新時代にも触れています。

Section
2-1 お金を融通する担い手(銀行の仕組み)

銀行の最大の仕事は貸し出しをすることにあり、最大の特徴は預金にあります。「信用」が何よりの財産で、信用失墜は銀行経営における最大の脅威です。

銀行(金融機関)は金を**融通**する企業です。融通とは「金が不足しているところに金を用立てる」すなわち**融資**(**貸し出し**)のことです。使わずにいる金は銀行に預けられ、借りたい人に貸し出されていきます。

銀行は、預金してくれた人には**利息**を提供し、貸した人には**金利**を付けます。金利と利息の差額(**利ざや**)が銀行の儲け分になります。こうして預金は融資の原資になり、金は絶えず回転していきます。

しかし、融資だけならクレジットカードや信販、消費者金融といったノンバンクも行っています。銀行の最大の特徴は金を預かること、預金にあります。そして銀行の仕事は融資で稼ぐことに尽きます。「信用」が何よりの財産であり、信用の失墜は銀行経営における最大の脅威です。

「不特定の人または会社から金銭の類を集める行為」は出資法で厳しく制限されており、銀行や証券会社など特定の金融機関だけに認められている特権です。

信用を創造すること

預金する人は銀行を信頼して金を預けます。この場合、銀行から見ると預金者から信用を受けるので、預金のことを専門用語で「**受信**」といいます。一方、銀行は借りる人を信用して金を貸すので、融資のことを「**与信**」と呼んでいます。つまり銀行は「信用」を受けたり与えたりしてビジネスを展開しているのです。こうした銀行の行為を**信用創造**といいます。

金融が消費生活や生産活動にとって不可欠な存在であることはいうまでもありません。経済の血液、潤滑油といわれるゆえんです。それは、金融の担い手である銀行が私た

出資法　正式には「出資の受入れ、預り金及び金利等の取締りに関する法律」といいます。銀行や証券会社など特定の金融業者以外の者が、元金の保証や、利子などを付けて元金を超える金額を払い戻す表示をして、資金を集めることを禁止しています。いわゆる「ねずみ講」などがこれに抵触します。

ちの生活にとって不可欠だということを意味します。それだけに、相互の「信用」がいったん崩れると甚大な影響が起きます。貸し渋りが起きたり、**タンス預金**＊が増えたりすると、金融機能はたちまち支障をきたします。業績不振に陥っている金融機関があると、利用者からの信頼をなくします。このような状態を最もよく示すのが、信用収縮という言葉です。

端的な例が、2002年と11年にみずほ銀行が起こしたシステムトラブルです。万全と信じていたシステムがわずかでも故障すると、信用をなくし業績低下を招くのです。

現代の金融機関システムは、高度に発達した通信技術の基盤から成り立っており、システムなしには考えられないほど装置産業化している業界です。わが国の金融ネットワークは世界に類を見ないものですが、居ながらにして決済できるのは、利用者が銀行に全幅の信頼を寄せているからです。

銀行の仕事は、「信用」という目に見えないものを媒介に、利用者の大切な金を元手にして融通を行っている、公共性の高い仕事です。それだけに、銀行で働く人々は人一倍のモラルを求められます。

お金を融通する担い手

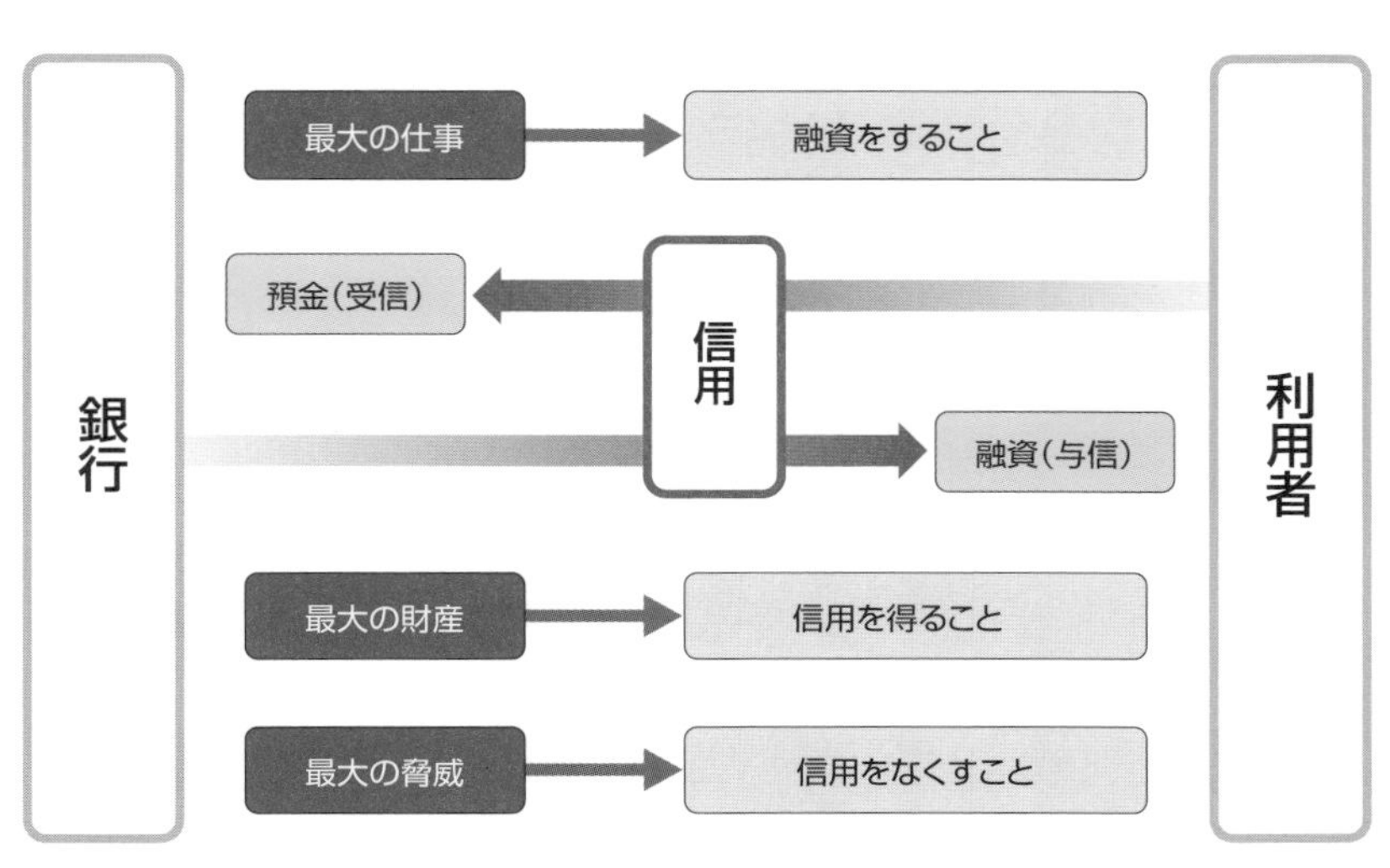

タンス預金　銀行に預けないで個人が所有しているお金。増加すれば、銀行の原資が減って資金の回転が悪くなる。

Section

2-2 3大業務と商品、サービス

預金、融資、為替を銀行の3大業務といいます。融資は金利で収益をもたらし、為替は各種サービスとともに手数料収入になります。

銀行の仕事には**預金**、**融資**（**貸し出し**）、**為替**の3大業務があり、これに各種のサービスが加わります。預金は銀行にとって預かり金で負債にあたり、利益は生みません。融資は金利収入があり、為替とサービスは手数料をもたらします。

預金には、利用者がいつでも引き出せる「**流動性預金**」（**要求払い預金**）と、「**定期性預金**」があります。かつては預金金利は法律で定められていましたが、1994年に自由化されてからは市場金利に連動しています。

流動性預金の金利が低くて、定期預金の金利が高い理由は、銀行の資金運用にあります。定期預金は預け入れ期間が決められているので、その間は運用に回せる資金になります。一方、流動性預金はいつでも引き出しに応じなければならないので、運用はごく短期でしか行えません。短期の資金運用よりも長期の資金運用のほうが利ざやは多く稼げるので、定期預金は利子が高く、流動性預金の利子はそれに比べて低いのです。流動性預金には**普通預金**のほかに**当座預金**、**貯蓄預金***などがあり、定期性預金には**定期預金**および信金・信組などの主力預金である**定期積金**があります。これらはすべて元本保証型の金融商品です。

■投信・保険販売の手数料は貴重な収益源

融資（**ローン**）は前述したように銀行の最大の仕事であり、預金金利と同様に貸出金利は自由化されています。融資は、銀行が担保を取るか取らないかで、金利も貸出金額も大きく分かれます。

担保を取るのは、個人融資では住宅ローンがその代表格。企業融資は原則として担保を取って貸し出します。不良債権のもとになった**不動産担保融資**が典型です。無担保融資は、資金使途を限定した「**目的型ローン**」（教育ローンなど）

貯蓄預金　1992年にできた比較的新しい預金商品。出し入れ自由だが振替口座にはできない。普通預金より金利が高い。

と使途自由の「**フリーローン**」に大別されます。一般的に有担保のほうが無担保よりも低金利で借入額は大きく、返済期間が長期になっています。また、使途目的のあるほうが金利は低くなっています。

「為替」は送金や振込のことです。為替は資金を移動させる銀行のサービス業務。利息や金利ではなく手数料がサービスの対価になります。ATM（現金自動預け払い機）で他行から引き出すのも為替の一種です。預金や融資はいま伸び悩んでいますが、為替は3大業務の中で最も安定した収益を銀行にもたらしています。金額の多寡に関係なく一定の手数料が見込めるからです。

近年、銀行では「預かり資産の拡大」などと称して、株式や債券、投資信託、保険などのいわゆる金融仲介商品の取次販売を行って販売手数料を稼ぐことが、手数料ビジネスの主流になっています。

銀行はそのほか、顧客から預かった有価証券を市場で売買して差益を稼ぐディーリング業務、最近ではM&A（企業買収）や経営相談、さらには企業再生なども行っています。投資信託や保険の取次販売も好調です。低金利で金利収入の増加が見込めない中、手数料は銀行に貴重な収益をもたらしています。

3大業務と各種商品

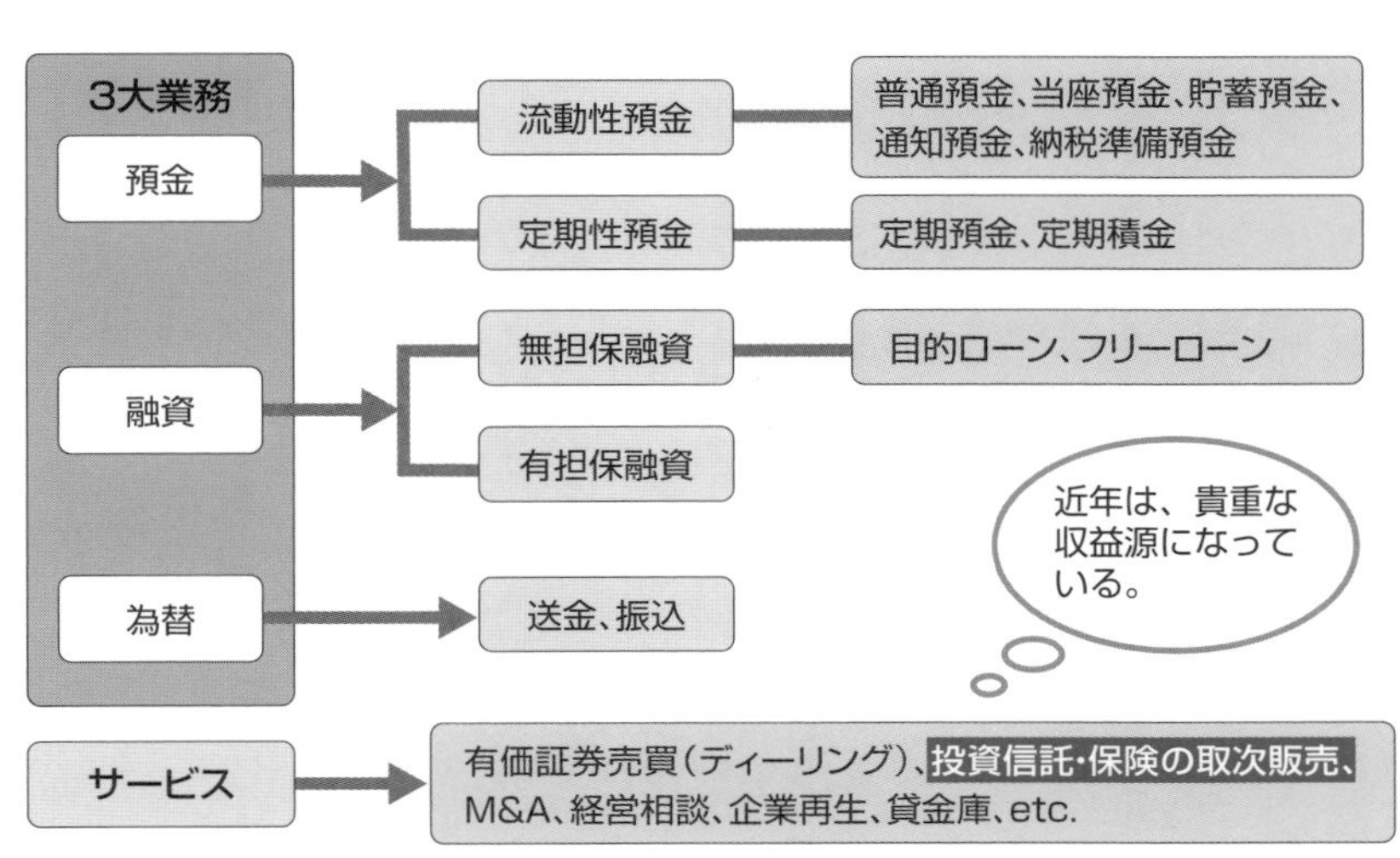

不動産担保融資　企業が所有する不動産に抵当権を設定し、融資します。担保評価は地価を基準にするので、銀行は1980年代後半から90年代前半におけるバブル期の地価高騰期には公示価格の数倍もの融資金額を提供しました。しかし地価下落によって担保価値が下がり、融資先が返済不能になって不良債権化しました。

Section

2-3 メガバンクで進むDX

メガバンクでDX（デジタル・トランスフォーメーション）が進んでいます。デジタルサインなどの顧客サービスから新興企業支援、アジア地域の銀行との協業まで、広範囲に展開しています。

国内で最大規模の顧客を抱えるメガバンク3行。DXに対する戦略志向は、個人分野ではスマートフォンなどデジタル端末を使った具体的な顧客サービスを拡充することと、法人領域ではデジタル化で進捗の度合いが異なる企業への柔軟な対応です。

携帯キャリアやSNS大手との協業でスマホ世代を取り込み、デジタル化の進展に後れを取らない狙いがあります。法人分野では、DXが進む企業のデジタルの知見を得る一方、DX途上の企業に対してはデジタル化の指南役になることで取引の深耕を目指す思惑が見えます。

三菱UFJ銀行は2021年4月にデジタルサービス事業本部を設置。22年12月から、NTTドコモとの協業で「dスマートバンク」の提供を開始。dポイントユーザーなら専用のスマホアプリで口座開設や残高照会ができるサービスです。

また、今後のデジタル戦略の糧にする狙いで、海外の銀行が持つテクノロジーに出資しています。インドネシアでBNPL*（後払い決済サービス）を提供する銀行や、インドでデジタルレンディング（オンライン、非対面での融資）を展開するノンバンクなどに対して、22年度に約2000億円を出資しました。13年に連結子会社化したタイのアユタヤ銀行では、AIやデータを活用した小口ローンを提供するなど、「デジタル×アジア」戦略を推進しています。

個人分野のデジタル化は三井住友銀行が先行

みずほ銀行は22年10月、グループ内外の親密企業が持つAIをはじめとした先進技術を使って取引先のDXを支援する「みずほデジタルコネクト」を開始。上場企業の約7割と取引があるといわれるみずほフィナンシャルグループ

BNPL　「Buy Now Pay Later」の略。後払い決済と訳される。分割もしくは一括払い。クレジットカードのような会員審査がなく、後払い決済手段として近年注目されているが、過剰消費のリスクが大きいとの指摘もある。

だけに、グループのデジタルに関する知見を駆使して得意の法人取引を拡充する狙いです。

ただ、SNS大手の**LINE**＊との間で進んでいた新銀行の設立は断念しました。同行と関係の深いソフトバンクグループのヤフーとLINEの経営統合や、近年関係を深めている楽天の存在が背景にあります。

三井住友銀行のデジタル戦略は、個人向けサービス分野ではメガバンク3行の中で最も先進的です。

オンラインの本人確認「eKYC」(electronic Know Your Customer) や生体認証を展開するポラリファイ社、三井住友カードが保有するキャッシュレスデータを分析支援してマーケティングに役立てるサービスを展開中のカステラ社、スマホでコンビニの料金収納代行ができるサービスのペイスル社など、多くのデジタルサービス企業を設立しています。

三井住友銀行は傘下にクレジットカードや消費者金融など多くの個人金融会社を抱えています。また、NTTドコモと開発した決済システムのiDや、中国の電子マネーである銀聯（ぎんれん）（ユニオンペイ）との関係も長く、個人金融の分野でデジタル化を早くから進めていたことが、デジタル化が進展する中でも強みを発揮しています。

DXで後れを取れば取引拡大は望めない

三菱UFJ銀行	・デジタルサービス事業本部設置（2021年4月） ・NTTドコモと「dスマートバンク」開始（2022年12月） ・アジア地域でのDX「デジタル×アジア」推進
三井住友銀行	・オンライン本人確認、生体認証サービスなどの子会社を相次いで設立 ・三井住友カードなどグループ内にノンバンク大手があり、個人分野でのデジタル化は先進的
みずほ銀行	・みずほデジタルコネクト開始（2022年10月） ・LINEとの新銀行設立は断念、ヤフーとの関係強化や楽天への接近も

LINE　韓国のインターネットサービス会社で1999年設立のネイバーが原点。その後、2011年にLINE株式会社となり、2023年10月にヤフーと合併してLINEヤフー株式会社となる。

Section
2-4
競い合うメガ3行①

三菱UFJ銀行

メガバンクグループで経営の屋台骨といえる存在が都市銀行。グループ利益の9割を稼ぎ、国内外の経済に大きな影響を与える3行を見ていきます。

1996年に三菱銀行が外国為替専門銀行の**東京銀行***と合併して東京三菱銀行となり、2001年に持株会社三菱東京フィナンシャルグループ（FG）が誕生。05年にUFJホールディングスと合併し、三菱UFJFGの銀行子会社として三菱東京UFJ銀行が誕生しました。そして18年4月、「東京」の2文字を行名から消して三菱UFJ銀行となりました。

96年の合併以降、東京銀行、三和銀行、東海銀行と都市銀行3行を吸収してきましたが、行名変更は民間最大の金融集団として三菱の金看板を前面に出していく姿勢の表れであり、メガバンク3行の中で常に業績トップを維持してきました。

しかし近年は利益率の面で三井住友銀行の後塵を拝しています。都銀単体の23年3月期決算を見ると、最終利益である当期純利益では1兆154億円と三井住友銀行（6341億円）を大きく引き離していますが、本業の儲けである業務純益は三井住友銀行の7970億円に対して6501億円。

銀行の経費率は営業経費（一般企業の販売管理費に相当）を業務粗利益（粗利益に相当）で割りますが、三井住友銀行の51・9%に対して三菱UFJ銀行は62・5%と10ポイント以上の開きがあります。都銀4行の合併で生じた組織の肥大化が十分に解消されていないことや、業務の効率化が進んでいないことなどが要因と思われます。

ネットバンキング化を加速、米銀売却も

三菱UFJ銀行は20年5月、23年度までに17年度比で約200店舗減らす方針を示しました。また、23年10月から支店窓口での振込手数料や外為手数料を値上げしました。すでに同年4月に通帳の発行・利用も有料化しています。

東京銀行　1880年に横浜正金銀行として開業、1946年に東京銀行。国内で唯一の外国為替専門銀行で、略称「為専（ためせん）」とも呼ばれた。

顧客をインターネットバンキングの利用に誘導して来店客を減らし、店舗運営コストを低減。店舗統廃合を急ピッチで進める狙いがあります。

22年12月、米国の地銀で同行の完全子会社である**ユニオンバンク**＊を売却しました。ユニオンバンクはメガバンクグループ誕生前の80年代から東海岸で営業を展開してきた有力銀行で、邦銀による海外展開の先駆的存在でした。米銀戦略の象徴だったユニオンバンクの営業譲渡は、海外戦略の抜本的見直しを意味するといえるでしょう。米国では今後、リテール重視からホールセールに力点を移して効率経営を目指す狙いがあります。

国内のリテール業務では新機軸を打ち出しています。23年7月にリクルート社との協業で、スマホアプリによる口座開設サービスを開始。若い世代の取り込みを図ります。また同年6月、JR東日本の駅構内施設を活用して金融相談サービスを関東圏の主要7駅で提供するなど、他業態との協業を積極的に展開しています。

三菱UFJ銀行の業績推移（2018～2022年度）

単位：億円

		2018年度	2019年度	2020年度	2021年度	2022年度
業務純益		3,884	3,952	2,973	3,732	6,501
	増減率	-42.7%	1.7%	-32.9%	20.3%	42.6%
経常利益		6,244	4,591	2,022	4,070	9,037
	増減率	-2.0%	-36.0%	-127.1%	50.3%	55.0%
当期純利益		6,632	-6,530	1,444	1,883	10,154
	増減率	34.0%	—	—	23.3%	81.5%
預金		1,658,702	1,582,485	1,822,399	1,833,568	1,922,722
	増減率	3.1%	-4.8%	13.2%	0.6%	4.6%
貸出金		878,779	882,582	884,470	904,212	971,277
	増減率	9.9%	0.4%	0.2%	2.2%	6.9%

出典：三菱UFJFG決算資料
注：単体決算

ユニオンバンク　1864年に米カリフォルニア州でバンクオブカリフォルニア設立、1984年に当時の三菱銀行が買収。1975年に加州東京銀行がユニオンバンクを買収。その後、両行合併と業務拡張によりユニオンバンクに商号変更。2022年に三菱UFJ銀行が米国の地銀に売却した。

Section

2-5 三井住友銀行

競い合うメガ3行②

メガバンクの中では抜群の収益力を誇り、シビアな効率経営を追求しています。店舗改革やインターネットバンキングにも注力、リテール強化に余念がありません。

2018年4月からグループの通称を「**SMBCグループ**」に変更しました。新たな名称を使い始めた背景には、「グループの実権を握る都銀の存在感を内外に誇示する狙いがあるのではないか」（銀行業界関係者）との見方があります。

同行はここ数年、営業店のリニューアルに取り組んでいます。ATM（現金自動預け払い機）やインターネットバンキングの普及で窓口の利用客が減少したのを機に、窓口スペースを縮小する代わりに相談コーナーを拡充した次世代店舗化を進めてきました。

そして23年1月から、次世代型店舗「ストア」の展開を開始しました。既存店舗をコンパクトに改装し、平日の夜間営業や土日の無人受付対応など支店ニーズに合わせて店舗運営し、顧客サービスを損なわないで業務効率化を実現する狙いです。

同行の店舗は300～500坪でしたが、ストアでは9割減の30～50坪とスリムになり、不動産コストが大幅に縮減されます。

25年度までに全店舗の6割にあたる250店超を個人専用店の「ストア」とし、150拠点を従来からのフルサービス店として維持する方針です。この改革で店舗運営コストを3年後に年間280億円減らす計画です。

店舗改革はデジタル化で補完

同行は、店舗運営コスト低減を図る「ストア」化を成功させるため、デジタル化にも注力しています。それが23年3月から取り扱い開始したモバイル総合金融サービス「Olive（オリーブ）」です。銀行・証券・保険・クレジットカードなどのサービスを1つの**アカウント***で利用できます。

三井住友銀行では、利用頻度の高いサービスはスマート

アカウント　インターネットなどの通信網に入る（ログインする）権利のこと。ID（identification＝識別するための符号）と同義。

フォンで対応できるようにし、店舗への来店はデジタル化を補うものとして捉えています。メガバンクでは「少子高齢化社会の中で、若い世代の取り込みが今後のリテール戦略にとって大きなカギを握る」との共通認識があり、競争がし烈になっています。

三井住友FGは、三井住友クレジットカードやプロミス（SMBCコンシューマーファイナンス）など有力ノンバンクを傘下に抱えており、個人金融ビジネスに強みがあります。「Olive」の利用者拡大の成否は、グループにおけるリテール戦略の命運を握っています。

ストア店の1つである**千葉ニュータウン**＊支店では、23年1～6月時点で平日日中の来店客数がストア化前の1.5倍。大型商業施設の集客力もあり、休日などを含めると来店客数は4倍になっています。

また「Olive」は、23年3月の取り扱い開始以来5カ月間でアカウント数が80万を突破。円預金残高も対前年同期比30％増と好調に推移しています。

三井住友銀行の業績推移（2018～2022年度）

単位：億円

		2018年度	2019年度	2020年度	2021年度	2022年度
業務純益		5,840	5,867	5,026	7,157	7,970
	増減率	-5.7%	0.5%	-16.7%	29.8%	10.2%
経常利益		6,496	4,839	4,360	1,198	8,657
	増減率	-16.3%	-34.2%	-11.0%	-263.9%	86.2%
当期純利益		4,773	3,173	3,380	5,462	6,341
	増減率	-20.9%	-50.4%	6.1%	38.1%	13.9%
預金		1,160,911	1,199,733	1,346,855	1,410,152	1,499,488
	増減率	5.0%	3.2%	10.9%	4.5%	6.0%
貸出金		764,011	801,873	819,377	876,712	943,073
	増減率	3.3%	4.7%	2.1%	6.5%	7.0%

出典：三井住友FG決算資料
注：単体決算

千葉ニュータウン　千葉県北西部の白井市・船橋市・印西市にまたがるニュータウン。人口は約10万6000人（2022年12月末）。

Section
2-6 競い合うメガ3行③
みずほ銀行

この20年間で3回の大規模システム障害を起こしたみずほ銀行。システム統合の完了後にも新たなトラブルに見舞われ、業務改善計画を進めています。

みずほフィナンシャルグループ（**FG**）のシステム障害は、主にみずほ銀行が舞台になっています。2002年4月のグループ誕生時、11年3月の東日本大震災直後、そして21年2～9月にはATM（現金自動預け払い機）の停止など計8回にわたる障害が発生しました。その間、19年には新しい勘定系基幹システム「MINORI」が完成しましたが、その成果は実っていません。

13年にみずほコーポレート銀行と合併して新生みずほ銀行が誕生。みずほFGはこの2行合併を機に「ONE MIZUHO」を標ぼうし、富士銀行、第一勧業銀行、日本興業銀行の3行統合による2行体制から都市銀行1行への集約をようやく達成しました。

しかしメガバンクグループ発足以来、旧行意識を引きずったことで経営合理化は遅れました。その象徴がシステム障害です。旧3行は異なるシステムベンダーのもとで基幹システムを構築してきた歴史に固執し、業務システムの最適化が進みませんでした。

金融庁に提出した**業務改善計画**＊は23年3月末までに改善の取り組みを終える予定ですが、システム障害の根元にあるガバナンス（企業統治）の改革は企業風土の変革を伴うものであり、一朝一夕に成し遂げられるものではありません。

みずほFGでは、産業界に絶大な影響力を誇っていた旧日本興業銀行の存在がいまだに大きく、このことが他のメガバンクと比べて異質な組織を生んでいるように思われます。みずほFGは5つのカンパニー制を取っていますが、興銀が得意としてきた投資銀行業務が、本業の儲けを示す業務純益で高いシェアを持っているのです。

それに対し、旧第一勧業銀行や旧富士銀行は国内でも有数の店舗数があるリテールに強い都市銀行でした。それだ

Term
業務改善計画　不正や不祥事が発覚した場合は金融庁が立ち入り検査をし、悪質性の確認後に業務改善命令を出す。命令を受けた金融機関は業務改善計画を提出し、計画が達成されたと当局が判断すれば処分は解除される。

けに高コスト体質を引きずってきました。大企業相手のビジネスで高収益を出してきた興銀の勢力と比較すれば、資本効率の面で太刀打ちできず、ホールセール事業をけん引する旧興銀がグループを支配する構図は今後も変わらないと思われます。

SBGとの提携で活路見いだす

リテール分野では**ソフトバンクグループ**＊（SBG）との強い関係を前面に出して連携を強化しています。

16年にソフトバンクと提携してAIを使った小口の消費者金融事業「Jスコア」を設立。18年3月末時点で35億円の融資残高がありましたが、22年12月、18年に設立していた「LINEクレジット」と統合しました。LINEクレジットは23年1月に貸付実行額が累計で1000億円を突破しています。

共同出資している楽天証券との関係は今後強化されそうです。国内のインターネット証券では900万の口座数を誇るだけに、みずほ銀行の口座数拡大への大きな援軍になりそうです。

みずほ銀行の業績推移（2018～2022年度）

単位：億円

		2018年度	2019年度	2020年度	2021年度	2022年度
業務純益		2,529	3,609	3,846	6,784	4,984
	増減率	-17.2%	29.9%	6.2%	43.3%	-36.1%
経常利益		2,845	4,307	2,780	2,108	5,591
	増減率	-96.5%	33.9%	-54.9%	-31.9%	62.3%
当期純利益		-1,444	3,077	2,673	1,765	3,961
	増減率	—	—	-15.1%	-51.4%	55.4%
預金		984,112	1,037,798	1,081,633	1,099,601	1,164,028
	増減率	5.1%	5.2%	4.1%	1.6%	5.5%
貸出金		784,569	808,712	820,745	829,624	872,803
	増減率	-1.2%	3.0%	1.5%	1.1%	4.9%

出典：みずほFG決算資料
注：単体決算

ソフトバンクグループ 1981年、孫正義氏が「日本ソフトバンク株式会社」設立。1990年ソフトバンク株式会社、2015年ソフトバンクグループ株式会社。

Section 2-7

存在感薄れる信託銀行

信託銀行では、三井住友信託銀行とメガバンクグループ傘下の2社が大手を形成していますが、近年は存在感が低下し、経営統合の経緯から業容に格差が生じています。

信託銀行は2000年まで、専業信託銀行として三菱信託、住友信託、三井信託、安田信託、中央信託、東洋信託、**日本信託***の7社がありました。

01年以降に相次いだ再編で住友・三井・中央の3社が**三井住友信託銀行**、三菱・東洋・日本の3社が**三菱UFJ信託銀行**となり、安田信託が**みずほ信託銀行**となって専業大手3社を形成しています。

こうした経営統合の経緯を見れば、現在の3社の業容格差は明らかでしょう。預金・貸出金の量は三井住友信託が2社を圧倒、みずほ信託は預貸金で三井住友信託の10分の1に過ぎません。ボリューム的には1強2弱になっていますが、利益的には三井住友信託と三菱UFJ信託は拮抗しています。

国内では圧倒的に三井住友信託が業績トップですが、三菱UFJ信託は国際業務部門が昔から強く、現在もなおこの利益が信託業界において三井住友信託の独走を阻んでいる要因の1つともいえます。

業務粗利益における国際資金利益（23年3月期）は、三井住友信託が750億円の損失に対し、三菱UFJ信託は3114億円と明暗がくっきり出ています。国際資金部門で為替ディーリングなどの資金運用で大きな利益を上げている証拠です。

金融庁は信託の原点回帰を求める

信託銀行は、顧客の財産を適切に管理する義務（**善管注意義務**）を負っています。本人に代わって財産管理を担う後見人制度において、信託銀行が重要な役割を果たしているのは、こうした業務の特性があるからです。

一方、金融庁は近年、利用者保護の強化を狙いに「**フィデューシャリー・デューティー***」という言葉を使っていま

日本信託　1927年設立。1994年にバブル経済崩壊後の不良債権処理で業績悪化、自主再建を断念して三菱銀行（当時）の子会社となり、2001年に三菱信託銀行に吸収され解散した。

す。これは**受託者責任**とも訳されます。信託は利用者から信頼を得て財産管理を任されており、金融庁が目指す受託者責任を業務に反映することを最も求められている金融機関です。

しかし金融庁は、「住宅ローンなど銀行業務には積極的に取り組んでいるが、信託本来の仕事は熱心ではない」と一部の大手信託を暗に批判しました。

その象徴ともいえるのが、三菱ＵＦＪ信託銀行の法人融資切り離し。同社は18年４月に法人融資業務を三菱ＵＦＪ銀行に全面移管しました。同じグループに属する都市銀行と信託銀行が同一取引先に融資する非効率を改善して業務を刷新する狙いですが、財産管理など信託の原点に帰る動きとしても注目されました。

信託業界は富裕層や、企業・年金基金などの団体が主要顧客で、一般にはあまりなじみがありません。最近では、三井住友信託がＳＢＩホールディングスとともに出資しているインターネット専業銀行「住信ＳＢＩネット銀行」が23年３月に株式上場を果たしたのが目立つ程度。庶民との距離感が広がっているようにも思えます。

専業信託銀行 3 社の業績（2023 年 3 月期）

		三井住友信託銀行	三菱 UFJ 信託銀行	みずほ信託銀行
業務純益		2,468	1,091	294
	増減率	-3.3%	-38.1%	-30.6%
経常利益		2,245	1,711	380
	増減率	48.9%	-20.6%	-24.7%
当期純利益		1,691	1,245	269
	増減率	49.2%	-22.1%	-36.8%
預金		391,447	110,763	27,800
	増減率	5.9%	1.6%	8.1%
貸出金		319,578	22,721	30,887
	増減率	3.3%	-20.0%	-3.8%

注：単体決算、信託報酬は信託勘定償却前
出典：各社決算資料

フィデューシャリー・デューティー　受託者（fiduciary）責任（duty）と訳される。顧客本位の業務運営の意味で用いられる。

Section

2-8 北海道・東北

地銀再編①

北海道は再編の動きが見えませんが、東北地区には6県に地銀10行・第二地銀5行で合計15行もあり、オーバーバンキング解消が喫緊の課題です。

北海道地区では1997年に破たんした**北海道拓殖銀行**＊の道内店舗を譲り受けた北洋銀行（預金量11・0兆円＝23年3月期末、以下同）が一気に道内最大手、第二地銀業界トップに躍り出ました。

一方、当初は拓銀との合併相手で道内ナンバー2だった北海道銀行（5・8兆円）は、同じく不良債権処理で再建中だった北陸銀行と04年にほくほくフィナンシャルグループ（FG）を設立。しかし、道内に33店舗ある北陸銀との連携効果は薄く、道銀、北陸銀のいずれかが離脱または持株会社と合併してグループ解消に動くことも考えられます。

東北地区の北部には、**北東北3行共同ビジネスネット**という組織があります。00年にATM（現金自動預け払い機）の相互開放を始めたのがきっかけで、青森銀行（2・8兆円）、岩手銀行（3・1兆円）、秋田銀行（3・0兆円）の県内トップ地銀3行が03年に立ち上げ、大規模災害の相互支援協定を結んできました。秋田銀と岩手銀は21年10月に2行間で独自に業務提携を結び、「**秋田・岩手アライアンス**」と命名して両県をまたぐ商流の活性化などを決めました。秋田銀行は23年5月に開いた決算会見の席上、「秋田・岩手アライアンス」による22年度の連携効果について言及しました。

それによると、21年10月の提携以降、再生可能エネルギー分野などでのプロジェクトファイナンスで23年3月末までに219億円を実行。秋田銀は6800万円、岩手銀は4800万円の資金利益を獲得しました。両行はかつてないほどの密接ぶりを示しており、業務提携以上の関係を構築する可能性が出てきました。

合併特例法で青森・みちのくが合併

3行共同体制から一歩外れた格好の青森銀は、みちのく銀行（2・1兆円）と激しいライバル競争を演じてきました

北海道拓殖銀行　北海道の開拓に従事する事業者への専門金融機関として1900年に設立。1950年に普通銀行に転換、不動産開発を進める地元企業への巨額融資が不良債権化し、1997年に経営破たんした。

が、長年の競合に終止符を打ちました。22年4月に「**プロクレアホールディングス**」を設立して経営統合、25年1月に両行が合併して「**青森みちのく銀行**」が誕生します。両行は合併すれば県内の営業シェアが7割以上になるため、独占禁止法の寡占禁止規定に抵触しますが、20年11月に施行された合併特例法で認められた経緯があります。

フィデアホールディングスを形成する北都銀行（秋田県、1・3兆円）、荘内銀行（山形県、1・3兆円）と東北銀行（岩手県、0・9兆円）は、県内でそれぞれ〝地銀第2位〟の地位にあり、経営基盤が脆弱。21年7月にフィデアHDと東北銀は経営統合で基本合意しましたが、22年2月に解消。弱者連合は暗礁に乗り上げました。北都・荘内・東北の3行はみちのく銀を含めて06年から協調融資や債権流動化などで業務提携の関係にありましたが、みちのく銀が青森銀と経営統合したことで化学変化が起きたのかもしれません。

また、みちのく銀、東北銀、北都銀は公的資金が導入されており、返済期限が迫る中での経営統合でした。

北都銀行の親会社フィデアHDは23年2月、50億円の公的資金を返済しました。返済期限から2年前倒しでの完済。みちのく銀を傘下に持つプログレアHDも同年9月、同行の公的資金200億円を完済しました。

生き残りのため仙台を目指す

宮城・山形・福島の3県は南東北といわれ、山形県には県内シェア断トツの山形銀行（2・7兆円）と県北の荘内銀のほか、12年に仙台銀行（1・2兆円）と「**じもとHD**」を設立した第二地銀のきらやか銀行（1・2兆円）の第二地銀があります。仙台銀行は東北最大の地銀である七十七銀行（8・6兆円）のもとで埋没するのを恐れ、きらやか銀は大都市進攻の足がかりとして、業界仲間と手を組みました。地銀再編は各地で最大の人口集積地に活路を見いだすことで共通していますが、東北地区では**仙台市***です。

福島県には、東邦銀行（5・7兆円）と預金量7000億円台の福島銀行、大東銀行の第二地銀2行があります。この2行ときらやか銀・仙台銀の第二地銀4行は、02年からATMの相互開放サービス「**東北おむすび隊**」を組成しています。東邦銀は福島・大東両行の株主でもあります。福島銀は19年に「第4のメガバンク構想」を掲げるSBIホールディングスと資本業務提携を結んでおり、20年11月に同じくSBIと提携したじもとHDとの距離を縮めています。なお福島銀の加藤容啓社長は東邦銀OBで、東邦銀による吸収合併の可能性もあります。

仙台市　東北で唯一の政令指定都市。人口は約109万人（2023年1月時点）。

最大の課題はオーバーバンキング解消

Section
2-9 地銀再編②
関東・甲信越

関東・甲信越の1都8県には地銀62行中13行、第二地銀37行のうち9行が本部を構え、首都・東京を軸に一極集中が強まっています。

2016年4月に横浜銀行（預金量17・8兆円）と東日本銀行（1・7兆円）が**コンコルディア**＊フィナンシャルグループ（FG）を設立。同年10月には常陽銀行（10・2兆円）と足利銀行（6・9兆円）が統合して「**めぶきFG**」が誕生しました。また、新潟県では18年10月に第四銀行と北越銀行が「第4北越FG」を設立、21年1月に第四北越銀行（8・3兆円）が誕生しました。

業界上位行の再編に動揺したのが地銀第2位の千葉銀行（15・4兆円）。16年3月に武蔵野銀行（4・8兆円）と資本業務提携を結び「**千葉・武蔵野アライアンス**」と命名。19年7月には横浜銀と提携して「千葉・横浜パートナーシップ」を結んでいます。業務システムにおける提携網「TSUBASAアライアンス」を含み、千葉銀が首都圏で広げた業務提携のネットワークは3つになりました。システム提携を除いた連携網に対し、業界内では「何をしたいのかよくわからない」との声が少なくありません。合併再編は否定しているものの、コンコルディアFGとめぶきFGから挟み撃ちに遭う千葉銀が、再編に向けて打った布石とも受け止められています。

北関東は群馬銀行に熱視線

足利・常陽・千葉の有力行が動いたことで、北関東は群馬銀行（8・0兆円）に視線が集まっています。群馬銀は16年8月、横浜銀が設立した資産運用会社に資本参加しており、再編には熱心ではないといわれるものの横浜銀が一番手の候補でした。

21年12月、群馬銀は第四北越銀行との間で「**群馬・第四北越アライアンス**」を締結しました。22年5月にアライアンスの連携効果の見通しを明らかにしました。

コンコルディア　Concordia。ラテン語のCon（ともに）とCordia（こころ）を語源としている。調和、協調の意味。

それによると、23年3月期から27年3月期までの5年間で合計80億円の連携効果（2行合算）を見込んでいます。

両行は、TSUBASAアライアンスでも提携関係にあり、この連携に参加した20年12月から22年3月までの連携効果の実績（両行合算）は、約15億円にのぼっています。

群馬銀はまた22年11月に足利銀との間で「りょうもう地域活性化パートナーシップ」を締結。隣県地銀の接近が表面化しました。これにより群馬銀は各行との提携を通じて新潟、栃木、そして足利銀とともにめぶきFGを形成する常陽銀行の茨城、千葉（TSUBASA）の4県との関係を強化したことになります。

東京きらぼしFGでは18年5月に東京都民銀行、八千代銀行、新銀行東京の3行が統合・合併し、「**きらぼし銀行**」(5・3兆円）となりました。

首都圏ではメガバンクグループが猛威を振るっています。都銀の系列でいえば、みずほ銀行が千葉興業銀行（2・8兆円）の約20％の株式を持っています。京葉銀行（5・3兆円）はかつて旧第一勧銀と友好関係にありました。みずほFGの線上から、旧興銀系の旧東京都民銀が実質運営する東京きらぼしFGに入る可能性もゼロとはいえません。

劣勢の第二地銀だが統合は鈍い

関東地区の第二地銀は京葉銀を除いて経営状況は芳しくありません。栃木銀行（3・0兆円)、東和銀行（2・1兆円）の2行は14年12月、筑波銀行（2・5兆円）と広域連携協定を結んでいます。北関東を地盤にしている栃木、東和の2行は、中長期的に見ると常陽・足利の「めぶきFG」に入って生き残りを模索するでしょう。筑波銀は東京都心への通勤圏内に地盤を持つことから、千葉銀あるいは東京きらぼしFGとの連衡があり得ます。

甲信越地区では、山梨中央銀行（3・5兆円）が多摩地区に店舗を多く構えています。収益重視ならこの地区で競合する東京きらぼしFGに接近する可能性がありますが、20年10月に静岡銀行と業務提携し「**静岡・山梨アライアンス**」を組成、リニア新幹線絡みの対応と思われます。

長野県では八十二銀行（8・1兆円）が23年6月に長野銀行（1・0兆円）を完全子会社化。近い将来の合併を企図しています。また、同行を中心とした共同化システム組織「**じゅうだん会**＊」の会員であり、埼玉県への南下政策を取っている武蔵野銀行との再編を意識している、との指摘があります。

Term

じゅうだん会　八十二銀行が自行の勘定系システムをベースに構築した共同化プロジェクト。担当ベンダーの日本IBMが協力している。山形銀行、筑波銀行、武蔵野銀行、阿波銀行、宮崎銀行、琉球銀行が加入しており、全国を縦断する組織から命名された。

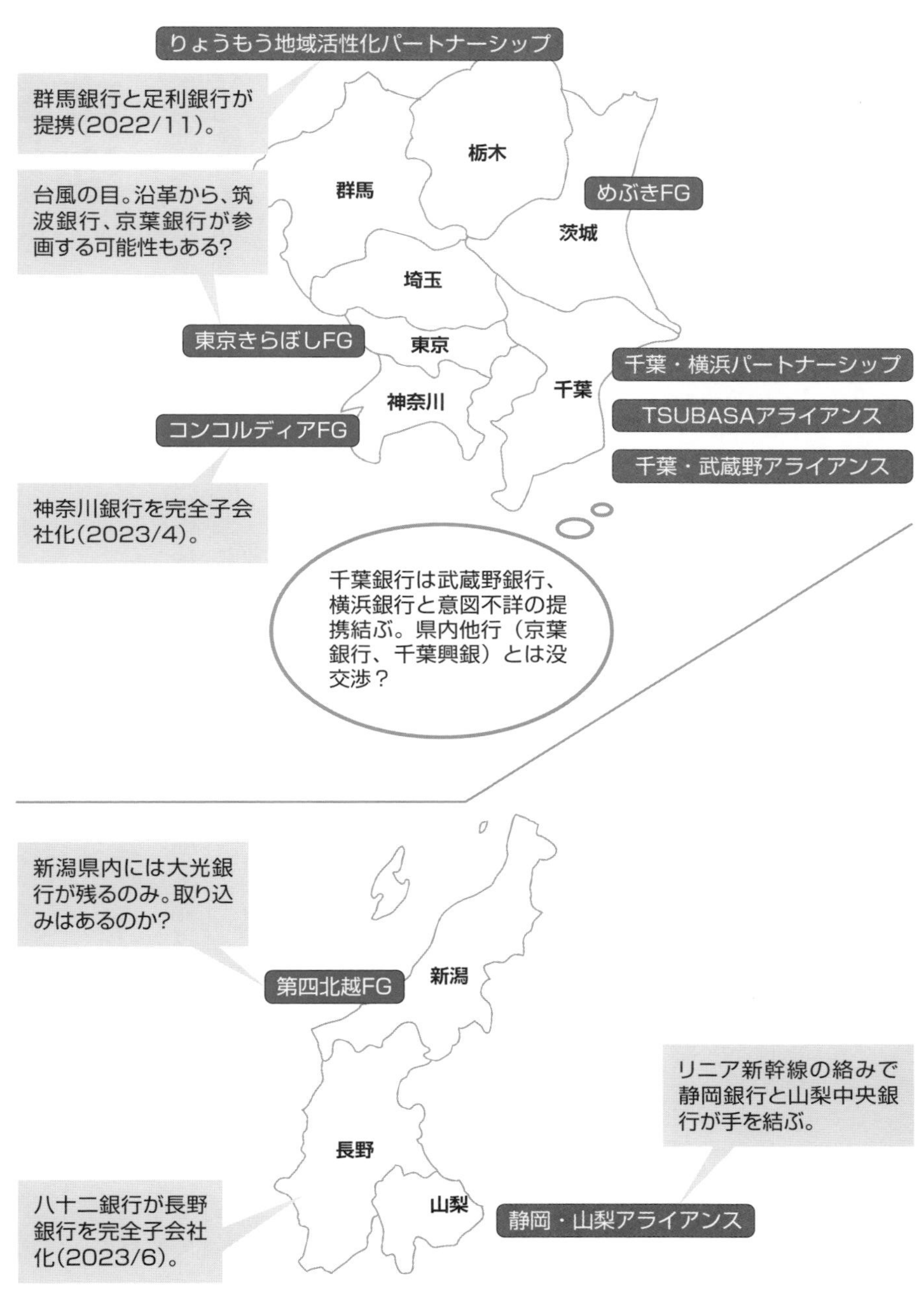
千葉銀行は提携がお好き～再編激戦区の首都圏
りょうもう地域活性化パートナーシップ
群馬銀行と足利銀行が提携(2022/11)。
台風の目。沿革から、筑波銀行、京葉銀行が参画する可能性もある?
東京きらぼしFG
コンコルディアFG
神奈川銀行を完全子会社化(2023/4)。
栃木
群馬
めぶきFG
茨城
埼玉
東京
神奈川
千葉
千葉・横浜パートナーシップ
TSUBASAアライアンス
千葉・武蔵野アライアンス
千葉銀行は武蔵野銀行、横浜銀行と意図不詳の提携結ぶ。県内他行（京葉銀行、千葉興銀）とは没交渉？
新潟県内には大光銀行が残るのみ。取り込みはあるのか?
第四北越FG
新潟
リニア新幹線の絡みで静岡銀行と山梨中央銀行が手を結ぶ。
長野
山梨
静岡・山梨アライアンス
八十二銀行が長野銀行を完全子会社化(2023/6)。

Section
2-10 地銀再編③ 東海・北陸

東海地区は自動車産業を中心に安定した経済力があり、その産業風土を背景にして地銀は安定した経営を続けてきましたが、ここに来て再編の動きが出てきました。

東海地方の再編で焦点になるのは、愛知県内における三菱ＵＦＪフィナンシャル・グループ（ＦＧ）の動きです。軸になるのは三菱ＵＦＪ銀行が筆頭株主の中京銀行（預金量１・９兆円）。三菱系列だった岐阜銀行に第二地銀業界３位の名古屋銀行（４・３兆円）を含む３行合併構想が２００８年に浮上しましたが、中京銀が合併に反対して構想はとん挫。三菱ＵＦＪ銀行は親密地銀で岐阜県内トップの十六銀行（６・２兆円）に打診し、12年に十六銀が岐阜銀を吸収合併しました。

22年８月、三菱ＵＦＪ銀行は中京銀行のＴＯＢ（株式公開買い付け）に応じて１０１億円で全株式を売却。これを受けて三菱ＵＦＪ銀行と親密関係にある愛知銀行（３・７兆円）は同年10月に中京銀行と経営統合して「**あいちＦＧ**」を発足。25年１月に「あいち銀行」が誕生する予定です。

名古屋銀行は静岡銀行と業務提携結ぶ

名古屋銀は三井住友銀行とみずほ銀行に近いですが、三菱ＵＦＪ銀行と親密な十六銀が名古屋銀の株主でもあります。中京銀、十六銀と統合すれば10兆円規模になり、業界トップの北洋銀行（11・０兆円）に肉迫しますが、名古屋銀は県内の預金・貸出金で高いシェアを誇り、**第二地方銀行協会**＊の会長銀行も歴任する実力行で、統合に消極的です。

しかし名古屋銀は22年４月に静岡銀行と包括業務提携を結びました。「東海地区で進む再編に無関心ではいられなくなった」（地銀業界関係者）との指摘が出ています。

再編報道で名前の挙がる十六銀は、ライバルの大垣共立銀行（５・７兆円）とのつばぜり合いが続き、県内での存在感が希薄になりつつあります。

第二地方銀行協会　1945年設立。全国無尽協会、全国相互銀行協会を経て、相銀の一斉普銀転換により、1989年２月から現在の名称に。2012年４月に一般社団法人に移行。

三重県で東海地区初の経営統合

三重県は三菱UFJ銀行の親密地銀8行の集まりである**「火曜会***」のメンバー・百五銀行（5・7兆円）と、三井住友銀行が筆頭株主の三重銀行、みずほ銀に近い第二地銀の第三銀行の3行でしたが、三重銀と第三銀が18年4月に三十三FGを設立して経営統合。21年5月に三十三銀行（3・7兆円）が誕生しました。

静岡県では、18年にスルガ銀行（3・3兆円）が不正な不動産融資を行って業務改善命令を受けました。金融庁から再編圧力をかけられており、名門の静岡銀行（11・7兆円）、業界54位の清水銀行（1・5兆円）を含めて周辺地域の地銀との再編の可能性が出てきました。筆頭候補は業界トップの横浜銀行でしょう。

しかし思わぬ企業が浮上しました。23年5月、クレジットカード最大手の一角クレディセゾンが、スルガ銀行の株式約15％を取得して持分法適用会社とし、スルガ銀もセゾンに4％強の出資をしました。

クレディセゾンは06年に静岡銀行との間で「静銀セゾンカード」（出資比率は50％ずつ）を設立しています。静岡銀にとってスルガ銀は「目ざわりな存在」（地銀関係者）でした。しかし友好関係にあるセゾンがスルガ銀との間を取り持てば、将来的に静岡銀がスルガ銀を吸収合併する可能性もあるのではないでしょうか。

北陸地区では北陸銀行（7・6兆円）が02年に北海道銀行と経営統合し、**「ほくほくFG」**を設立。かつては横浜銀行に次ぐ規模を誇り、北陸3県と北海道、首都圏にも30近い店舗を構えていた老舗です。かつて横浜・静岡・北陸の3行は大蔵省の金融検査では本省直轄銀行（通常、地銀は各地の財務局が担当する）で、別格扱いされてきました。しかし現在は業界14位と強豪の面影がありません。北海道銀との統合も、「不良債権処理で経営危機に陥った者同士の野合に過ぎず、何の効果もない」（別の地銀関係者）と業界の評価は低いままです。

北陸銀と他の地銀との間で再編が検討される余地は低いと思われます。同行は本拠の富山県に加えて石川、福井の隣県にも地盤を持っていますが、競合関係が定着し、すみ分けができています。

北國銀行（4・3兆円）は21年10月に**「北國フィナンシャルホールディングス」**を設立、再編の受け皿を持っています。また福井銀行（2・8兆円）は21年5月に福邦銀行（0・4兆円）を子会社化しました。

火曜会　旧三菱銀行と特別に親密な関係にある地方銀行で組織された懇親会。足利・常陽・静岡・八十二・百五の5行だったが、経営統合後は旧三和銀行の親密地銀数行も加入した。

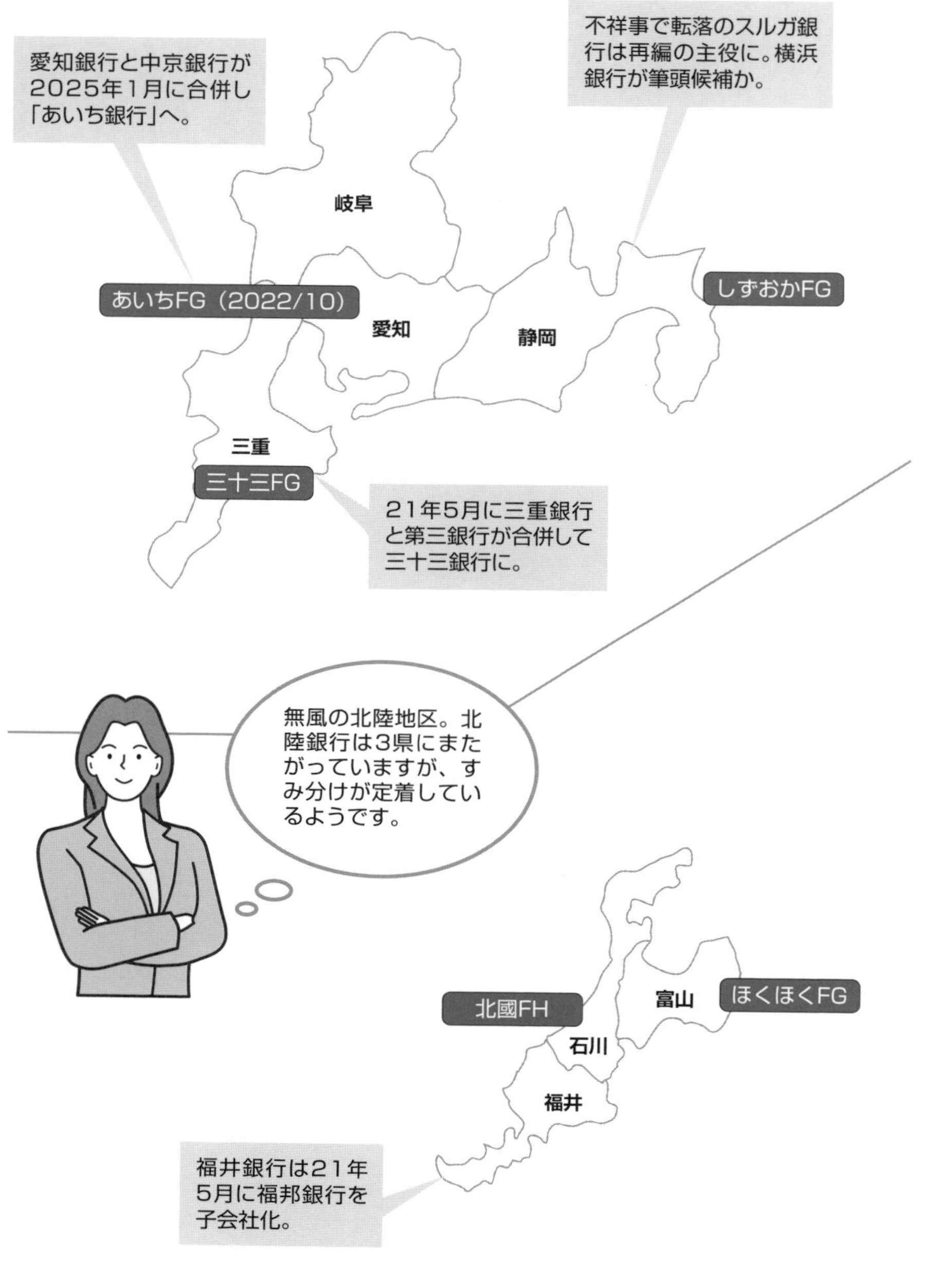
東海地区は三菱 UFJ 銀の中京銀株売却で再編が加速
愛知銀行と中京銀行が
2025年1月に合併し
「あいち銀行」へ。
不祥事で転落のスルガ銀
行は再編の主役に。横浜
銀行が筆頭候補か。
岐阜
あいちFG（2022/10）
愛知
静岡
しずおかFG
三重
三十三FG
21年5月に三重銀行
と第三銀行が合併して
三十三銀行に。
無風の北陸地区。北
陸銀行は3県にまた
がっていますが、す
み分けが定着してい
るようです。
北國FH
富山
ほくほくFG
石川
福井
福井銀行は21年
5月に福邦銀行を
子会社化。

Section

2-11 地銀再編④ 関西・中四国・九州

関西地区では地銀・第二地銀の再編が進み、中四国は8行がひしめいて銀行過剰、九州は3つのグループが覇権を競っています。

関西地区では2017年11月、三井住友フィナンシャルグループ（FG）とりそなホールディングス（HD）が出資して「**関西みらいFG**」を設立。三井住友FG傘下の関西アーバン銀行、みなと銀行、りそなHD傘下の近畿大阪銀行（3・2兆円）の3行が18年4月に子会社の銀行としてグループに入りました。そして19年4月に近畿大阪銀行と関西アーバン銀行が合併して関西みらい銀行（7・2兆円）となり、関西地区トップの京都銀行（8・3兆円）を追走する一番手となりました。

みなと銀行（3・8兆円）は25年をメドに関西みらい銀とシステム統合する予定で、近い将来の合併も見えてきました。ここに三井住友銀が筆頭株主である地銀の但馬銀行（1・1兆円）も合流する可能性があります。

大阪以外の県では1県1行が定着しています。滋賀銀行（5・7兆円）は地銀・第二地銀を合わせた貸し出しシェアが5割、紀陽銀行（4・5兆円）は和歌山県で4割。いずれも抜群の強さを誇っています。奈良県は唯一の地銀である南都銀行（5・7兆円）が5割のシェアを維持。都銀との親密関係から見ると旧地銀3行は三菱UFJ銀行に近く、経営的には安定し、再編統合の気配はいまのところありません。

京都は信用金庫が強く、業界最大手で預金量5兆円を超える**京都中央信用金庫***と同8位で2・8兆円の京都信金の信金勢が京都銀と貸し出しシェアを競っています。

四国は銀行過多、九州は再編の最激戦区

四国地区では、伊予銀行（6・1兆円）、四国銀行（3・0兆円）、阿波銀行（3・2兆円）、百十四銀行（4・7兆円）の地銀4行が16年11月に「**四国アライアンス**」を結成。伊予銀が主導し、M&Aや事業承継など、低迷する四国経済

Term

京都中央信用金庫　1940年に京都市中央市場信用組合として設立。1951年に信用金庫に業態転換。2010年に業界初の預金残高４兆円越え、2020年に５兆円を突破した。

の活性化で事業連携しました。

　これに強い危機感を抱いたのが地区内の第二地銀。愛媛銀行（2・6兆円）は20年1月、山口FGと「西瀬戸パートナーシップ」を締結し、船舶向け融資などで業務提携しました。香川銀行（1・7兆円）は21年5月に高松信用金庫（0・5兆円）との間で「**かがわアライアンス**」を結び、地域活性化で手を握りました。

　広島銀行（8・9兆円）は2030年をメドに横浜銀行が主導する共同化システムに移行することを決めており、03年に福岡銀行と始めたシステム共同運営に終止符を打つことになります。このシステム移行による再編の動きはいまのところ顕在化していません。しかし、業界最大の地銀グループ（**ふくおかFG**）にとって痛手となるのは間違いありません。

　地銀再編の中で激戦地なのが九州地区。グループ預金量20兆円と国内有数の地銀グループであるふくおかFG、同FGとの覇権争いに挑む**西日本フィナンシャルホールディングス**（9・7兆円、西日本シティ銀行＊・長崎銀行）、両者の南下を阻止したい肥後銀行・鹿児島銀行の**九州FG**（10・2兆円）の3者鼎立（ていりつ）が鮮明になっています。

九州地区は３グループの覇権争い

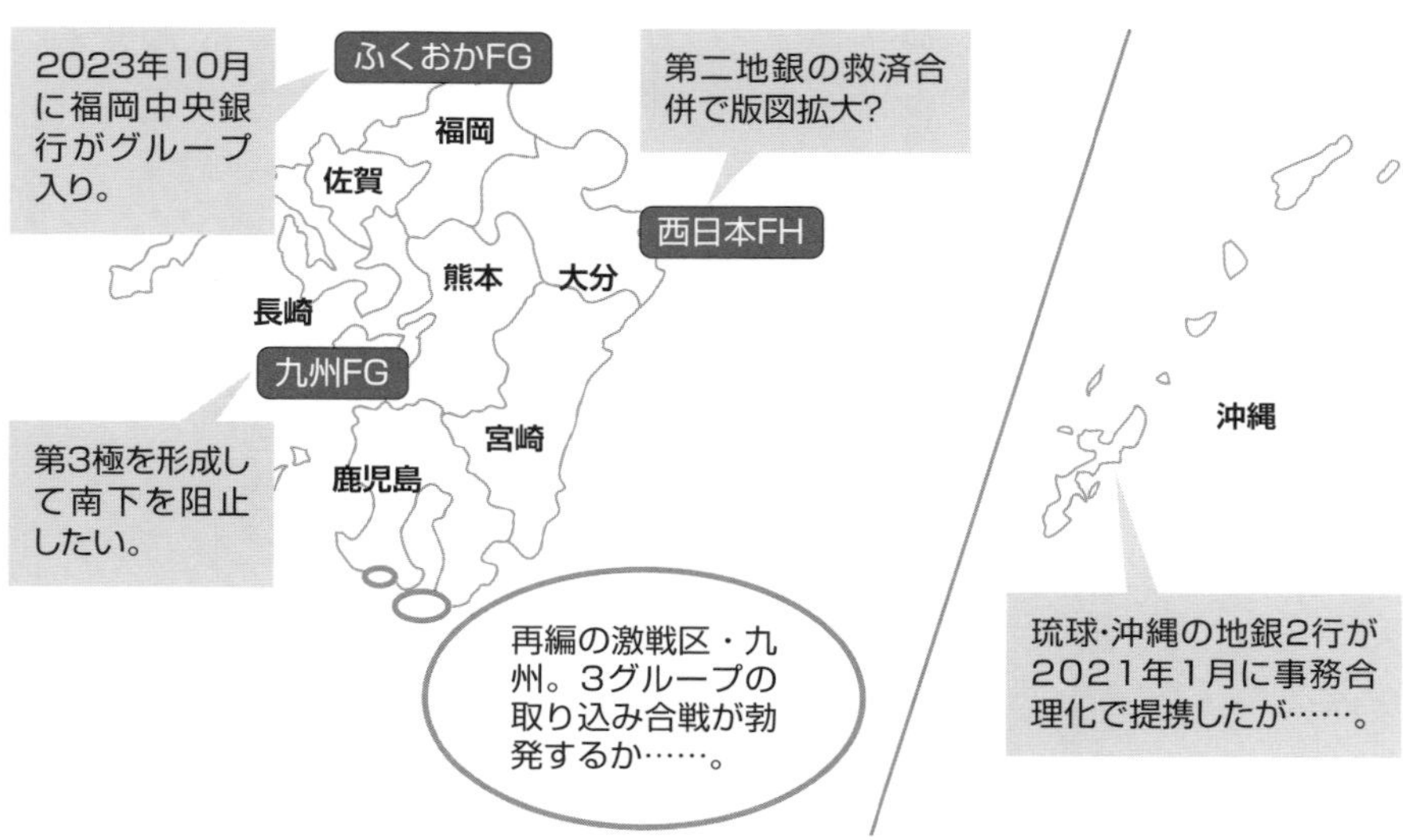

西日本シティ銀行　1951年、西日本相互銀行設立。1984年に高千穂相互銀行（宮崎県）を吸収合併して西日本銀行に商号変更し、普銀転換して地方銀行。2004年に福岡シティ銀行と合併して西日本シティ銀行となる。

関西は再編一服、中四国は地銀・第二地銀が反目

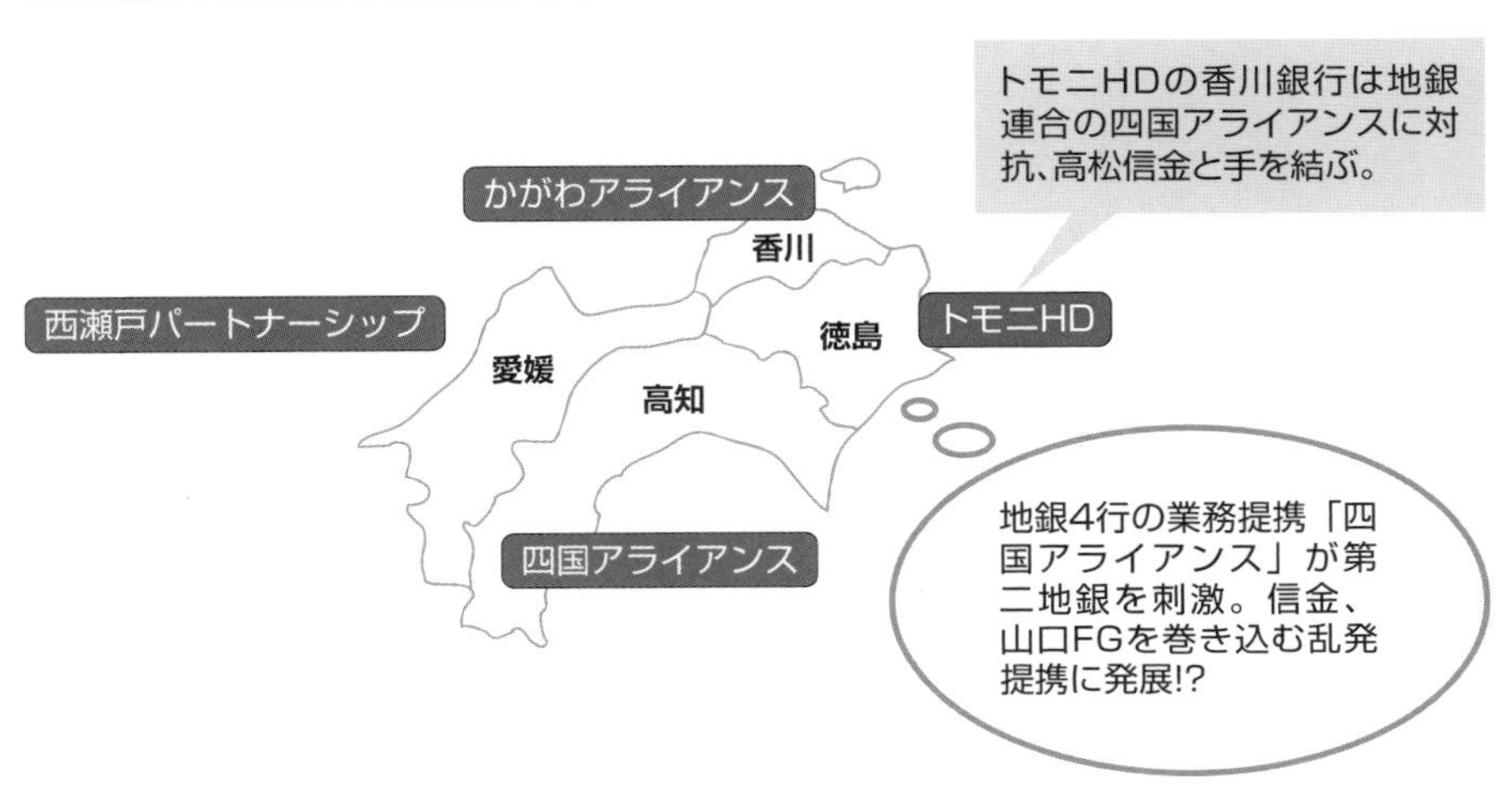

Section

2-12 新生銀行がSBI傘下に

破たんから四半世紀。旧長銀は「第4のメガバンク」を目指して急伸する金融グループのもとでしぶとく生き残っています。近年における金融業界の縮図ともいえる歴史をひもときます。

日本長期信用銀行（長銀）は1952年、戦後の経済復興期に国内企業を支える長期金融の担い手として誕生しました。わが国では明治時代に発足した日本興業銀行が重工業の発展を支えてきましたが、長銀は日本債券信用銀行とともに、戦後生まれた企業などを中心に産業金融の分野で成長してきました。

高度経済成長期からバブル経済へと移り変わり、長銀は着実に業容を拡大していました。しかし、バブル経済期の不動産やノンバンク向け融資で巨額の不良債権が生じ、公的資金が注入されましたが、98年に経営破たん。99年に米投資ファンドのリップルウッドが買収し、00年に新生銀行と商号変更し、04年に長期信用銀行から普通銀行に業態転換を果たしました。

09年には同時期に経営破たんした「あおぞら銀行」（旧日本債券信用銀行）との経営統合でいったん合意したものの翌年解消するなど紆余曲折を経て、21年、インターネット証券などを擁して急成長を遂げている**SBIホールディングス**の傘下となりました。

■「第4のメガバンク」実現の足がかり？

SBIホールディングスは、野村證券出身の**北尾吉孝**＊氏がソフトバンクグループの支援を受けて設立したインターネット金融の旗手的存在で、19年には地方銀行・第二地銀との間で資本業務提携を結んで3大メガバンクグループに次ぐ有力な金融グループを形成する「**第4のメガバンク**」構想を発表、これまで10行近い地銀・第二地銀を糾合するなど勢力を拡大しています。

北尾吉孝　1951年生まれ。SBIホールディングス会長兼社長兼CEO。1974年野村證券入社、1995年ソフトバンク常務、1999年ソフトバンク・インベストメント（現SBIHD）社長。江戸時代の儒学者の家系に生まれ、自らも中国古典に詳しいとされる。

戦後の経済復興の担い手である長銀が高度経済成長とその後のバブル崩壊を経て破たんし、最終的にインターネット時代の寵児（ちょうじ）と目されるSBIグループの軍門に下ることは、金融界の変転の歴史を見る思いがします。

長銀は破たん時に国からの3500億円ともいわれる公的資金の返済が完了していません。この借金は**優先株***の形で残されており、新生銀行の株価が返済額に見合う価格を回復しない限り解決されない問題でした。

SBIサイドはまさにその点を突いて買収に乗り出したと思われます。公的資金返済という御旗（みはた）を掲げれば、敵対的買収であっても乗り越えられると判断。金融庁OBを新生銀行トップに据え、上場を廃止して公的資金と株価との関係をいったん遮断したうえで返済を完了させる狙いがあると思われます。

不良債権処理時代から四半世紀を過ぎてもなお、当時の公的資金が回収されないのは、金融当局にとってものどに刺さったとげのように残る政策課題です。その難問を新興勢力のSBIが片付けてくれるとなれば、逃す手はありません。SBIにとっても、当初のスピード感から見るとやや拙速の感がある「第4のメガバンク」構想の巻き返しに、当局の暗黙の了解は心強いものがあると推察されます。

長銀誕生からSBIグループ入りまでの70年

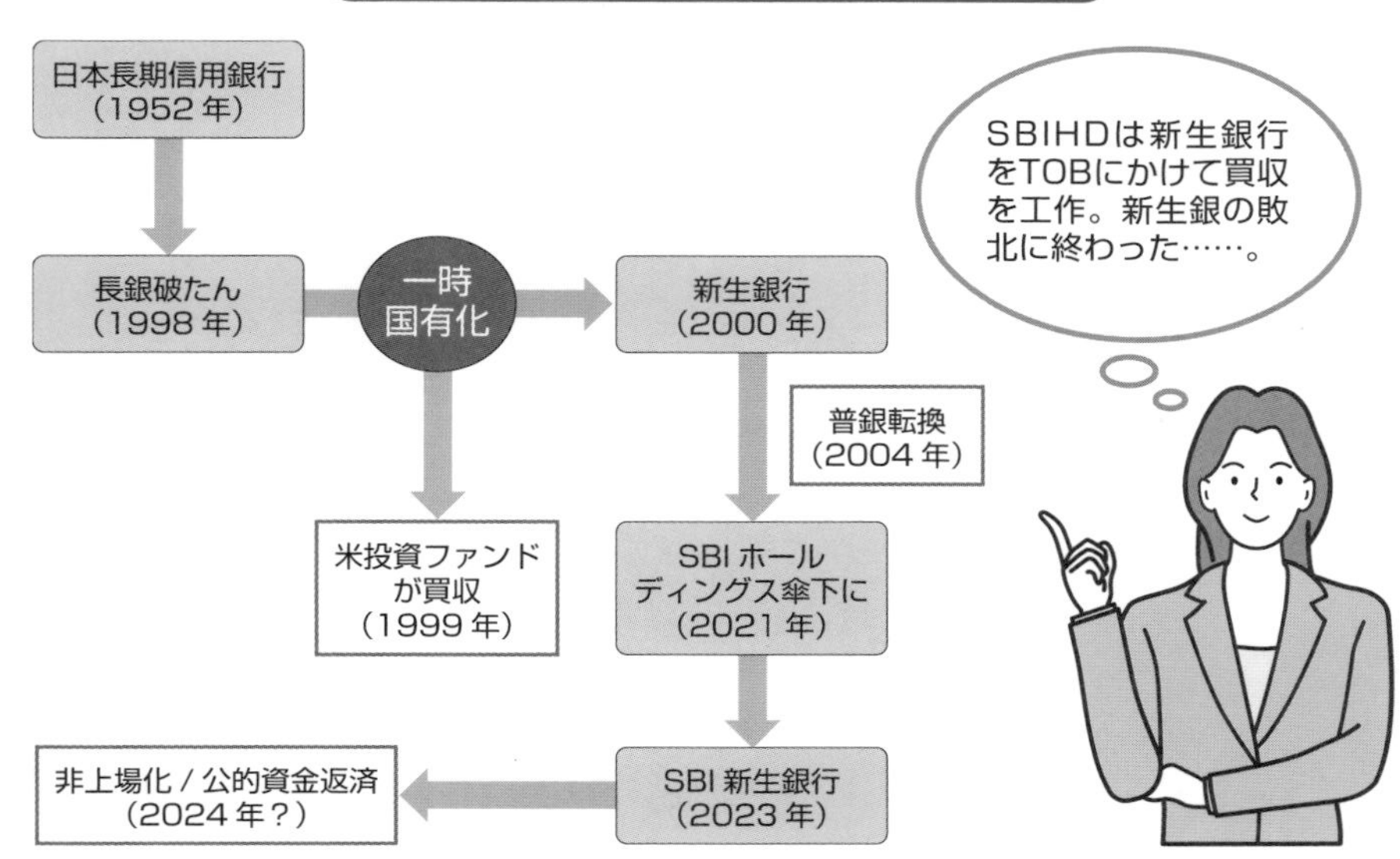

優先株　普通株よりも剰余金や残余財産、配当金を優先的に受ける権利がある株式。投資家にとって権利内容が優先的になっているが、議決権などは制限される。

Section

2-13 インターネット専業銀行2行が上場

わが国にインターネット専業銀行が誕生して23年、初の上場がありました。コロナ禍でインターネットバンキング需要が予想以上に高まったことで、ネット銀行に対する幅広い支持が株式上場の背景にあるようです。

国内初の**インターネット専業銀行**は、2000年10月に設立された**ジャパンネット銀行**（21年4月からPayPay銀行に商号変更）です。その後、セブン銀行（01年5月開業）、ソニー銀行（同年6月）、**イーバンク銀行**＊（同年7月・楽天銀行の前身）と続きました。

07年に入ると住信SBIネット銀行（07年9月）、イオン銀行（同年10月）、auじぶん銀行（08年7月）と続きました。さらに大和ネクスト銀行（11年4月）、GMOあおぞらネット銀行（18年7月）、ローソン銀行（同年9月）と10行のネット専業銀行が営業を展開しています。21年5月には、福岡銀行を中心としたふくおかフィナンシャルグループ（FG）が「みんなの銀行」、22年1月に東京きらぼしFGが「**UI銀行**＊」を設立するなど地銀グループでの設立が相次ぎました。

ジャパンネット銀行ができた頃は、インターネットの接続が必ずしも良好ではない時代でしたが、その後ADSL、光回線など高速通信回線の出現により大容量・高速の時代に入ってネット銀行の利便性が格段に高まりました。

そして、誕生からおよそ四半世紀。ネット専業銀行業界で1、2を争う住信SBIネット銀行と楽天銀行がそれぞれほぼ同時期に株式上場を果たしました。

インターネット金融の利便性が支持

住信SBIネット銀行は信託最大手の三井住友信託銀行（銀行設立時は住友信託）とインターネット専業証券最大手のSBIホールディングスが共同出資して設立されました。23年3月期の業容（単体）は預金量7兆9777億円、貸出金6兆6065億円。地方銀行62行の預金量ラン

イーバンク銀行　2001年、わが国で4番目に設立されたインターネット専業銀行。2006年にGMOインターネットと資本業務提携を締結。2008年に楽天グループ入りし、翌年、楽天銀行に改称した。

キングでは13位に相当します。口座数（23年2月時点）も600万に達しており、ネット専業銀行では断トツ。

同行の上場に関しては21年中にも実現すると見られていました。その時点では「新生銀行のTOB（株式公開買い付け）に使うのではないか」（銀行業界関係者）との見方がありましたが、その後上場を延期。今回のタイミングになりました。

一方、**楽天銀行**は09年にイーバンク銀行を買収してグループの傘下に収め、クレジットカードや証券などとともに金融事業の強化に乗り出しました。

今回の上場は、苦戦が伝えられる携帯電話事業に対する資金調達との見方が根強くあります。楽天では最上位のプライム市場で公開して上場益を稼ぎ、資金難の携帯電話事業に注入したい狙いがあると思われます。親会社の楽天グループは、同行の上場で保有株を一部売却して700億円あまりを調達したと報道されました。

欧州の金融不安など上場のタイミングとしては必ずしも良くありませんでしたが、ネット専業銀行の上場は、インターネット事業が市場に認知されたことの証でもあります。

インターネット専業銀行 2 行が同時期に初の上場

住信SBIネット銀行（2007年）	2023年3月上場（東証スタンダード市場）		初日終値 1,205円 売出価格比 4%UP
楽天銀行（2009年）	2023年4月上場（東証プライム市場）	→	初日終値 1,930円 売出価格比 37%UP

欧米の金融不安でマーケットが冷え込む中の上場で、最悪のタイミングともいわれました。

UI銀行　Uは「You」（あなた）、Iはわたしの意。人と人のつながりを大事にするとの思いが込められている。「みんなの銀行」と同様、スマホ特化のデジタル銀行。

Section
2-14 部品化する金融機能

銀行代理店業の免許を取得し、APIを利用して銀行業に進出する企業が増えています。銀行が持つ多様な金融機能を武器に事業拡大を狙っており、この傾向は今後も強まりそうです。

API＊は、双方のアプリ（ソフトウエア）をつなぎ、データ連携させて機能を共有することです。

銀行はセキュリティリスクから守るために堅牢なシステムを構築し、個人情報を厳重に格納してきました。顧客資産を安全に保管する狙いです。外部の事業者などがこの銀行システムに接続することは従来は認められていませんでしたが、家計簿ソフト事業者や電子マネーといった資金決済業者が登場するにつれて、新たな金融の担い手への門戸開放が始まりました。

2017年、銀行の顧客情報システムへの接続に必要な**「オープンAPI」**の開放を義務付けることが決まりました。これまで銀行が提供してきた金融機能は、**BaaS**＊という仕組みで部品化され、異業種の企業がこれを導入することで自らの顧客に金融機能を提供し、事業拡大を図る動きが出てきました。

これまで銀行業への進出は、膨大な設立申請書類を準備して新銀行を設立する以外に方法はありませんでした。コンビニATM専業銀行やインターネット銀行でさえも、大変な労力とコストがかかりました。しかし現在は、銀行代理店業の免許を取得してスマートフォンの専用アプリを用意し、BaaSを利用すれば、全業種で金融サービスを提供できる時代になりました。

提供する側とされる側の思惑が一致？

金融機能の部品化をけん引しているのが、インターネット専業銀行最大手の住信SBIネット銀行です。「NEOBANK」のブランドを掲げて、高島屋や野村不動産のグループ会社、第一生命、ヤマダデンキ、日本航空などと組んでいます。

API　Application Programming Interfaceの略。
BaaS　Banking as a Serviceの略。

金融機能の提供を受けている企業は、顧客の掘り起こしや囲い込みなど事業拡大につなげる一方、住信SBI側はみずからの銀行ブランドの拡充につなげており、双方の思惑が一致しているといえるでしょう。

JR東日本は24年春にも楽天銀行と提携して「JRE BANK」を開業。預金や住宅ローンなどの利用に応じてJR東のポイント、新幹線などの列車優待を付与する計画です。

金融の部品化は、**組み込み金融（エンベデッド・ファイナンス）**とも呼ばれており、コロナ禍での非接触金融サービスの需要が高まったことも背景にあるようです。

銀行業界ではコロナ禍や少子高齢化、生活様式の変化などにより、利用シーンが大きく変化しています。しかし利用スタイルの変化は銀行に限ったことではなく、他社との競合で同質化が進む他産業でも同じことがいえるかもしれません。

金融機能を導入する企業は、新たな顧客サービスを提供して差別化を図り、機能を提供する銀行は部品化により自社のブランド力を高めることができます。

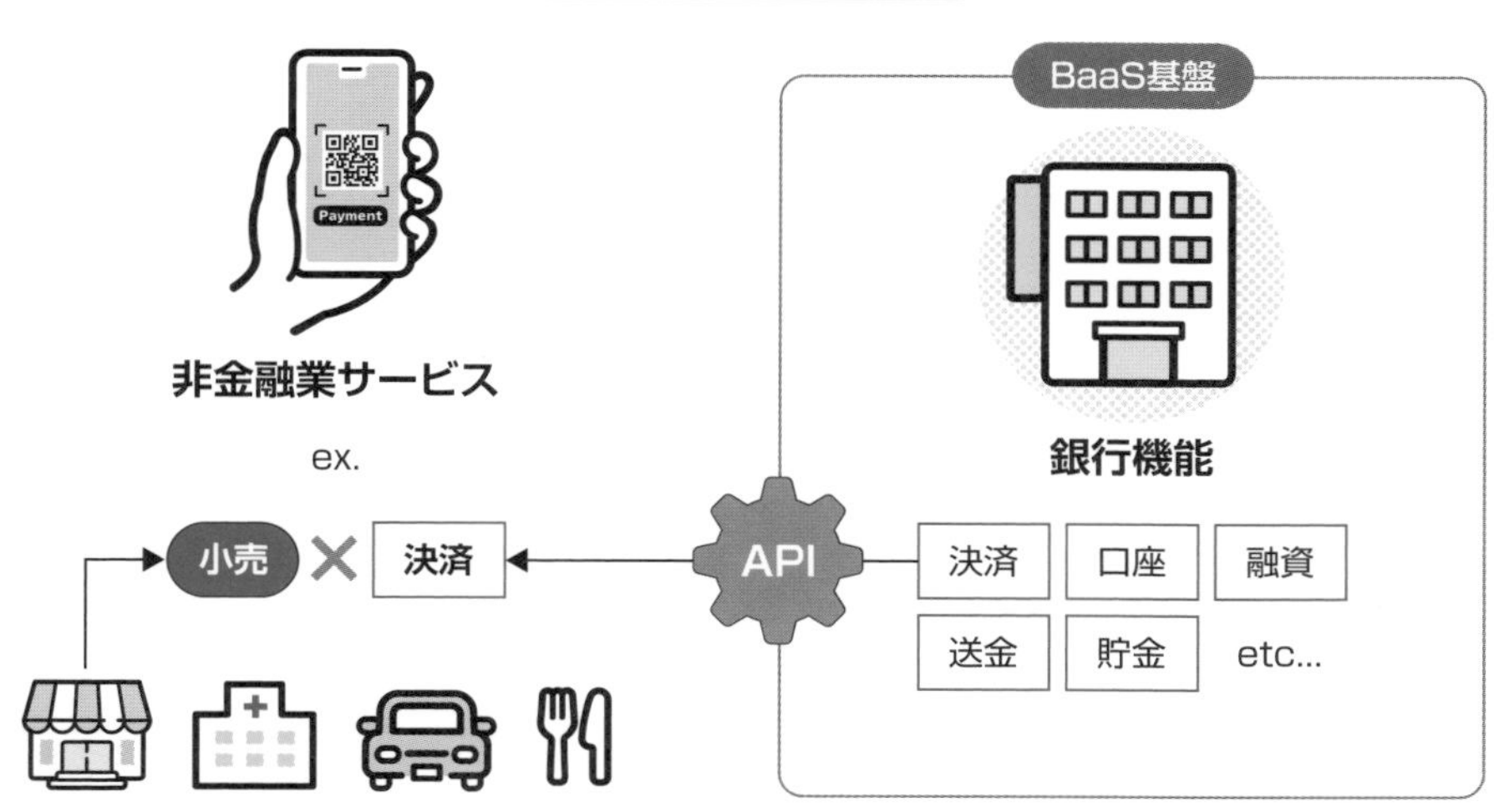

出典：NTTDATA Webサイト「DATA INSIGHT　展望を知る」(2023年1月12日)「『機能』になった銀行はどこへ？　4つのBaaSビジネスモデルを解説」

オープンAPIの義務化　銀行法改正で、2020年5月までに銀行はオープンAPIを公開することが義務付けられました。顧客のパスワード情報を外部事業者に預けるリスクがなくなり、セキュリティ面で改善されました。

Section

2-15 銀行法改正で脱銀行化

2021年3月に銀行法が改正され、地方創生やDX（デジタル・トランスフォーメーション）で新たな金融事業を展開するため、業務や出資の規制緩和が手当てされました。地方創生に関与する子会社など地域金融機関への配慮が目立っています。

銀行の業務は高度な社会的使命を帯びていることから、いわゆる規制業種の中でも図抜けて法的な拘束が強いといわれています。預金業務は銀行だけに認められた固有業務です。

しかし、コロナ禍でデジタル化へのシフトが予想を超えて加速しており、利用者側でも伝統的な金融業務からインターネットバンキングなど非接触の金融業務への移行を支持する層が増えています。近い将来には間違いなくインターネットバンキングが銀行業務の主流になり、DXを駆使した事業を展開するのが当たり前になると思われます。

21年の法改正は、少子高齢化やコロナ禍の影響で生活様式が一変した社会状況に合わせ、より柔軟な業務運営が可能になるような規制緩和を主眼に置いています。

銀行業務における最大の規制は業務範囲の規制です。改正法案では、地方創生に資する子会社や兄弟会社ならば届け出制にして迅速な対応ができるよう改正されました。

銀行本体で可能な参入業務は、①自行アプリやITシステムの販売、②データ分析・マーケティング・広告、③登録型人材派遣、④幅広いコンサル・マッチング――の4つ。銀行の子会社や兄弟会社ができる参入業務は、①フィンテック、②**地域商社***（在庫保有、製造・加工原則なし）、③自行アプリやITシステムの販売、④データ分析・マーケティング・広告、⑤登録型人材派遣、⑥ATM保守点検、⑦障害者雇用促進法にかかる特例子会社、⑧地域と連携した成年後見――の8つとなっています。

自行アプリに力点、四半期報告書廃止は延期

自行アプリやITシステムの販売、データ分析・マーケ

Term

地域商社　農産品や工芸品など地域に眠る魅力ある産品やサービスについて、生産者に代わって販路を開拓し、生産者に従来以上の収益をもたらす役割を担う事業を行う。近年は地域商社が「道の駅」を運営する動きが見られる。

ティング・広告、登録型人材派遣は銀行本体と子会社や兄弟会社の双方で事業展開できるよう改正されています。自行アプリは少額決済ネットワーク「ことら」への参入時に銀行が用意しなければならないソフトであり、銀行業務のデジタル化に欠かせない事業で、国がデジタル化を今後の金融ビジネスにおいて不可欠の要件と認めた証といえるでしょう。

銀行は融資を手がけることから企業に対して優越的な地位にあるため、他業禁止だけでなく企業への出資も5％以内に規制されていました。これを改め、非上場の地域活性化関連企業にはフリーハンドで認めることとしました。また、**ハンズオン**＊支援（専門家派遣）として、経営再建に取り組む中小企業への出資の拡大や、買収した外国金融機関の子会社をより長期に保有すること、また収益確保策としてリース業や貸金業（かしきんぎょう）などの業務を展開する外国企業も買収できるように改正しました。

国への提出義務がある四半期報告書は、四半期ごとの決算短信と重複するなど銀行の負担になっており、金融商品取引法を改正して廃止する方向でしたが、先送りになっています。

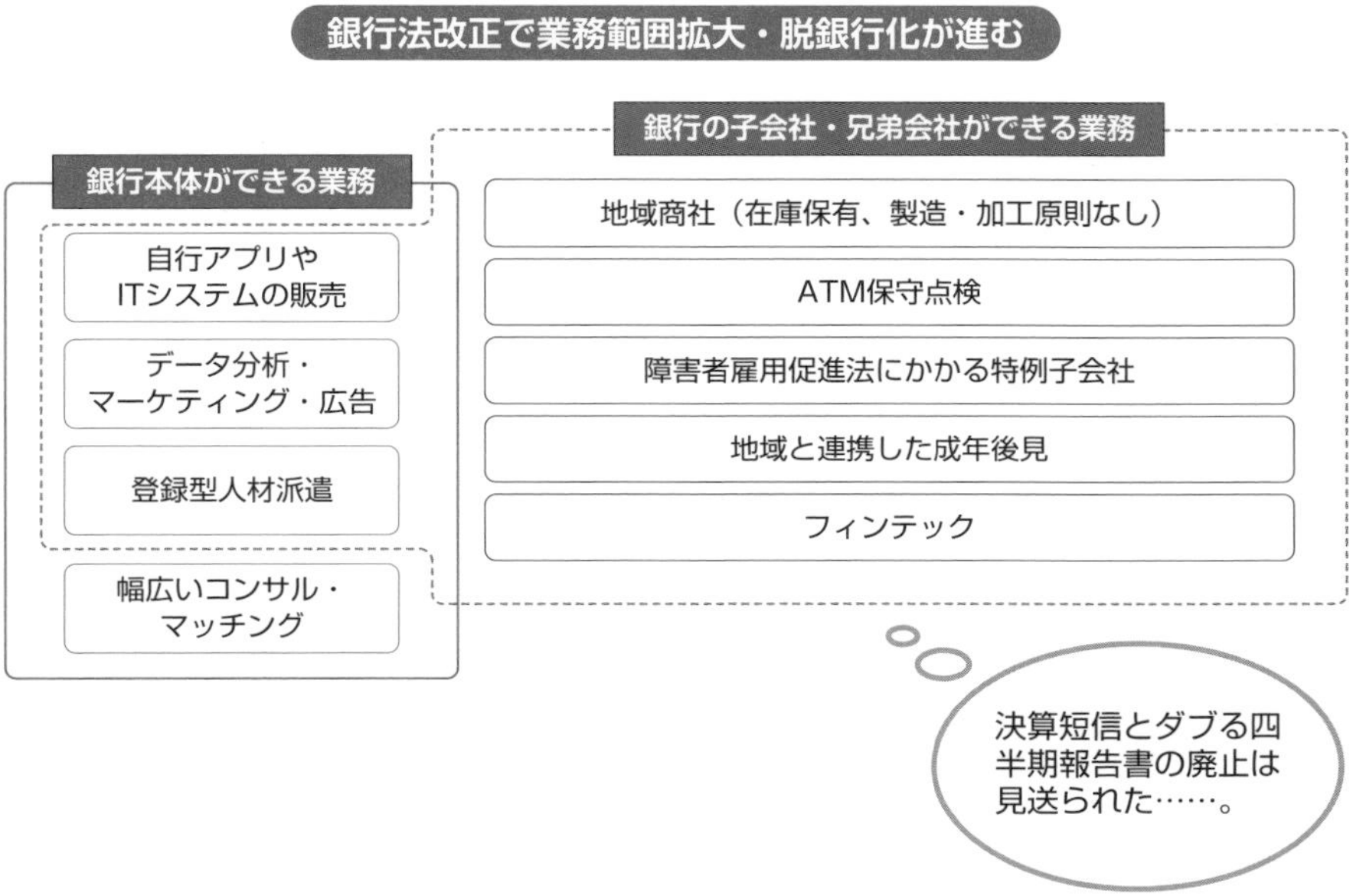

銀行法改正で業務範囲拡大・脱銀行化が進む

銀行本体ができる業務

- 自行アプリやITシステムの販売
- データ分析・マーケティング・広告
- 登録型人材派遣
- 幅広いコンサル・マッチング

銀行の子会社・兄弟会社ができる業務

- 自行アプリやITシステムの販売
- データ分析・マーケティング・広告
- 登録型人材派遣
- 地域商社（在庫保有、製造・加工原則なし）
- ATM保守点検
- 障害者雇用促進法にかかる特例子会社
- 地域と連携した成年後見
- フィンテック

決算短信とダブる四半期報告書の廃止は見送られた……。

ハンズオン　Hands-on。「手を触れる」の意から、経済用語としては買収や投資に関与する場合、社外取締役などを派遣して経営に深く関わる意味に解釈されている。逆に買収先・投資先の経営手法に委ねるのがハンズオフ。

Section

2-16 少額送金ネットワークシステムが稼働

少額の資金決済ネットワーク「ことら」が2022年10月に稼働開始しました。急速に普及するスマートフォン決済への対抗措置として、銀行界挙げての新たな決済網の構築となりました。

送金や自動振込などの資金移動は、全国銀行データ通信システム（全銀システム）という金融取引のネットワークシステムによって支えられています。全銀システムは24時間365日、即時送金を実現する決済手段。世界に冠たるネットワークシステムで、海外の金融関係者の間で高い評価を得てきました。

私たちは現在、ATM（現金自動預け払い機）やインターネットバンキングによって、銀行まで行かなくても手軽に資金決済を行うことができます。また、店頭でクレジットカードやスマホアプリを提示すればほとんどのショッピングが支払い完了になります。

銀行を通じて当たり前に利用している全銀システムですが、22年10月にメガバンクなど大手銀行5行が出資し、スマートフォンなど携帯電話を通じて送金ができる10万円以下の**少額決済ネットワークシステム「ことら」**が稼働を開始しました。

銀行間の送金手数料は21年10月に多くの銀行で値下げしましたが、これは銀行間手数料が半世紀近く経過したのに当初の金額のままであることに公正取引委員会が疑義を呈したことが契機になり、各銀行が値下げに踏み切ったものです。

また、全銀システムを利用してチャージする「○○ペイ」などのスマホ決済が急速に普及し、新たな資金決済サービス業者から送金利用料に対する不満の声が上がったことも、「ことら」稼働の背景にあります。

利用機会・頻度を疑問視する向きも

「ことら」は「小口の**トランスファー***（少額送金）」から命名されたものです。全銀システムは現状のまま残るものの、「ことら」との併用で、資金決済手段のネットワークは

Term

トランスファー　Transfer。移動させる、送金するの意味がある。

単線から複線になりました。

「ことら」は、技術的には「キャッシュカードで直接決済ができるJデビットのシステム上で、送金用のAPIを使い、スマホアプリで個人口座間の資金移動を実現する」仕組みです。相手の銀行口座を指定して送金できるほか、携帯電話番号やメールアドレスを指定すれば資金移動ができます。

23年8月に株式会社ことらが公表した利用実績では、累計送金額1000億円を突破。207の金融機関などで利用可能になっています。使えるアプリは加入金融機関が多い「Bank Pay*」などとなっています。

銀行にとっては従来の送金手数料収入が減って収益機会を損ないますが、現金の利用が減ることで窓口業務の業務量軽減や現金出納事務の省力化などでメリットがあります。

ただ、キャッシュレス社会が本格化している現在、送金の機会や頻度がどれほどあるのか疑問視する向きもあります。飲食代の割り勘などを利用シーンとして想定していますが、スマホ決済への対抗馬の意味合いが強いのではないでしょうか。

「ことら」のシステム概要

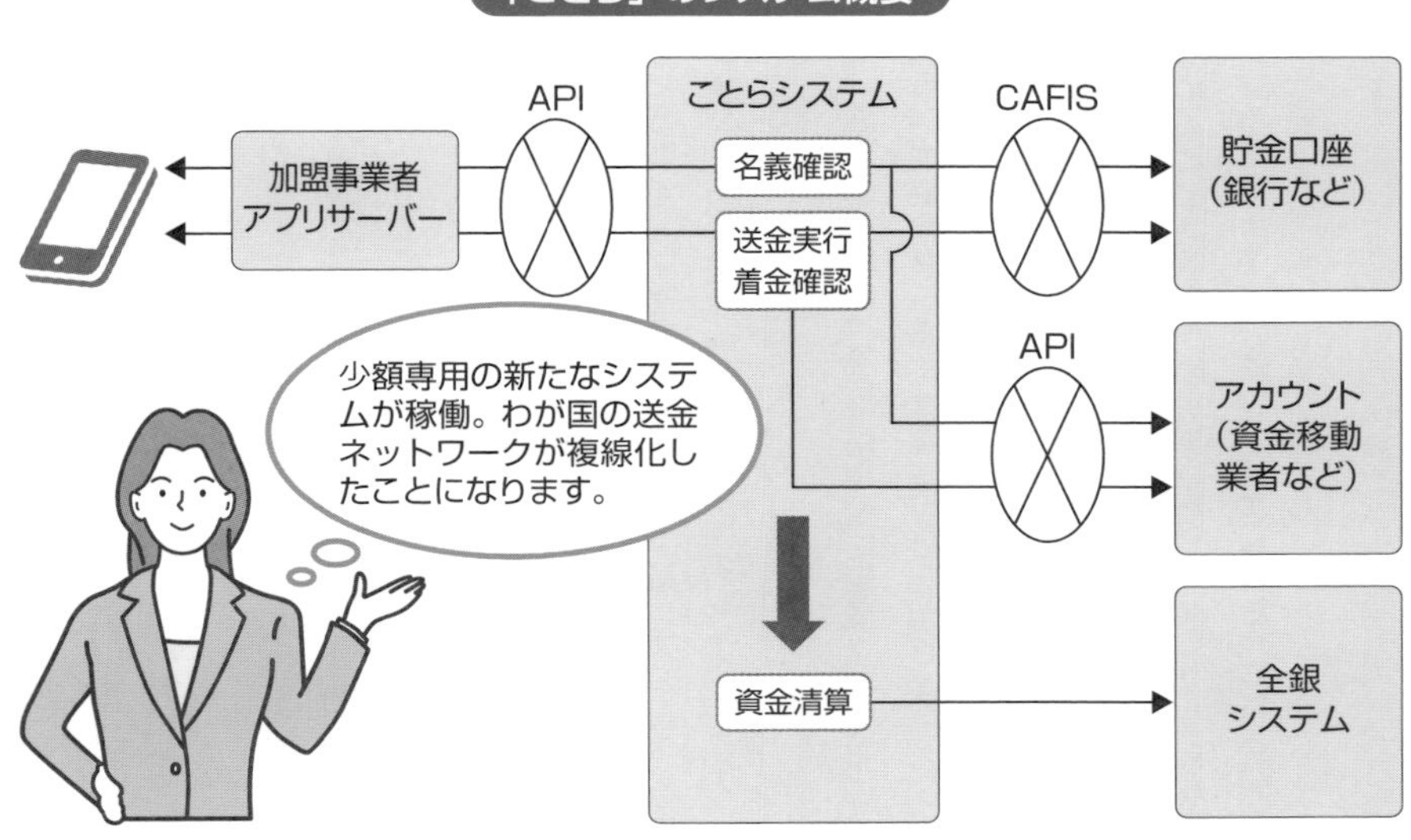

出典：一般社団法人 全国銀行資金決済ネットワーク（全銀ネット）Webサイト「ことらシステムとの連携について」

Bank Pay 銀行口座から直接支払いができるスマートフォン決済アプリ。全国の加盟店での買い物や個人口座宛ての無料送金、税金支払いなどに利用できる。

Section

2-17 APIゲートウェイ構築で決済新時代

銀行の決済ネットワークシステムが新たな時代を迎えることになりそうです。中継コンピュータ方式による外部接続を改めてAPIによる新方式に切り替え、スマホ決済に適応させます。

わが国の資金移動を担っている**全国銀行データ通信システム**（**全銀システム**）は、1149金融機関・約3万店を結び、年間約18億件・約3200兆円（2022年7月末時点）を処理しています。国内のほぼすべての金融機関が全銀システムに加盟し、送金や口座振替などの資金移動で利用しています。

全銀システムは現在、19年11月に稼働した「第7次システム」が稼働しており、更改期限が27年11月に到来します。そこで全銀システムでは、デジタル社会にふさわしい次世代のシステムについて検討を重ね、25年7月から「**API－ゲートウェイ**」（**API－GW**）と呼ばれる低コストの方式を採用して外部接続し、「○○ペイ」などのスマホ決済に特化した資金移動業者が参加しやすいようにすると同時に、システム自体もオープン系に切り替える方針です。

全銀システムはこれまで、中継コンピュータ（RC）方式で各金融機関と接続されてきましたが、巨額のシステム経費がかかるうえにメンテナンスも過大な労力を費やすことから、低廉で汎用性の高い**オープン系システム**＊を採用。送金手数料の低減に対応する計画で、オープン系システムへの移行は27年度の予定です。

ただ、既存の加盟銀行の為替取引に影響を与えることのないよう、従来のRC方式は維持したうえでAPI－GW方式を導入し、両者は併存することになるもようです。

全国銀行資金決済ネットワーク（全銀ネット）は22年10月、全銀システムの対象範囲を拡大し、資金移動業者の参加を認めることを明らかにしました。全銀システムを通じて、異なるスマホ決済の間で直接送金することが可能になります。

オープン系システム　仕様が公開されており、使用するにあたって権利関係が発生しない、使用自由なオペレーティングシステム（OS）上に構築された業務システムのこと。

次期全銀システムのコンセプト

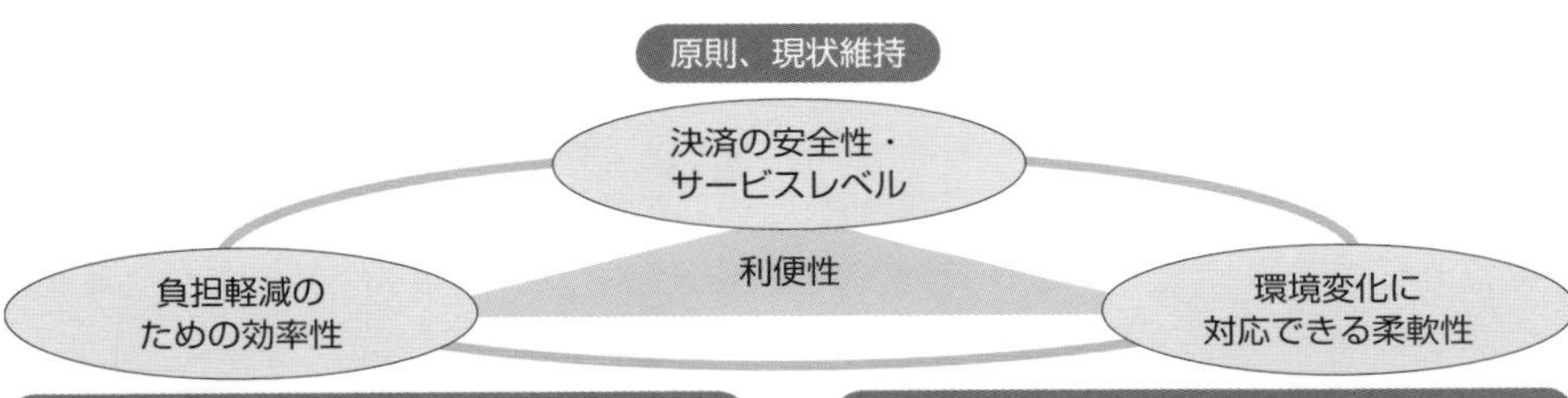

使用していない機能、過度な機能は廃止・簡素化

コストや影響範囲を踏まえ導入について検討

出典：一般社団法人 全国銀行資金決済ネットワーク「次期全銀システム基本方針」(2023年3月)

次期全銀システムのグランドデザイン

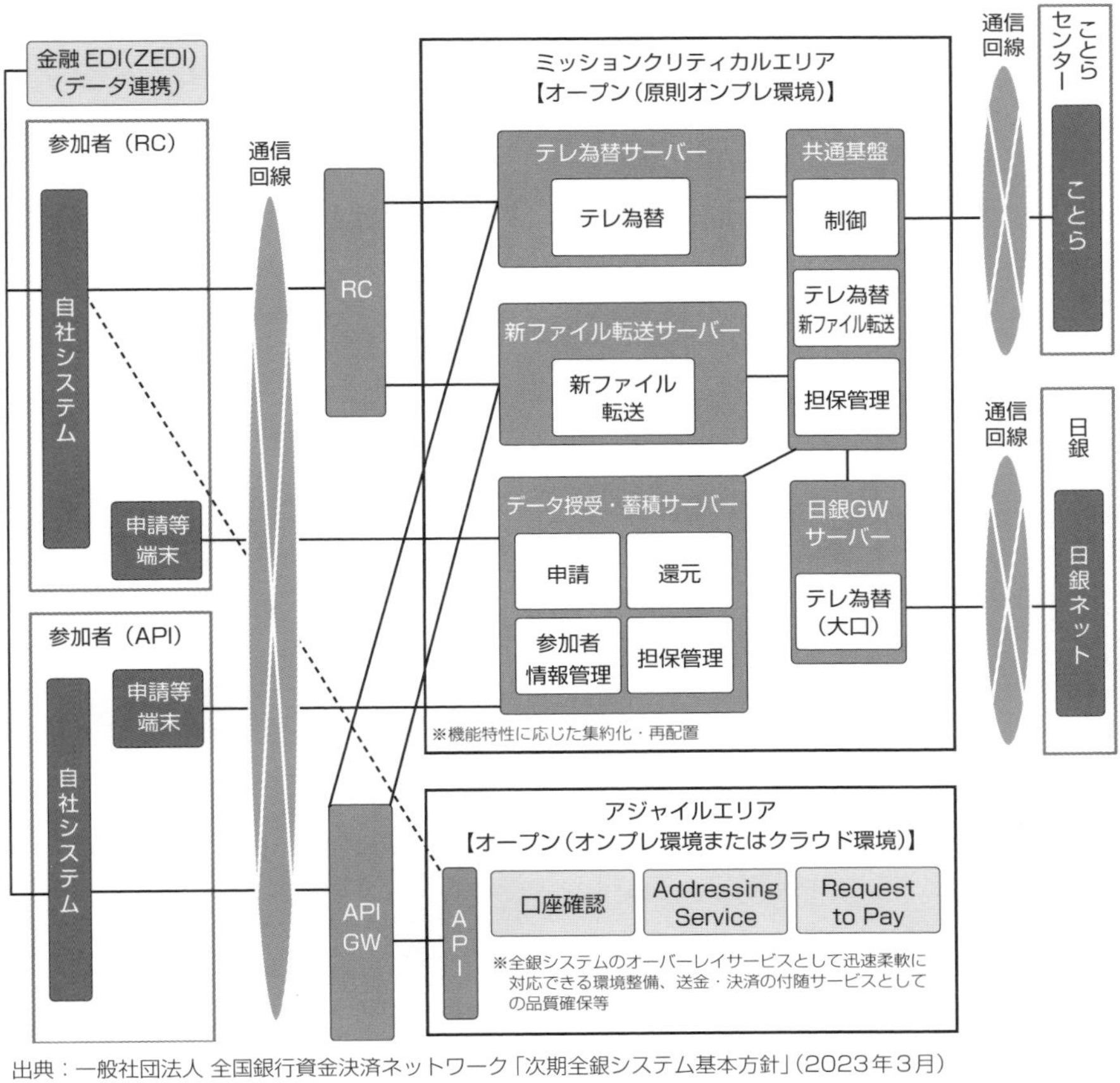

金融 EDI(ZEDI)
(データ連携)

参加者（RC）
自社システム
申請等端末

参加者（API）
申請等端末
自社システム

通信回線

RC

API GW

ミッションクリティカルエリア
【オープン(原則オンプレ環境)】

テレ為替サーバー
テレ為替

新ファイル転送サーバー
新ファイル転送

データ授受・蓄積サーバー
申請
還元
参加者情報管理
担保管理

共通基盤
制御
テレ為替
新ファイル転送
担保管理

日銀GWサーバー
テレ為替(大口)

※機能特性に応じた集約化・再配置

アジャイルエリア
【オープン(オンプレ環境またはクラウド環境)】

API
口座確認
Addressing Service
Request to Pay

※全銀システムのオーバーレイサービスとして迅速柔軟に対応できる環境整備、送金・決済の付随サービスとしての品質確保等

通信回線
ことらセンター
ことら

通信回線
日銀
日銀ネット

出典：一般社団法人 全国銀行資金決済ネットワーク「次期全銀システム基本方針」(2023年3月)

不毛な中計フレーズ

銀行は3年または5年に一度、経営に関する計画を策定します。一般に**中期経営計画**（中計）と呼ばれていますが、最近、耳慣れない言葉やフレーズを見かけるようになりました。

みずほフィナンシャルグループの中計の中に、「ありたき世界からバックキャストし、企業理念再定義とあわせ、新中期経営計画を策定」とあります。「ありたき世界」とは、個人の幸福な生活やサステナブルな社会・経済を指すようなのですが、「バックキャスト」というのがよくわかりません。

バックキャスト（Backcast）は、「未来のあるべき姿から、現在にさかのぼって課題解決を考える手法」のことだといわれます。到達したい姿を設定し、現状分析しながら解決を図るということなのでしょう。

三菱UFJフィナンシャル・グループの中期経営計画の進捗報告でグループ改革に関して、「グループ社員の多様な声を結集し、パーパス『世界が進むチカラになる。』を社員起点で実践」とあります。パーパスとは英語で「目的」の意味。中学英語のレベルですから、社会人であれば意味するところは容易に理解できますが、そのままの形では、これまであまり使われてこなかったのではないでしょうか。

中期経営計画そのものが陳腐化しているきらいはあります。インターネット上では「テンプレートを使って中期経営計画を作ってみよう」などというビジネスが登場しています。中計がどこか軽薄な感じのするものに変質している印象を受けます。コロナ禍で多くの企業が中計を延長したり練り直したりするなどして修正を加えています。

「ありたき」「バックキャスト」「パーパス」などという、ストンと腑（ふ）に落ちそうもないフレーズが盛んに出てくるのは、それだけ時代が混とんとしてきて、企業サイドも自社の将来動向をきちんと描き切れていないからではないでしょうか。「ありたき世界からバックキャストし……」と言われても、何のことかさっぱりわかりません。

金融サービスの提供というのは、それほど複雑怪奇なものでしょうか？　預金者や利用者にとって中計のフレーズは何の関係もありませんが、不毛な響きがしてなりません。

▲みずほ本店の入る大手町タワー
by Gungun01

第3章

ノンバンクの仕組みと最新動向

国民消費の消費生活の中で大きな比重を占めているのがノンバンク業界。その特徴は膨大で緻密な個人信用情報を蓄積していることにあります。本章では、ノンバンクの収益構造やクレジットカードの仕組み、代表的なノンバンクであるクレジットカード・信販会社・消費者金融の３業態にスポットをあてています。

Section

3-1 ノンバンクとは何か

クレジットカードや信販、消費者金融などのノンバンクは、国民の消費生活を支える重要なインフラになっています。カードによるショッピングは家計消費支出の3割を超えており、個人金融サービスの担い手になっています。

ノンバンクは、顧客から担保を取って融資する銀行と異なり、消費者の信用力（返済能力）を判断して無担保で小口の貸し出し業務（キャッシング）やカード決済（立て替え払い）を行う専門の金融機関で、貸金業登録を受けたすべての業者のことです。現在ではクレジットカード・信販・消費者金融の3業態が最も普及しています。

日本人は借金を嫌う傾向にありましたが、1970年代に消費意欲が高まり、「先にモノを入手し、あとで返済する」購入方法が急速に普及しました。車や家電製品は当時でも高価なものでしたが、「**分割払い**」の登場で一気に身近なものになったのです。「**月賦**＊」と呼ばれた分割支払い方法が登場して、大量消費時代の幕が切って落とされ、クレジット（信用）ビジネスが発展していきました。その後、銀行がクレジットカード会社を関連会社として立ち上げてカード保有者を増やし、貸金業者が小口金融に特化して消費者金融を伸ばしていきました。

日本クレジット協会の年次報告書「日本のクレジット統計（2022年版）」によれば、クレジットカードショッピングにおける信用供与額は22年に約93兆円に達しています。この額は同じ年の家計最終消費支出約251兆円の37・3％に相当し、国民生活に欠かせない個人金融の担い手になっています。

ノンバンクが急成長を遂げた背景には、担保主義の銀行が企業取引を優先し、資産を持たない庶民にあまりお金を貸さなかったという事情があります。多少金利が高くても1回当たりの返済金額や返済期間を利用者の事情に合わせて広く融資し、国民の消費生活をサポートすることがノンバンクの存在意義です。

Term

月賦　げっぷ。毎月一定額の金額を物品購入の代金として支払うこと。

個人消費に欠かせない存在

ノンバンクは登録が受理されれば営業できるので、比較的簡単に参入できる業界でした。2007年に貸金業法が施行され、上限金利の引き下げや、財産的基礎など貸金業の設立要件の厳格化がなされた結果、**日本貸金業協会**＊に登録している業者は1535社（23年4月末現在）と最盛期に比べて半減しています。

業者激減の背景には、従来、出資法で認められていたキャッシングの上限金利について06年に最高裁で違法の判断が下されたため、それまで業者が得ていた返済金の返還が合法化されて、経営が立ち行かなくなったことがあります。10年には利息制限法の金利がノンバンクにも適用され、中小の貸金業者は廃業を余儀なくされました。

しかし、都市銀行などの金融機関は約1070（23年5月末時点）。クレジットカード・信販・消費者金融の代表的なノンバンク3業態の合計では、それとほぼ同数の業者が営業を展開しています。規制が強化されても、ノンバンクは個人消費に欠かせない存在です。

家計最終消費支出（持ち家の帰属家賃を除く）とクレジットカードショッピング信用供与額の推移

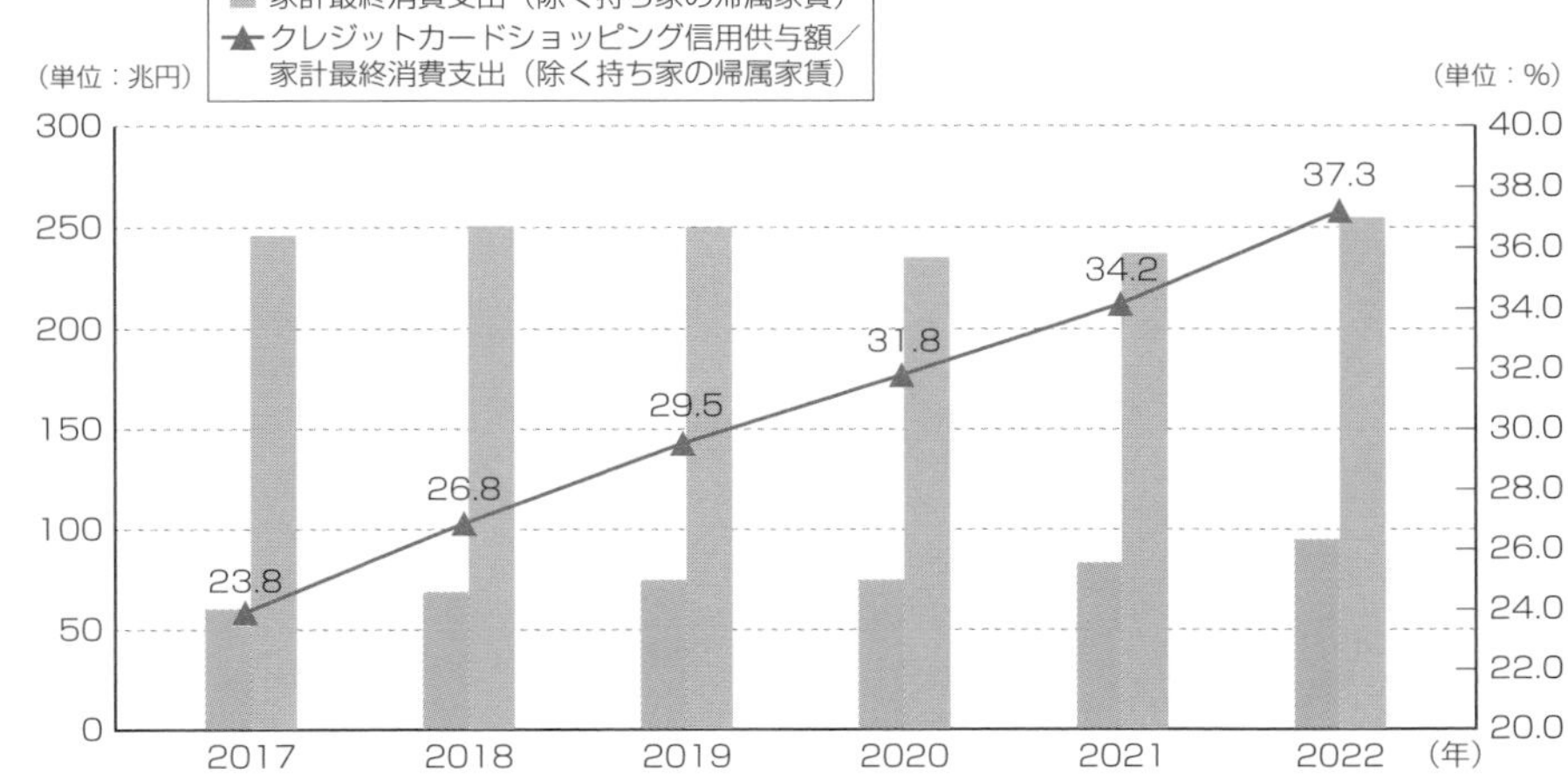

出典：日本クレジット協会「日本のクレジット統計（2022年版）」

日本貸金業協会　1984年の貸金業規制関連2法により、全国庶民金融業協会連合会を改組して全国貸金業協会連合会ができ、2007年に貸金業法の制定で自主規制機能を有する機関として新たに発足した。

Section
3-2 ノンバンクの業務形態

加盟店は安定した資本力と販売促進のサポートをクレジットカード・信販に求めます。ノンバンク各社にとって、「加盟店から選ばれる存在になるための独自色を出せるかどうか」が業績向上のカギです。

ノンバンクは、加盟店が期待する資金力を付けるため、に主力銀行との関係を強化する必要があります。銀行系カードの親会社はメガバンクなどの大銀行で、流通系カードのバックには巨大スーパーや百貨店と、いずれも資金力のある大きな母体企業がバックに控えています。

しかしそれだけに、資金パイプや親会社の経営状況が悪化すると、ノンバンクはたとえ本業が順調でも資金繰りが悪化してしまうリスクをはらんでいます。

メインバンクの日本長期信用銀行（現SBI新生銀行）が1998年に破たんしたため資金繰りが悪化し、債務超過に陥った信販大手の**ライフ**＊（2000年に消費者金融の大手アイフルが買収）はその典型です。

信販業界最大手の三菱UFJニコスが08年に三菱UFJフィナンシャル・グループの子会社となったのは、財務基

立て替え払いを主力にするクレジットカード・信販は、基本的に無店舗での営業です。消費者金融のような自前の店舗ネットワークを持っていないため、モノを購入する加盟店の存在は不可欠。

利益を上げるには、自社の顧客が利用しやすいよう、様々な種類の加盟店を獲得しなければなりません。

ただし、流通系クレジットカードは主に親会社の小売店舗で使われ、銀行系と一線を画しています。

加盟店がクレジットカード・信販に対して最も期待しているのは、資本力です。購入した顧客に代わって確実に立て替え払いしてくれる資金力がなければ、加盟してもらえません。

ライフ　信販大手のライフは、メインバンクである長銀の破たんで資金繰りが悪化して債務超過に陥り、会社更生法の適用を受けた。外資系や国内ノンバンクなどが買収合戦を繰り広げたが、消費者金融大手のアイフルが2001年、傘下に収めた。2010年、ライフカードに社名変更。

盤が脆弱なためでした。信販大手はメインバンクの金融支援なしには経営が維持できません。

加盟店にとってはブランドイメージも重要です。VISAやマスターなど国際カードブランドとの提携で利用者の信頼を得ることができ、販売促進につながります。

とはいえ、実際上はブランドだけでは販売促進にはなりません。いまやどのカードでも国際ブランドが付いています。会員が他のカードに逃げないような魅力を絶えず提供することが必要です。その一環がポイント還元や各種のキャンペーンです。

■自社ネットワークを持つ強み

消費者金融は無担保ローンを主に扱い、利用者と直接取引し、自前の店舗で融資しています。しかし、業界に対する利用者のイメージはクレジットカード・信販と比べれば劣ります。自動契約機や無人店舗は人目を気にする利用者心理に配慮したもので、大手各社が競って設置台数を増やしたために業容が一気に拡大しました。

しかし、貸金業法の完全施行（2010年6月）で業績不振に拍車がかかり、自前の店舗は激減しています。

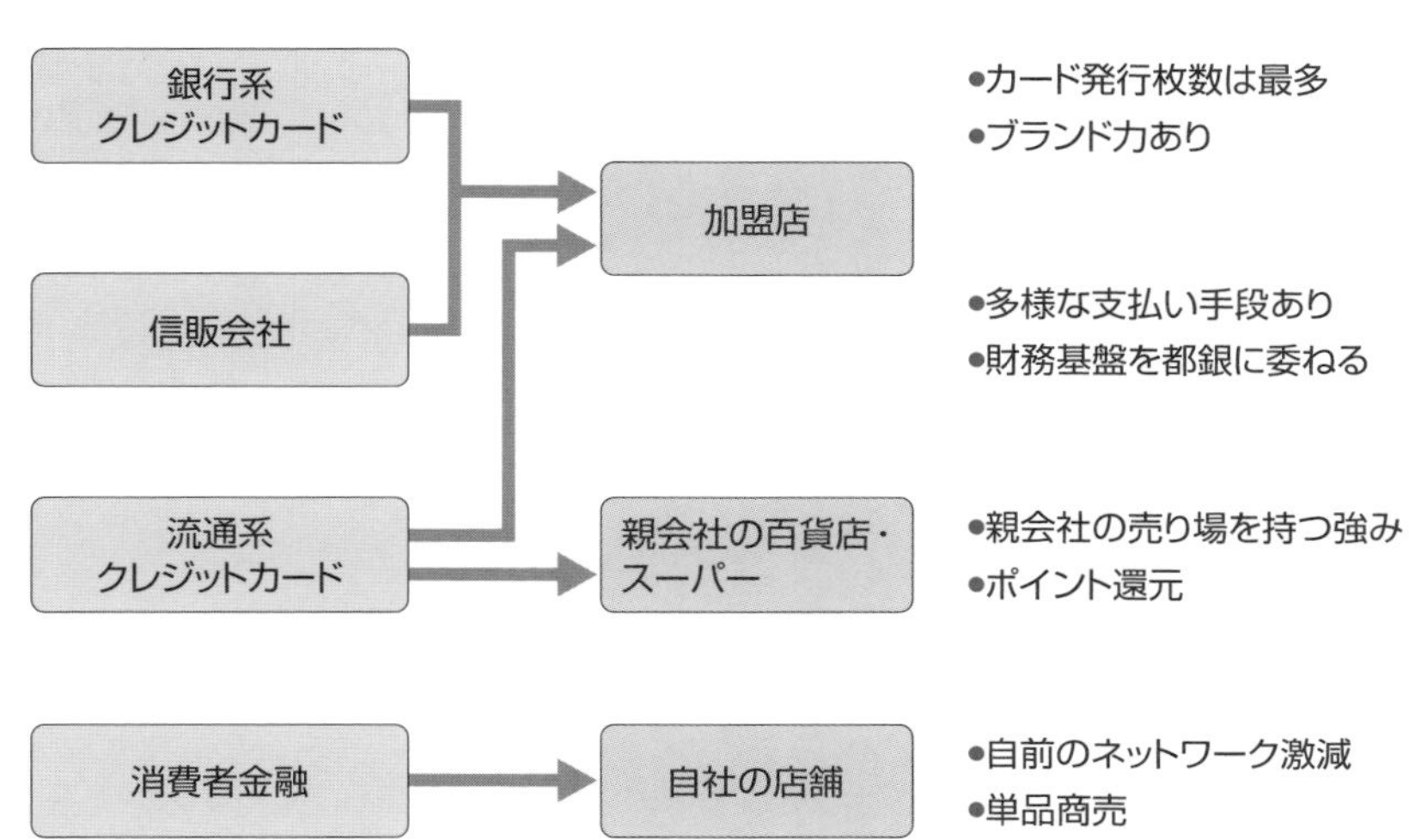

自動契約機　専用端末機に必要事項を入力し、画面上に免許証などの本人確認書類を載せると、監視センターがそれを確認しながら申込者と会話して借り入れの審査を行うシステム。審査の所要時間は最短約30分。1993年にアコムが開発し、その後大手から中堅までが積極的に導入し、利用者数を飛躍的に伸ばしました。

Section

3-3 ノンバンクの収益構造

キャッシング金利の引き下げと年会費の無料化傾向、加盟店手数料のダンピングなど、ノンバンク経営は収益確保が難しくなっています。

クレジットカードや信販は、①カード会員からの年会費、②加盟店からの手数料、③ショッピングとキャッシングにおける金利収入——が主要な収益源です。消費者金融は年会費を取らないので、キャッシングでの金利収入が利益の柱になっています。

年会費は、カード会員獲得競争が激化し、さらに家電量販店など集客力の高い企業との提携カードが増加したため、無料化の傾向が顕著で、期待できる収益部門とはいえません。

クレジットカード・信販の加盟店手数料は契約内容によって違い、事務処理ごとに細かく分けられています。通常は加盟店になった際の初期費用（登録料やカード決済端末使用料、**信用照会システム**＊の設置費用）のほか、売上件数または売上額に応じた手数料があります。

近年は競合が激しくなっているため、加盟店手数料は利用代金の3％程度に下がっているといわれています。信販は分割払いによる金利収入が期待できますが、クレジットカードは1回払いが主流ですから、金利収入は思うように確保できません。そこでクレジットカード・信販は消費者金融と同様、キャッシングに力を入れて金利収入に頼らざるを得ないビジネスモデルに戦略転換していきました。

貸金業法施行が転機に

ところが、複数の貸金業者から融資を受けて返済困難に陥っている、いわゆる多重債務者が増加したことを受けて、国は貸金業界の健全化に取り組む姿勢を打ち出しました。

信用照会システム　利用者が提示したカードの本人確認と借入限度額などを照合するシステム。

２００７年12月に**貸金業法**が本格的に施行され、10年６月からノンバンクの融資上限金利は利息制限法と同じになり、利用者に対する貸付限度額も年収の３分の１までになりました。

クレジットカード・信販の利益は従来、年会費や加盟店手数料、金利収入が収益を等分に分け合う形で推移していました。しかし競争激化で年会費と加盟店手数料が伸び悩んだため、キャッシングを最大の収益源として力を入れてきました。クレジットカード・信販のキャッシング金利は消費者金融の無担保ローン金利とほぼ同じで、出資法に基づく金利を取っていました。

しかし、この戦略は貸金業法の施行で裏目に出ました。また、利用者からの請求があれば過去に貸し付けたキャッシングの返済金を、利息制限法での金利を再度適用して返還しなければならないことになり、その経費で消費者金融を筆頭に各社とも大幅な赤字を記録しました。

クレジットカード・信販各社はいま、原点ともいえるカードショッピングに力を入れて巻き返しを図る一方、電子マネーとの共存やキャッシュレス決済の導入など新たな事業領域での収益向上を図っています。

ノンバンクの収益構造

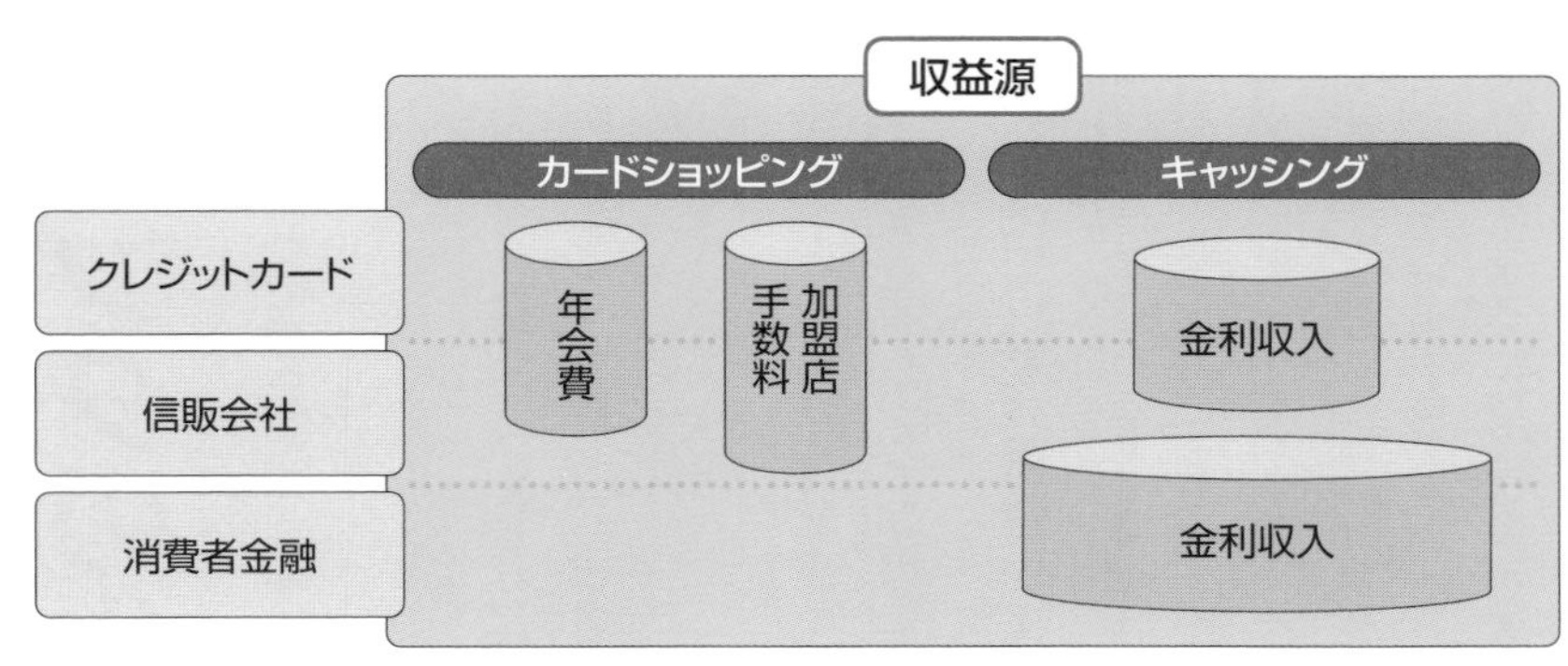

- 年会費、加盟店手数料とも減少傾向にある
- 貸金業法施行で金利収入が激減し、過払い金請求が急増
- クレジットカードはショッピングに注力
- 信販は加盟店の選別に追われている

年収の３分の１　貸金業法では、借入残高が50万円を超える貸付または総借入残高が100万円を超える貸付の場合には、年収などの資料の取得が業者に義務付けられます。その調査の結果、総借入残高が年収の３分の１を超える貸付など、返済能力を超えた貸付は禁止されます。

Section

3-4 個人信用情報はノンバンクの生命線

ノンバンクの武器は、個人信用情報を数多く蓄積していることにあります。国の認可を受けた3つの個人信用情報機関が情報交流をしています。

ノンバンクは、利用者の返済能力をもとに貸付の可否や限度額を判断するので、個人の信用情報が欠かせません。融資などを実行する場合の属性情報を**個人信用情報**といいます。個人信用情報は、個人向け無担保ローンを利用する者の氏名や性別、住所、年齢から勤務先、勤続年数、年収、借り入れ状況、家族構成など多くの情報を登録・保管しています。

ノンバンクを利用する人の返済能力は、こうした属性をもとに総合的に判断します。クレジットカード・信販系と消費者金融系の2つの個人信用情報がデータを蓄積し、会員各社がいつでも信用照会できるコンピュータセンターを業態ごとに持っています。

金融業界にはこのほか、全国銀行協会の個人信用情報機関を含めて現在、国の認可を受けた3つの個人信用情報機関があります。支払い延滞などの事故情報（**ブラック情報***）は各機関とも相互に交換しています。正常な取引や異動記録のないもの（**ホワイト情報**）は一部を除いて交流がありませんでしたが、2022年5月から3者間のホワイト情報交流が実現しました。

ただし、住宅ローンや自動車ローンといった貸金業法で対象外になっている融資については開示されません。

各社とも独自の融資審査システムがある

個人信用情報は、リテール取引を推進していくうえで最も重要な営業ツールの1つとなります。メガバンクグループが大手のクレジットカードや信販・消費者金融を傘下に収める戦略を推進しているのは、企業の銀行離れによって落ち込んでいる法人融資の収益を個人向け融資でカバーする狙いがあります。そこには、ノンバンク各社が持つ豊富な個人信用情報を、銀行本体のリテール取引強化につなげ

ブラック情報　延滞や多重債務など、利用者にとって不利な情報のこと。ブラックリストとも呼ぶ。

る狙いもあります。

07年施行の貸金業法で、**指定信用情報機関制度**が創設されました。貸し過ぎ、借り過ぎをなくして多重債務に陥らないようにするため、貸金業者は借り手の総借入残高を把握できる仕組みを整備している個人信用情報機関に加入することが義務付けられました。

貸金業法が施行されるまでは、個人信用情報機関への加入は努力規定でした。個人信用情報の登録情報の更新頻度や名寄せは機関によって異なっているため、銀行系の全国銀行個人信用情報センターを除く2つの機関は、個人信用情報の適切な管理や全件登録などの条件を満たす信用情報機関としてシステムを整備し、国から認可されました。

ただし、個人信用情報は銀行やノンバンクにとって融資判断における最大の審査資料とは言い切れません。各社は独自の審査システムを持っています。個人信用情報機関はノンバンクにとって不可欠のデータですが、あくまで参考資料に過ぎないのです。

個人信用情報機関の比較

2023年4月末時点

	信販・カード会社系	消費者金融会社系	銀行系
	シー・アイー・シー（CIC）	日本信用情報機構（JICC）	全国銀行個人信用情報センター（個信センター）
設立時期	1984年9月	1986年6月	1988年10月
会員社数	871社	1293社	1070社
登録情報件数	約8億1498万件	4億6478万件	9828万件
照会件数	約2億4886万件	1613万件	1097万件

出所：各社HPの開示情報をもとに作成

名寄せ　利用者の氏名を第1順位にして並べ替えること。銀行はこれまで預金や融資など取引課目ごとにデータを蓄積していましたが、「ペイオフ」（1000万円以上の預金払い出し制限）実施に向けて名寄せ作業を行いました。これまでは名寄せをしなかったため、多くの架空名義口座があったとの指摘もあります。

Section

3-5 クレジットカードの仕組み

クレジットカードの最大の特徴は、先に商品を購入し支払いを後回しにすること。会員とカード会社、加盟店が相互に関係し合っています。

クレジットカードは、返済不能を想定して担保を取ることはしません。利用者に**信用力***があることを前提にして使用されます。またクレジットカードの所有権はクレジットカード会社にあります。

クレジットカードは、希望者が入会の申し込みをして所定の審査を通ると、カードが発行されて手元に届きます。会員は、クレジットカード会社が契約している飲食店や百貨店などの加盟店でショッピングをしたり、お金を借りたり（**キャッシング**）します。そのとき、加盟店にカードを提示します。お店での決済は、これでいったん終了します。

次に、加盟店は利用されたクレジットカードの発行会社に売上伝票（データ）を送ります。カード会社は、契約時に決めた手数料を差し引いて加盟店に立て替え払いします。カード発行会社は、翌月または翌々月までにカード会員が購入・消費した商品やサービスの立て替え代金を請求し、会員は申し込み時に決めた自分の金融機関口座からカード会社に料金を振り込みます。

少なくなったハウスカード

会員、カード会社、加盟店のこうした関係を、専門用語で「**3者間取引**」と呼んでいます。ほとんどのクレジットカード・信販がこの3者間取引ですが、加盟店とカード発行会社が同一の場合もあります。

このケースは「**2者間取引**」といい、**ハウスカード**とも呼ばれています。百貨店など自社で売り場（店舗）を持っている会社のカードです。利用店舗が限られるので、ハウスカードは減少しています。

信用力　支払い能力のこと。年収や勤続年数、家族構成などの属性情報を総合的に判断し、利用限度額の範囲を決める。

クレジットカードの仕組みは三角形

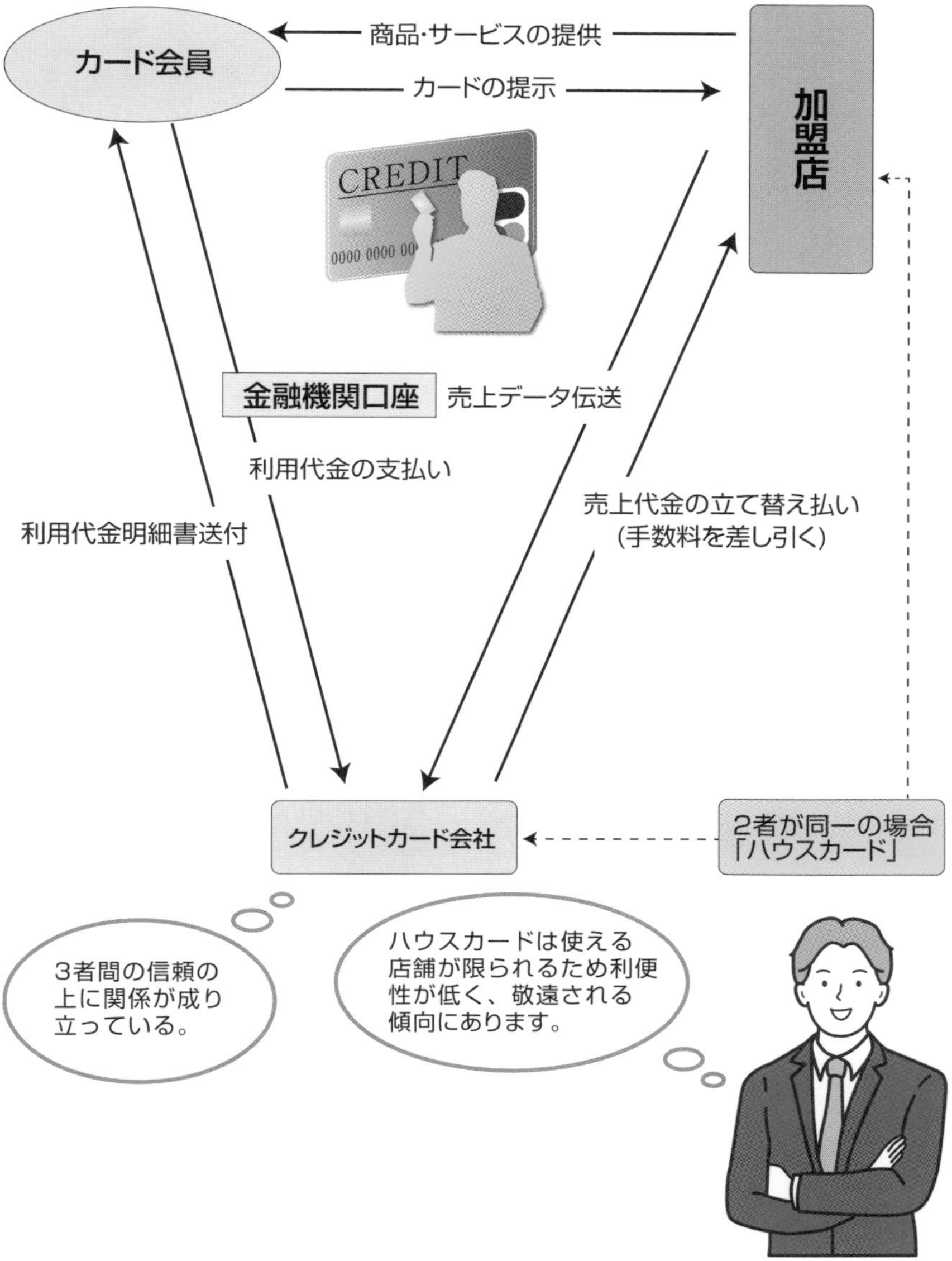

カード会員

商品・サービスの提供

カードの提示

加盟店

CREDIT

0000 0000 00

金融機関口座

売上データ伝送

利用代金の支払い

利用代金明細書送付

売上代金の立て替え払い
(手数料を差し引く)

クレジットカード会社

2者が同一の場合
「ハウスカード」

3者間の信頼の
上に関係が成り
立っている。

ハウスカードは使える
店舗が限られるため利便
性が低く、敬遠される
傾向にあります。

丸井のVISAカード 「丸井の赤いカード」と呼ばれて創業以来の伝統だったハウスカードにピリオドを打ち、06年3月末からVISAカード「エポスカード」の発行を開始しました。これにより有力なハウスカードは姿を消しました。

Section
3-6 VISA・マスターの2強に銀聯が台頭

クレジットカードが世界中で使えるのは、国際ブランドが張り巡らした加盟店ネットワークがあるからです。ブランド会社は、各国の銀行などと提携して加盟店を増やしてきました。

現在、クレジットカードの国際ブランドといえば、**VISA**、**マスター**、**アメックス**、**JCB**、**ダイナースクラブ**を指しますが、このうち世界初のブランドは1950年に米国で発足したダイナースクラブです。

次に登場したのがアメックス。発行元の**アメリカン・エキスプレス***社は、1891年に**トラベラーズ・チェック***を世界で初めて発行した全米大手の旅行会社。1958年にアメックスカードを発行し、他のクレジットカード会社を買収するなどして大きく成長しました。同じ58年には、バンク・オブ・アメリカ（バンカメ）がカリフォルニア州で「バンカメリカード」を発行し、66年には同州以外の銀行にもカード発行の許可を与え、勢力を拡大していきました。

こうした米国西海岸でのクレジットカード普及に対処するため、東海岸地域の大手銀行が68年、**インターバンク・カード協会**（**ICA**）を設立しました。「バンカメリカード」は77年にVISAカードへと改称し、79年にはICAもマスターカードに名を改めて、全世界で覇権争いを繰り広げてきました。

JCBは61年、旧三和銀行系のクレジットカード会社として設立され、81年から独自に海外展開を開始しました。最古のクレジットカードであるダイナースクラブの日本法人は、わが国で初のカード会社として旧富士銀行などの都銀が中心となって60年に設立されました。

JCBは国内では高い知名度を誇りますが、国際ブランドの2大潮流はVISAとマスターで揺るぎません。この2強のあとから、デビット決済である中国の**銀聯**（**ユニオンペイ**）が急速に台頭してきました。

アメリカン・エキスプレス　1850年に米国で運送業者として設立された。1882年に世界初の郵便為替事業を開始し、金融業への参入の第一歩を刻む。1958年にクレジットカード事業に参入。2008年に業績悪化で公的資金を導入し、事業縮小を進めた。

「銀聯」が席巻する国際ブランド市場

日本経済新聞（22年3月7日付）によると、2020年におけるクレジットカードの国際ブランド流通枚数シェアは、中国銀聯が59・0%でトップ。VISAが23・5%、マスター15・4%、JCBは0・9%、アメックスが0・7%などとなっています。

「銀聯」は、02年に中国の中央銀行にあたる中国人民銀行が中心となり、政府主導のもとで設立された決済ネットワークとそのブランド。国内では三井住友カードが初めて提携カードを発行しました。

銀聯の会員数は20年1月時点で推定80億枚を超えており、176カ国で利用できます。本国が米国に匹敵する経済大国となり、全世界に住んでいる中華民族のパワーには目を見張るものがあります。

米マーケティング大手「ニールセン」が23年に公表したレポートによれば、22年に銀聯がデビットカード市場でVISAを抜いてトップに立ちました。銀聯の主戦場はアジア。日本国内での利用も年々増加しているといわれています。

国際カードブランドの流通枚数シェア

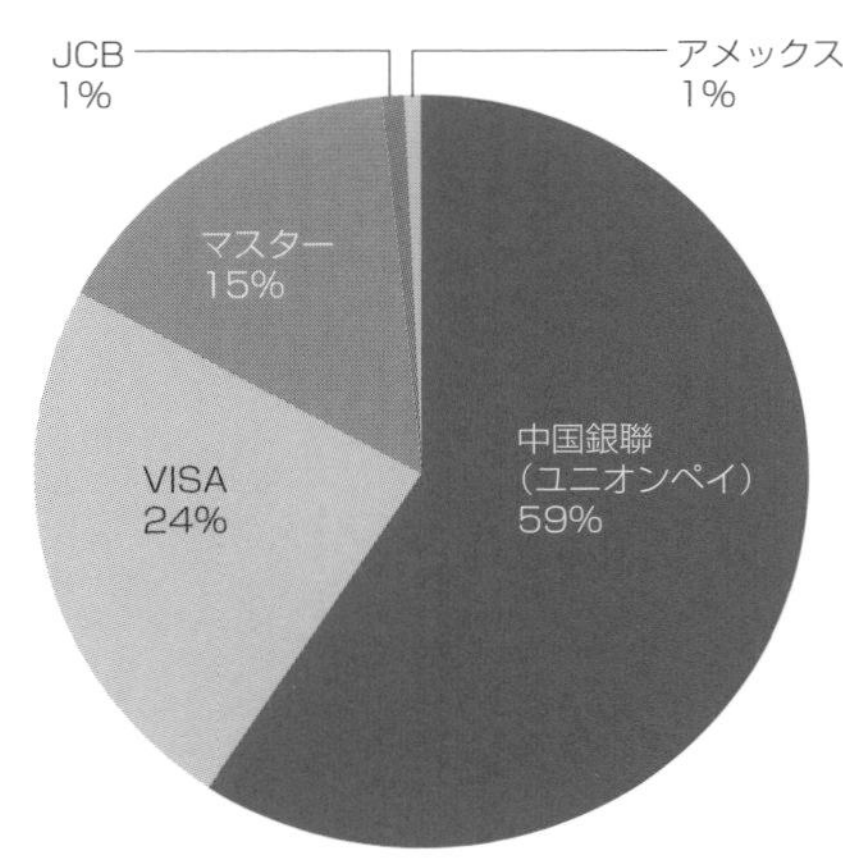

出典：日本経済新聞2022年3月7日付「きょうのことば　クレジットカード」

トラベラーズ・チェック　海外旅行者用の小切手のこと。盗難や紛失の場合でも再発行され、使用期限がない。日本では2014年3月に国内販売が終了している。

Section

3-7 少額クレジットカードが新登場

2021年4月から、利用限度額10万円のクレジットカードの発行が認められるようになりました。従来のクレジットカードの概念を一新する新サービスです。

20年6月の**割賦販売法**（略称：**割販法**）改正により、利用額が10万円以内の範囲で分割払いを提供する事業者を国が認めました。

割販法は信販会社など分割払いのノンバンクに対する法律ですが、**割賦販売業者**は「**包括信用購入あっせん業者**」と「**個別信用購入あっせん業者**」に分けられています。

クレジットカードは複数の（包括）商品購入でもまとめて支払うことができますが、信販の分割払いは1つの商品・サービス（個別）に対するものだからです。いずれも法律上の用語なのでわかりづらいですが、前者がクレジットカード会社、後者は信販会社と理解しておけばいいでしょう。

割賦販売業者はこれまで、「包括」「個別」の2種類の事業者で構成されていましたが、今後は利用限度額10万円以下のクレジットカードを発行することができる「**少額包括信用購入あっせん業者**」（以下、**少額カード事業者**）と、フリマアプリ「メルカリ」の子会社メルペイが取得した「**認定包括信用購入あっせん業者***」が加わり、4種類となりました。

メルペイは2019年2月に取り扱いを開始、登録業者の認定は21年8月。当初の利用者は400万人でしたが、業者登録を経て23年6月時点では1570万人を超えています。

登録業者が増えた背景には、2025年までに決済におけるキャッシュレス決済比率を4割以上にしたいという国の方針と、電子マネーをはじめとした決済の多様化が加速していることなどがあります。少額の与信ならば、事業者の資金余力について従来のような「資本金2000万円以上」という規制は不要です。

また、銀行ATMで都度返済でき、返済するとその分だけ利用枠が復活します。

Term
認定包括信用購入あっせん業者　利用者の返済能力を判断できるデータを使うなど、創意工夫で与信審査を行うことができると認められた業者のこと。

業界に新風吹き込むか？

少額カード事業者が与信審査をする場合は、事前事後に過剰与信防止の措置を取っていればビッグデータやAIを活用した手法が認められます。

第一号事業者になった「Nudge（ナッジ）」は20年2月設立で、いわゆるフィンテック企業。21年9月からカード販売を開始しています。申し込みや問い合わせなど一連の手続きはすべてスマートフォン上で行います。カードブランドはVISA、セブン銀行のATM（現金自動預け払い機）で返済します。

少額カード事業者制度は、ITの進展による新技術・サービスに対応し、安心安全な決済手段を提供するための環境整備の一環でもあります。クレジットカードはこれまで、都銀・地銀など既存の金融機関や流通小売の大手などが中心で、新規参入が難しい業界でした。

少額カード事業者の登場で、業界風土に風穴があくことが期待されます。先駆者であるNudgeには、カード会員数や融資量など実績の公開が待たれます。

新たなクレジットカードの登場

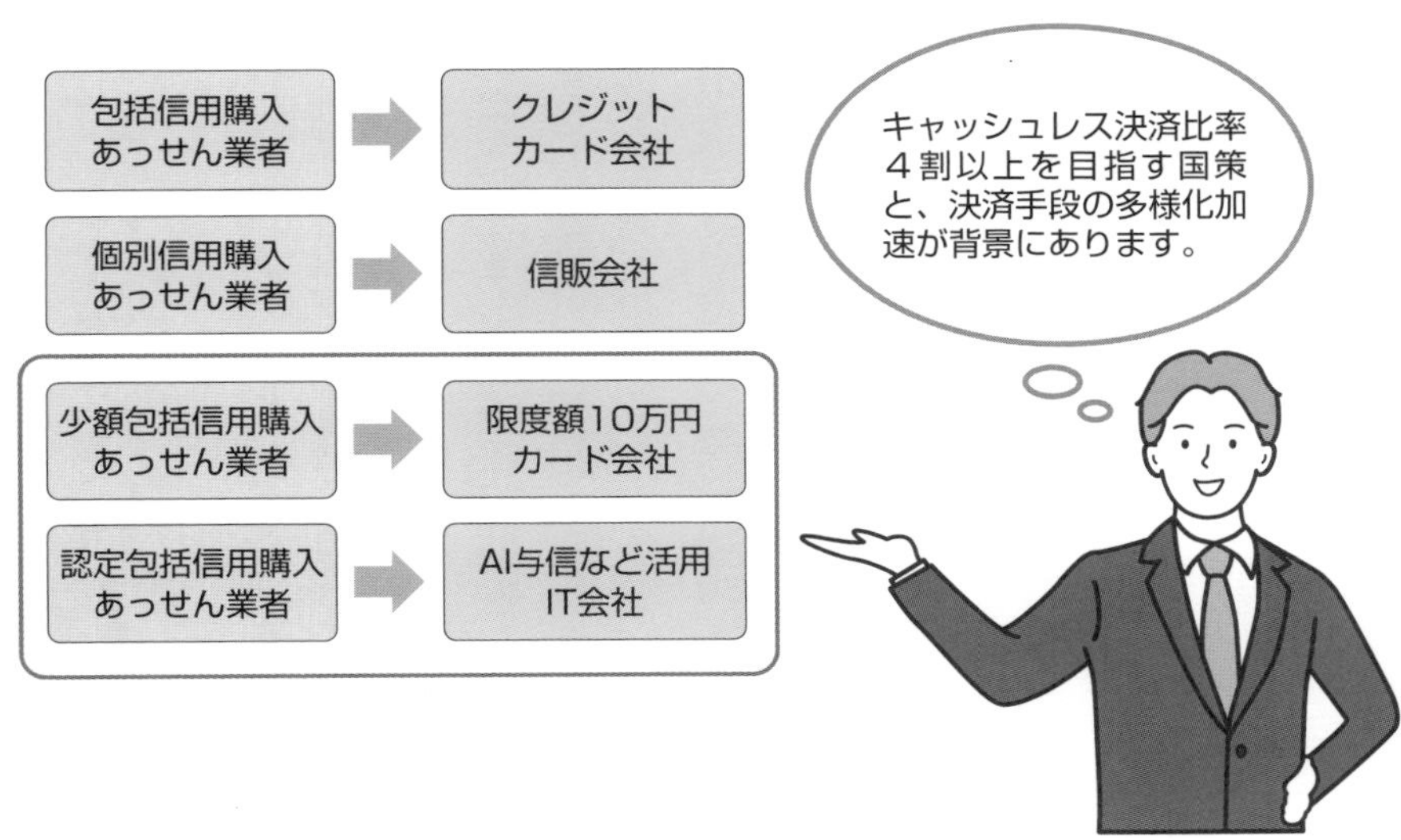

Nudgeの業績　第３期決算公告によれば、2022年12月末時点の利益剰余金はマイナス約９億3100万円、当期純損失は約６億6900万円となっており、最終赤字が続いているもようです。

Section
3-8
グループ会社を再編（三井住友カード）

三井住友カードは、グループのノンバンク3社の再編に着手しています。2024年4月までに各社の事業を統合再編するなどして交通整理し、決済・ファイナンス事業の再構築を図ります。

三井住友フィナンシャルグループのノンバンクは、**三井住友カード**を筆頭に、その完全子会社で流通系カードと大手信販、旧住友銀行系の信用保証会社などが合併してできた「セディナ」（現**SMBCファイナンスサービス**＝**SMBCFS**）、消費者金融大手の旧**プロミス**＊（**SMBCコンシューマーファイナンス**＝**SMBCCF**）とその子会社である**モビット**（現**SMBCモビット**）の4社で構成されています。

再編はまず第1弾として23年7月に三井住友カードがSMBCモビットを吸収合併。第2弾は三井住友カードがSMBCFSを吸収合併します。

再編の狙いは、急ピッチで新たなツールが生まれている決済分野への迅速な対応を図るため、三井住友FG傘下のノンバンク各社で競合している事業分野を統合し、経営資源の分散化を改めて集中させることにあると思われます。

さらなるグループ再編の可能性も

三井住友カードは国際ブランドVISAを躍進させた原動力ともいえる有力会社の1つで、国内のクレジットカード業界をけん引してきた老舗です。しかし、グループ内のノンバンクは相次ぐ合併で肥大化し、再編を繰り返して複雑なグループ編成になっており、中軸の三井住友カードの業容拡大に寄与したわけではありません。

今回の再編は、まず旧セディナを中心にしたSMBCFSを三井住友カード本体に抱える一方、ドル箱の消費者金融事業で高収益を誇るモビットをのみ込んで企業規模を大きくする狙いでしょう。そして近い将来にはSMBCCFを吸収して再編を完成させる計画と思われます。

プロミス　1962年、農林省（現農林水産省）の役人だった神内良一氏が「関西金融」を創立。80年に現社名、96年に東証1部に上場するなど、武富士、アコム、アイフルと並ぶ消費者金融大手の一角として急成長した。

三井住友FGのノンバンク再編

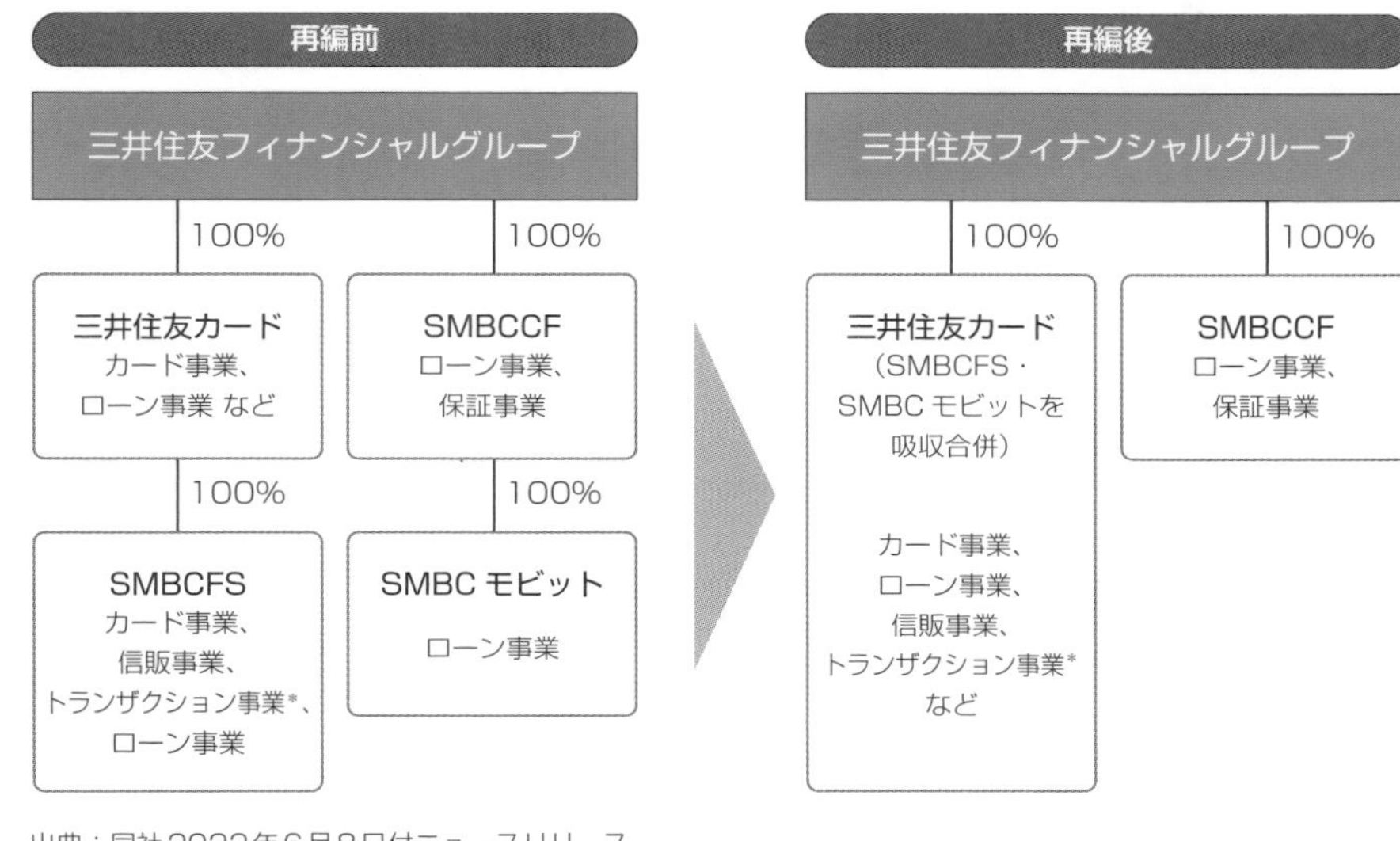

出典：同社2022年6月8日付ニュースリリース

三井住友カードの業績推移

単位：億円

		2019年3月期	2020年3月期	2021年3月期	2022年3月期	2023年3月期
営業収益		2,793	4,694	4,370	4,694	5,225
	増減率	14.6%	68.1%	-6.9%	7.4%	11.3%
経常利益		478	396	324	347	333
	増減率	16.6%	-17.2%	-18.2%	7.1%	-4.0%
当期純利益		585	305	559	202	215
	増減率	106.7%	-47.9%	83.3%	-63.9%	6.4%
取扱高		153,840	219,332	318,743	400,684	472,374
	増減率	11.8%	42.6%	45.3%	25.7%	17.9%
会員数（万人）		2,921	4,754	4,986	5,239	5,437
	増減率	2.9%	62.8%	4.9%	5.1%	3.8%

出典：同社Webサイト「業績データ」など

トランザクション事業　法人・個人の売掛債権を買い取ったり立て替え払いしたりするサービス。毎月の売掛債権やサービス提供代金を現金化することで、資金力の乏しい中小事業者の資金繰りを支援する。

Section

3-9 家賃保証とアジア重視（オリコ）

信販業界最大手のオリエントコーポレーション（オリコ）は、2022年度から3カ年の新中期経営計画をスタート、重点市場の深耕と新規事業の探索を事業戦略に据えています。

民法改正で家賃保証ビジネスが伸長

重点市場は決済保証と海外事業。決済保証事業の7割強を占める家賃保証は22年3月期に取扱高1兆円を突破し、業界シェアトップ。中小規模の法人に対する売掛金保証もコロナ禍でニーズが高まっています。

みずほFGの取引先である地場の優良な賃貸管理会社への紹介連携を強化、売掛金決済もFGの中小規模取引先約41万社をターゲットに保証残高を積み上げています。

家賃保証ビジネスは、信販会社などの賃貸保証会社が保証人になり、家賃を立て替えます。借りる人にとって利便性が高いだけでなく、万が一の家賃滞納時には弁済するので、オーナーにとっても安定した賃貸経営を維持できるメリットがあります。

オリエントコーポレーションは22年3月、優先株式200億円の償還を完了しました。07年3月期に過払い金問題で1400億円の**債務超過**＊に陥り、みずほフィナンシャルグループから受けた金融支援の返済を終え、長年の経営課題を解決しました。同社は利息返還損失引当金の積み増しなどで最終赤字になり、二度目の債務超過の恐れが生じて経営破たんのリスクが浮上していました。優先株償還により、同社は15年間の債務から解放され、資本政策の自由度が増すことになりました。18年8月の新基幹システム稼働に次いで、大きな経営課題がクリアされたことになります。

新たに22年4月から3年間の新中期経営計画を策定。①重点市場の深耕と新規事業の探索、②マーケットイン型営業の確立、③異業種・先端企業との協働による新商品・サービス創出、④プロセスイノベーションの深耕――の4つの戦略を掲げています。

Term

債務超過　負債額が資産額を上回っている状態のこと。資産をすべて現金化しても借入金などの負債を払い切れないため、倒産リスクが高まる。

入居者は賃貸保証会社に毎月保証料を支払う必要はありますが、保証人確保の必要がありません。

20年4月の民法改正で、賃貸契約において個人が保証人になる場合、保証範囲の限度額を事前に明記していない契約書は無効になり、オーナーは弁済請求することができません。しかし、今回の限度額設定において保証会社は適用対象外。専門業者の家賃保証サービスを導入していれば、これまでどおりオーナーは無制限に（保証会社に）保証請求できます。

■アジア地域の取扱高は900億円

海外事業はアジア重視の姿勢を堅持し、オートローン以外の保険やロードサービスなどにも事業領域を広げる計画です。15年に営業開始したオリコオートリーシング（タイ）は、タイ国内で9拠点に増やして営業エリアを拡大しました。

19年にフィリピン、21年にはインドネシアに進出し、現地ディーラーとの提携を強化しています。23年3月期におけるアジア地域の取扱高は900億円。国別ではタイ67%、インドネシア27%、フィリピン6%となっています。

オリエントコーポレーションの業績推移（連結）

単位：億円

		2019年3月期	2020年3月期	2021年3月期	2022年3月期	2023年3月期
営業収益		2,333	2,431	2,297	2,298	2,276
	増減率	4.0%	4.2%	-5.5%	0.0%	-1.0%
営業利益		219	244	225	289	230
	増減率	-27.0%	11.4%	-7.8%	28.4%	-20.4%
経常利益		219	244	225	289	230
	増減率	-27.0%	11.4%	-7.8%	28.4%	-20.4%
当期純利益		288	206	196	194	190
	増減率	2.9%	-28.5%	-4.9%	-1.0%	-2.1%
取扱高		51,931	55,739	55,141	59,298	64,197
	増減率	11.5%	7.3%	-1.1%	7.5%	8.3%
カード・融資		23,149	25,603	25,308	27,723	30,488
	増減率	16.8%	10.6%	-1.2%	9.5%	10.0%
個品割賦		12,809	12,896	12,609	12,509	12,054
	増減率	5.5%	0.7%	-2.2%	-0.8%	-3.6%
決済・保証		10,514	11,970	12,935	14,528	15,932
	増減率	32.9%	13.8%	8.1%	12.3%	9.7%
銀行保証		5,423	4,972	4,250	4,497	4,896
	増減率	18.6%	-8.3%	-14.5%	5.8%	8.9%

注：2022年3月期に会計方針変更、2021年3月期も遡及適用
出典：同社決算資料をもとに作成

Section

3-10 低成長期続き新事業に活路（アコム）

アコムは三菱UFJフィナンシャル・グループ（FG）の連結子会社で、メガバンクとの関係を軸に業界トップの地位を維持。ローン・信用保証・海外の3事業に注力しています。

アコムは、消費者金融を初めて利用する際に選ばれる確率の高い会社だといわれています。好感度が高く、貸金業法の完全施行（2010年）以降は過払い金請求も徐々に減少し、収益力を取り戻しつつあります。

23年3月期の業績は、営業貸付金の増加と、円安の影響でタイでの貸付金利息が増加したことで、営業収益が3期ぶりに増収。前期の**利息返還損失引当金繰り入れ**＊がなくなったことで増益を記録しました。消費者金融大手では、利息返還損失引当金の繰り入れは隔年ごとに実施しており、増益と減益を繰り返す傾向にあります。

主力の個人向け無担保ローンの営業貸付残高が対前年度比微増に終わりましたが、顧客数はSNSを活用した集客力の強化を図ったことで回復基調に入っています。

信用保証事業は三菱UFJFGの友好地方銀行との提携を中心に展開していますが、残高はこの5年間を見ても頭打ちの傾向にあり、信用保証事業の提携先を拡大させる意向です。地銀など金融機関だけでなく、一般の事業法人がローンなどの金融サービスを始める際に提携し、信用保証の残高を伸ばす方針を立て、23年3月にはLINEクレジットと業務提携を結び、提携先拡大に乗り出しています。

海外事業は、タイで営業展開している現地法人の消費者金融「EASY BUY」が主軸。フィリピンは18年7月、23年9月にマレーシアで個人ローン事業を展開しています。

組み込み型金融は事業開始遅れる

消費者金融業界は、個人ローンにおける長年の豊富なノウハウが成長を支えてきました。最大の経営課題である過払い金請求は今後も完全にピリオドを打つのは難しい状況とはいえ、いずれは沈静化の時期がやってきます。喫緊の課題は、新事業創出です。

Term

利息返還損失引当金繰り入れ　将来の利息返還金請求を見越して引当金として計上し、当期の費用として繰り入れること。貸倒損失は実損額だが、損失引当金の繰り入れは見積りである。

電子マネーやスマホ決済が広範囲に普及している現在、現金を引き出すキャッシングの需要が、従来以上に高まることは想像できません。キャッシュレスの時代に入り消費者金融が生き残るには、ニュービジネスが必要です。信用保証は消費者ローン業務の延長で底堅い事業として継続可能ですが、海外事業はアセアン地域が中心で為替リスクやカントリーリスクもあり、確実で長期的な成長は見込めないのが実情です。

アコムが構想しているのは、エンベデッド・ファイナンス。組み込み型金融とも呼ばれ、ローン事業を始めたい多くの事業者にその基盤とノウハウを販売する金融事業です。

宣伝広告を展開して利用者の目を引き付け、審査したうえで金を貸す。消費者ローン業務そのものを切り売りするということです。フィンテック企業と業務提携を結び、22年4月に新会社「GeNiE（ジーニー）」を設立しました。しかしシステム開発が遅れており、事業開始が後ろ倒しになっています。

開発を担当するのはクレジットホールディングス社で、20年設立のスタートアップ企業。23年6月にシステム開発に着手。24年夏の完成を予定しており、同年秋には事業開始を目指しています。

アコムの業績推移

単位：億円

			2019年3月期	2020年3月期	2021年3月期	2022年3月期	2023年3月期
連結	営業収益		2,770	2,795	2,663	2,621	2,737
		増減率	5.2%	0.9%	-4.7%	-1.6%	4.4%
	経常利益		582	751	1,000	354	874
		増減率	-28.8%	29.0%	33.2%	-64.6%	146.8%
	当期純利益		377	596	788	556	549
		増減率	-46.5%	57.8%	32.3%	-29.4%	-1.4%
単体	営業貸付金残高		8,167	8,366	7,804	7,801	8,084
		増減率	2.4%	2.4%	-6.7%	0.0%	3.6%
	顧客数（1千人）		1,538	1,587	1,501	1,514	1,608
		増減率	3.6%	3.2%	-5.4%	0.9%	6.2%
	信用保証残高		10,587	10,716	10,122	10,123	10,444
		増減率	0.2%	1.2%	-5.5%	0.0%	3.2%

注：単体の数値は個人向け無担保ローン
出展：同社決算資料をもとに作成

消費者金融のニュービジネス　個人向け無担保ローンで空前の収益を上げてきた業界ですが、成長期においても成功した新規事業はありませんでした。消費者ローンがあまりにも儲かるからで、カラオケやゴルフ場、居酒屋など、何をやっても比較されて長続きしませんでした。アコムの組み込み型金融の成否が注目されます。

Section

3-11 加盟店獲得するスマホ決済端末

スマートフォンを使ったモバイル決済を採用するショップが最近急増しています。導入コストやカード会社への決済手数料が従来の信用端末と比べて安価なことが、増加の背景にあります。

スマートフォンはいまや日常生活の必需品になりました。同時に決済端末として、個人の決済手段としてだけでなく、安価な初期費用で小規模のショップにおいてオーソリ（信用照会）端末の機能を十分に発揮するようになりました。

ショップにとっては、対応端末を購入すれば初期費用・月額費用とも無料で、導入までの期間が遅くても5日程度なのが好評の理由ですが、最大のメリットは、ショップでの売り上げが最短で翌日に入金されることでしょう。規模の小さいショップは資金繰りも厳しく、クレジット会社から立て替え払いの入金期間を短くしてもらう契約をすれば、加盟店手数料は割高になります。

スマホ決済は手数料が3%台と、従来のクレジットカード会社の手数料（5~7%）と比べて半分近い設定になっているのも普及の要因です。

スマホ決済は当初、クレジットカードを端末に装てんする小型のカードリーダーに読み込ませていましたが、最近ではスマホ本体がPOSレジ、信用端末の機能を果たしています。

■低コスト導入で小規模ショップ向き

急増のもう1つの要因は、多様な決済方法にあります。スマホ決済会社はクレジットカード決済系と**QRコード**＊決済系に二分されます。

クレジットカード決済系は、カード決済（タッチ決済含む）や電子マネー決済、QRコード決済のいずれにも対応しています。QRコード決済系は、ポイント還元率が高いのが特徴です。このため利用者が圧倒的に多く、ショップとしては大きな魅力に映ります。

Term

QRコード　1994年に自動車部品製造大手のデンソーが開発。バーコードに代わるデータ読み取りコードとして、世界中で多くの用途で使用されている。

ポイントはキャッシュレス決済を利用する最も大きな理由の1つですから、今後も導入するショップは増加すると思われます。

主要な**国際カードブランド**＊や電子マネー、QRコード決済が利用できるので、キャッシュレス決済のほぼすべてをカバーしていることになります。

こうした動きを見ると、スマホ決済運営会社が実質的に加盟店を獲得しているといっても過言ではありません。実態としては、カード決済の場合にスマホ決済運営会社がショップの信用調査を行うのですが、加盟店獲得という、国際ブランドや国内のカード・信販などが担ってきた役割を、スマホ決済会社が端末導入という営業手段を通じて担うようになっていると見ることもできるでしょう。

ネットショップを作るほどではないけれどもオンライン決済に対応したい、という小規模ショップにとって、スマホ決済端末は費用対効果が高いといえるでしょう。

ただし、個人情報や銀行口座情報などの機密データを扱うので、セキュリティリスクには十分な配慮が必要です。

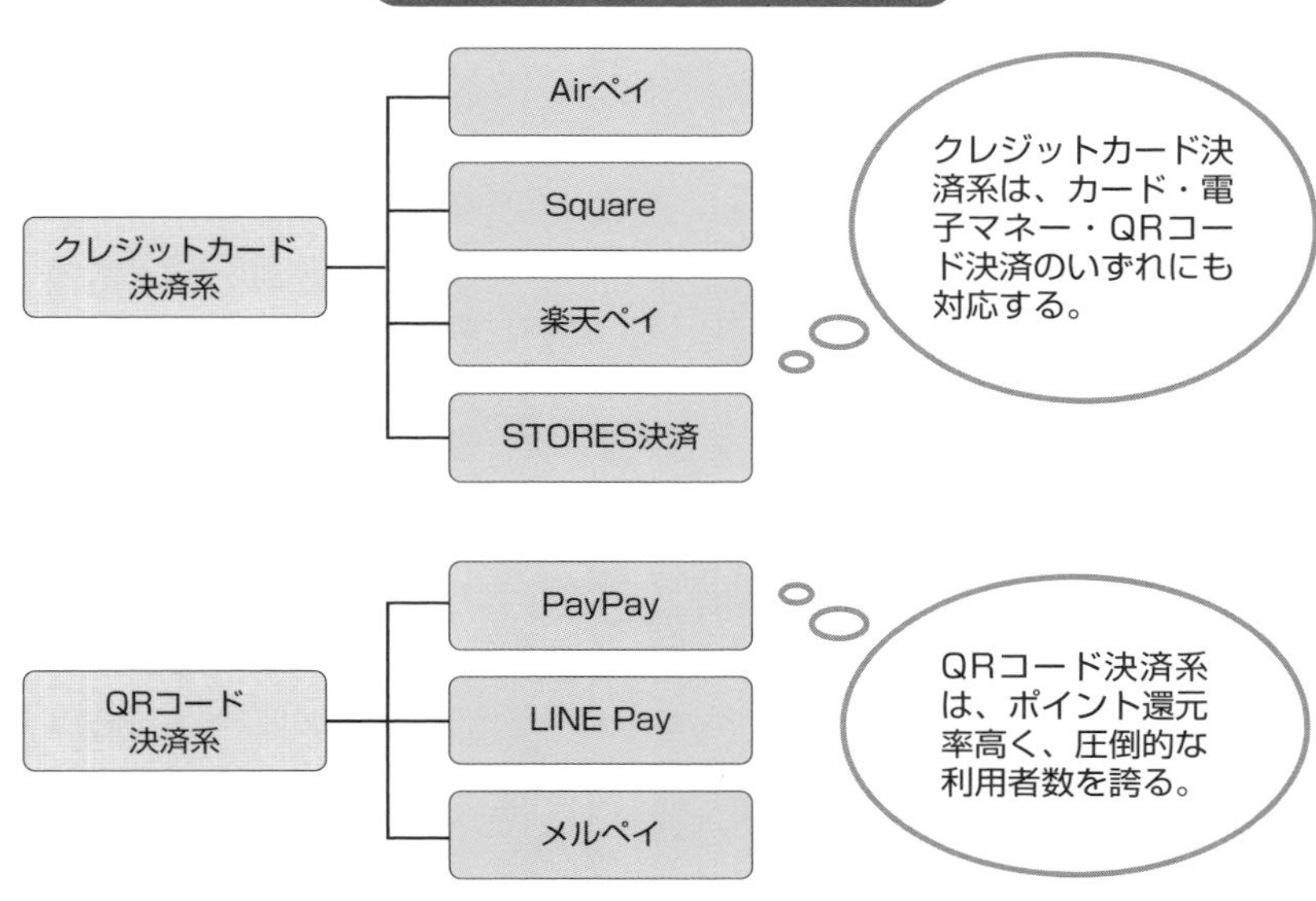

国際カードブランド　VISA、マスター、JCB、アメックス、ダイナースクラブを国際カードブランドの5大ブランドと呼んでいる。

Section
3-12 急伸展する電子マネー

少額決済手段として誕生した電子マネーは、大手同士の経営統合などで競争が一段と激化。今後もシェア争いを巡って合従連衡の可能性があります。

電子マネーは交通機関の乗車券や定期券、コンビニエンスストアなどでの比較的少額な買い物の決済ツールとして使われています。

国内で電子マネーが普及し始めたのは2001年。鉄道最大手のJR東日本が非接触型ICカード「Suica（スイカ）」の取り扱いを開始。一気に利用者が増え、その後はスマートフォンの爆発的な普及により、クレジットカードをしのぐ勢いでユーザー数を増やしてきました。

クレジットカード各社は、現金チャージ方式の新たな決済手段である電子マネーの台頭について、後払いの特性を持つカードへの脅威と判断。カード決済による後払い方式の電子マネーの発行を急ぎました。「電子マネーの事業領域に食い込みながら、決済手段は手放さない」という〝名を捨てて実を取る〟戦術を選んだのです。

■IT大手の統合で競争し烈

21年3月の**Zホールディングス**＊とLINEの経営統合で、電子マネーの勢力図が一挙に塗り替えられました。国内最大級のインターネットポータル運営企業とSNS最大手の一角がスマホ決済で手を結び、ユーザー数は飛躍的に拡大しました。

2社の統合で、シェア争いはし烈になっています。過度な競合は経営の疲弊も招きかねません。先行してきたSuicaや**楽天Edy**＊、カード会社系列のクイックペイ、iDなど大手が、競合相手との提携に向かう可能性も否定できません。

Zホールディングス　1996年設立のヤフー株式会社が2019年に社名変更した。2023年10月にヤフー、LINEとの間で3社合併し新会社「LINEヤフー」となった。

わが国のキャッシュレス決済額および比率の推移

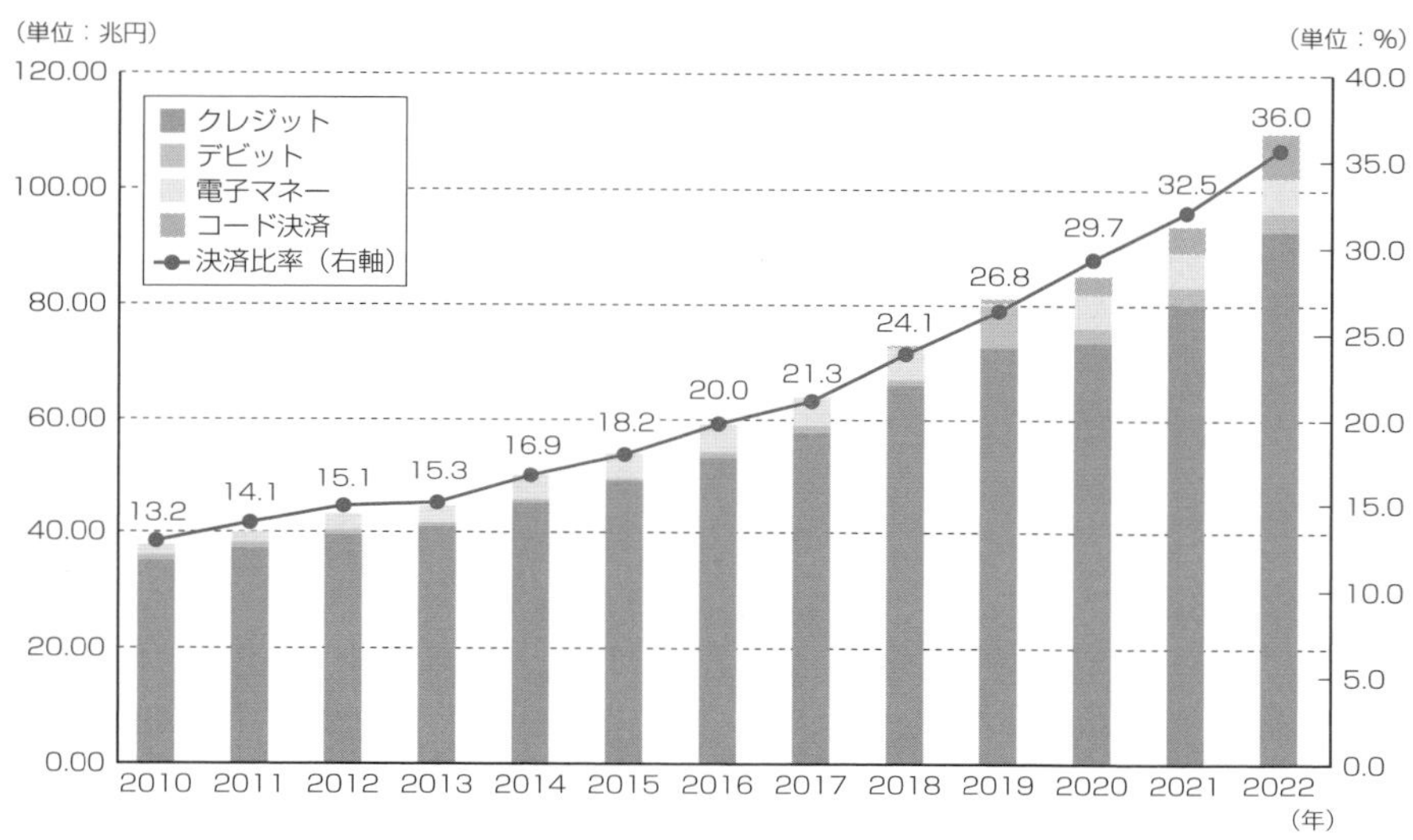

キャッシュレス決済額および比率の内訳の推移

（単位：兆円）

	暦年	2016	2017	2018	2019	2020	2021	2022
①クレジット	決済額	53.9	58.4	66.7	73.4	74.5	81.0	93.8
	比率	18.0%	19.2%	21.9%	24.0%	25.8%	27.7%	30.4%
②デビット	決済額	0.9	1.1	1.3	1.7	2.2	2.7	3.2
	比率	0.3%	0.4%	0.4%	0.6%	0.8%	0.9%	1.0%
③電子マネー	決済額	5.1	5.2	5.5	5.8	6.0	6.0	6.1
	比率	1.7%	1.7%	1.8%	1.9%	2.1%	2.0%	2.0%
④コード決済	決済額	−	−	0.2	1.0	3.2	5.3	7.9
	比率	−	−	0.1%	0.3%	1.1%	1.8%	2.6%
キャッシュレス合計（①+②+③+④）	決済額	60.0	64.7	73.5	81.9	85.8	95.0	111.0
	比率	20.0%	21.3%	24.1%	26.8%	29.7%	32.5%	36.0%
民間最終消費支出	額	299.9	303.3	305.2	305.8	288.6	292.0	308.5

出典：経済産業省/2023年4月6日付ニュースリリース「2022年のキャッシュレス決済比率を算出しました」

楽天Edy　2001年にソニーグループなどが出資してビットワレット株式会社（電子マネー「ビットワレット」の運営会社）を設立。2007年に楽天グループが同社を連結子会社化。2012年に楽天Edyと商号変更し、電子マネーも同名の楽天Edyを使用することになった。

一線を退いていなかった林野会長

本書の第5版で、このコーナーに「名物社長、ついに一線退く」と題してコラムを書きました。冒頭の書き出しはこうです。

クレディセゾンを19年間にわたってけん引してきた**林野宏**社長（76歳）が、2019年3月1日付で取締役会長に就任しました。流通系クレジットカードの最大手として長年君臨し、「永久不滅ポイント」の発行など、数々の功績を残してきた名物社長が、ついに第一線から退くことになりました。

しかし林野氏はその後も引き続きグループの陣頭指揮を執っています。大変失礼なことを書いてしまい、恐縮至極です。会長就任後も金融業界で話題を提供しています。1つはスルガ銀行への接近。2023年5月、不正融資事件から家電量販大手との資本業務提携、そしてその解消――と揺れ続ける中堅地方銀行の15%の株式を取得し、持分法適用会社としました。スルガ銀行を巡ってはSBIグループも買収に動いていましたが、これを制して銀行業務への本格進出を図ろうとしています。

セゾン投信のトップ交代でも議論を呼びました。2023年6月、セゾン投信の中野晴啓（はるひろ）社長の辞任が決まりました。「長期にわたって積立投資を行うことで資産形成ができる」といううたい文句で業績を伸ばし、中野社長は「積立王子」と呼ばれて投信販売の寵児にもなりました。しかし林野会長は同社長の手堅い販売方針に異を唱え、実質的に解任しました。セゾンの中核事業であるクレジットカードとの相乗効果がいつまで経っても実現しないことに業を煮やした末の人事になりました。

林野会長には、銀行・証券・カードで急成長する楽天グループが唱える「経済圏」に対する強烈なライバル意識があるようです。3500万人といわれるセゾンカードの顧客を基盤に、さらなる業績向上を目指して地銀に手を伸ばし、新NISAで注目が高まる投信で楽天との競争に打ち勝つ――。

老いてなお盛ん、というとお叱りを受けそうですが、いましばらくウオッチする必要がありそうです。

▲セゾン本社が入るサンシャイン60　by 呉

第4章

生損保の仕組みと最新動向

「誰でも知っているが、詳しくは知らない」のが保険とその商品内容。ニード喚起型の金融商品といわれる生命保険と、主に自動車保険でなじんでいる損害保険。その違いや保険の儲けのカラクリ、収益性・健全性・将来性など独自の視点から算出した業界ランキング、さらには生損保の大手各社の現況を紹介しています。

Section
4-1 生保と損保はここが違う

生命保険は「ヒト保険」、損害保険は「モノ保険」とすみ分けています。一方、子会社方式による相互参入は再編統合の波を受けて埋没しました。

人の死亡によって支払われる**生命保険**。自動車事故や地震・台風などの自然災害や火災被害によって支払われる**損害保険**。いずれにせよ、まだ生じていない将来のリスクに対し、経済的な損失を回避しようとして加入するのが保険です。

そして、実際にリスクが現実のものとなって初めて保険金が支払われます。その点で生命保険と損害保険は共通していますが、性格は異なっています。生命保険と損害保険の違いをもう少し詳しく見てみましょう。

損害保険は別の項目で詳しく述べますが、偶然の事故によって生じた損害を、損害額の分だけ補償します（実損てん補、第4章-17参照）。火災保険については時価評価の考え方を用いているため、契約保険金額内の損失でも保険金が全額支払われないケースがあるので注意が必要です。

一方、生命保険は人の生死に関して、あらかじめ決められた金額を保険金として支払う定額払い保険です。損害保険のように保険金が**過失相殺**＊で減額されたり、実損の範囲内まで削られたりすることはありません。

また、損害保険は自動車が事故によって壊れたり、自宅が火事によって焼失したときに保険金が支払われます。損害保険の対象になるのは財産です。生命保険は人が亡くなったり、または無事に満期まで生きたときに保険金が支払われます。対象になるのは人の生死になります。この違いから、損害保険は「**モノ保険**」、生命保険は「**ヒト保険**」と呼ばれています。

解禁された相互参入

海外では認めている国もありますが、日本では1つの保険会社が生命保険と損害保険の両方を営業することは認められていませんでした。これを**保険の兼業禁止規定**といいます。

過失相殺　被害者本人にも事故についての落ち度がある場合に、責任の重さの分だけ損害賠償額が削減されること。

しかし、保険会社についても金融自由化の要請を受けて、1996年から相互参入が解禁されました。生保と損保では、本体が直接相手の業務分野に乗り入れることは兼業が禁止されているためできません。

そこで、100％出資の子会社方式を採ることになりました。つまり、生保は損保子会社を作り、そこで開発した商品を営業職員が販売します。逆に損保は生保子会社で作った商品を代理店が売るというものです。生損保商品を1カ所で取り扱うクロスセールスによって、商品開発力や価格競争が進み、顧客利便性も高まることを期待したのです。

大手の生損保はこぞって子会社を作りました。しかし、代理店にはメンテナンスに手間がかかる終身保険などを売る難しさがあり、生保は高齢化社会が本格化して低迷しています。生損保の子会社は相次ぐ再編統合の結果、その多くが姿を消しています。

損保の主力商品は自動車や火災。交通事故や災害に遭遇した際の過失割合を認定する査定網を全国に構築する必要があり、重い負担です。しかも1年更新ですから競争がし烈。人の生死に関わり契約期間の長い生保とは事業風土が違うのです。現在も存続している生保系損保子会社は、明治安田損保1社だけです。

生命保険の主な商品

保険の種類	特徴
定期保険	保険期間内の死亡時にのみ保険金を受け取れる。掛け捨てで満期保険金はない。
終身保険	死亡保障が一生涯続く。
定期特約付終身保険	定期保険と終身保険の組み合わせ商品。
養老保険	保険期間内の死亡時には死亡保険金、満期時に生存していたときは満期保険金を受け取れる。死亡保険金は少ない。
個人年金保険	保険料を原資に運用し、一定年齢から年金を給付する。
変額保険	株式や債券を中心に運用する実績配当型保険。運用結果次第で保険金が増減する。
医療保険	病気やケガによる入院・手術をしたときに入院給付金や手術給付金を受け取れる。
がん保険	がんで入院・手術をしたときに入院給付金や手術給付金が受け取れる。
こども保険	子供の入・進学時に祝金や満期保険金が受け取れる。親の死亡時には保険料が免除。

子会社方式の失敗　生損保の相互参入が失敗している理由はいくつか挙げられます。商品性やチャネル文化の違い、さらには参入当時とは業界環境が大きく変化したことなどです。思うような実績が上がらず、お荷物となり、金融再編をくぐり抜ける中で、子会社生損保は整理・淘汰（とうた）されていきました。

Section
4-2 たび重なる予定利率引き下げ(生保)

生保の予定利率がこのところ下がり続けています。予定利率の引き下げは2003年の改正保険業法で可能になり、その後、何度も行われました。長期にわたる低金利政策が続けば、さらにもう一段の引き下げが起きる可能性があります。

予定利率は契約者と生命保険会社との間で交わした約束で、保険料や保険金の基礎となるものです。どんなに運用成績が悪くて台所事情が苦しくても、この約束を反故(ほご)にすれば信用をなくし、保険制度そのものが成り立たなくなってしまいます。

ところが、この約束を守れない事情が出てきました。日銀のゼロ金利政策で金融緩和が定着し、実際の運用収益が予定利率で見込んでいる運用収益を下回り、経営不振に陥るリスクをもたらす**逆ザヤ**への不安が高まったのです。逆ザヤ問題を放置しておけば、生保が破たんして金融不安を招きかねない――との声が行政や政府から上がりました。

生命保険会社と銀行には緊密な関係があります。生命保険会社は大量の銀行株を保有し、一方で銀行は生命保険会社に基金や劣後ローンを貸しています。1990年代に起きた生保危機はとりもなおさず銀行危機、そして日本経済の危機に直結しました。その負の連鎖を断ち切ろうとしたのが、強引な予定利率の引き下げです。生保救済は、裏を返せば銀行救済だということを覚えておきましょう。

生保の予定利率は、国が定める「**標準利率**」をもとに生保各社が設定しています。標準利率は1996年に2.75%、1999年に2.00%、2013年に1.00%、2017年に0.25%と下がっています。

03年、一定の要件のもとで契約条件を変更できる改正保険業法が施行されました。例えば、予定利率5%で契約した保険が3%に引き下げられれば、その差の2%分の保険金が返ってこないことになります。生命保険は何十年もかけて運用する長期の金融商品。2%でも最終的には大変な金額になります。

Point
生保の予定利率　生保の予定利率は、金融庁が生保に対して設定している運用利率である「標準利率」を参考にして決めています。標準利率は、10年国債の過去3年間の応募者利回りを参考にして決められています。生保は、予定利率に予定死亡率を用いて保険料を決めています。

■今後も引き下げの可能性あり？

せっかく生命保険会社のために用意した制度も、利用不可能では意味を持ちません。また、このような予定利率の引き下げは、生命保険会社自身の**モラルハザード***を招いてしまいます。

制度の実効性を確保するため、一時は全生保一斉での予定利率引き下げが議論されたこともありました。不良債権処理を進めるため、大手銀行に対し一斉に税金による資本注入をしたのと同じ理屈です。しかし、業界は最後まで一枚岩になれませんでした。

08年のリーマン・ショック以降、金融緩和の時代が到来して低金利局面が長期化。運用環境が悪化しています。このため、予定利率も13年4月に1.5%から1.0%へと引き下げられて逆ザヤは解消に向かいましたが、17年4月にも1.0%から0.25%へと下がっています。国内はマイナス金利の状況にあり、解消に向かっている逆ザヤ問題も、今後の運用環境次第では再燃しそうです。

利差益（逆ザヤ）状況の推移（大手中堅9社計）

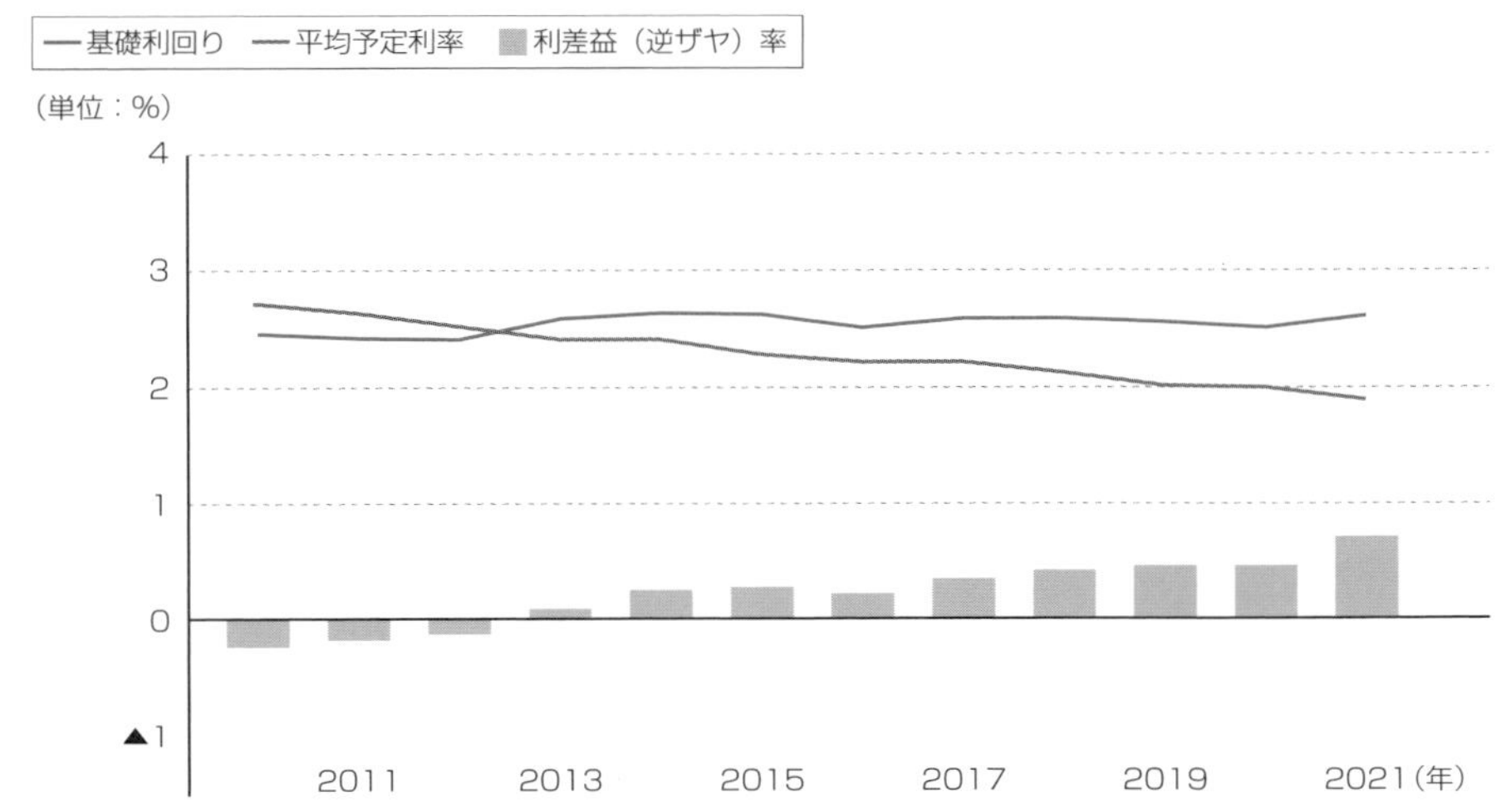

出典：ニッセイ基礎研究所「2021年度　生命保険会社決算の概要」（基礎研REPORT〈冊子版〉9月号）

モラルハザード　保険に加入していることで安心してしまい、リスク回避を怠ること。ただの倫理欠如の意味としても使われる。

Section
4-3 死亡保障から生前保障へ

少子高齢化が日本の生命保険文化を変えようとしています。消費者の死亡保険離れを加速させ、医療保険などを巡って国内生保や外資系生保が入り乱れて激しい競争が起こっています。

国内の主要生命保険会社は伝統的に**定期付き終身保険**を中心に販売し、大きな成長を遂げてきました。ところが、人口構造の変化や世の中の生命保険へのニーズが急速に変わってきたため、売れなくなっています。

定期付き終身保険とは、一生涯続く死亡保障の終身保険に、「働き盛りの30～50代には、病気や事故になって一家の大黒柱を失っても遺族が生活に不自由しないように」と特約で上乗せの死亡保障を付けた生命保険商品です。高度成長期を通じて爆発的に売れ、生命保険といえば、この定期付き終身保険が代名詞になるほどでした。

もちろん、いまでも**死亡保険**は生命保険会社にとって重要なマーケットであり、主要な商品に違いはありませんが、消費者の関心から離れつつあります。理由の1つには家計の変化が挙げられます。年功序列により給与所得が右肩上がりを続けてきたからこそ、毎月の保険料の支払いにも耐えられていましたが、賃金体系が崩れて家計を直撃したことで、保険が真っ先に見直しの対象にされたのです。

もう1つは少子化です。一人っ子家庭が増えたことで、遺族補償は昔ほどの必要性がなくなっているのです。高齢化が長生きリスクを鮮明にし、病気になったり入院した際の危険のほうに、消費者の目線が向かうようになっています。医療制度に対する高齢者の不安が高まっており、むしろ社会保障への不安感によって国民が自助努力の大切さに目覚めたといえるかもしれません。

定期付き終身保険に代わって注目されているのが、**生前給付タイプ**の商品です。入院費用や手術費などを賄ってくれる**第三分野商品**がそれです。

Point

先進医療保険　高度な先進医療サービスを受ける場合、診察料や薬代などを除き、技術料は保険診療の費用では賄えません。全額自己負担になります。例えば重粒子線治療は300万円もかかります。最近は生命保険会社において先進医療費用を補償する保険商品が盛んに開発されています。

■死亡保障から生前保障へ

ところが、この第三分野は外資系生保が主力市場としていました。いまでも日中のテレビCMで盛んに放映されているのは外資系生保の商品です。「80歳まで加入できます」「月々の支払いが変わらず一生涯続く入院保険です」などと消費者にアピールしています。

この第三分野を巡って国内生保、外資系生保、さらには損害保険会社系列の子会社の生保などが入り乱れて、市場の奪い合いが進められています。

下表は、個人保険、個人年金保険、それに第三分野について、２０１７年度以降の**新契約年換算保険料***を見たものです。各保険ともにシェアは毎年変わりありません。コロナ禍の影響で対面販売が困難になったことから19年度以降は下がりましたが、21年度に入って持ち直しているようです。個人年金は予定利率の引き下げのほか、一部の商品で販売抑制がありました。

一方、第三分野はコロナ禍でもあまり下がらず相対的なシェアを上げ、ますます競争が激しくなっています。18年に日本郵政との協業を強化した外資系生保の動向が注目されています。

新契約年換算保険料の推移と構成比

単位：億円

年度	個人保険(A)	シェア(A/C)	個人年金保険(B)	シェア(B/C)	合計(C)	うち第三分野(D)	シェア(D/C)
2017年度	22,264	84.0%	4,236	16.0%	26,501	6,959	26.3%
2018年度	24,852	83.2%	5,016	16.8%	29,869	7,790	26.1%
2019年度	15,457	79.7%	3,928	20.3%	19,385	5,634	29.1%
2020年度	13,334	83.6%	2,610	16.4%	15,944	4,829	30.3%
2021年度	15,161	82.4%	3,246	17.6%	18,408	5,419	29.4%

出典：生命保険協会「2022年版　生命保険の動向」

新契約年換算保険料　保険料の支払い方法には月払いや年払い、一括払いなどがあり、支払い方法を年に引き直してその年に獲得した新規契約を計算したもの。新規の契約業績を示す代表的な指標。あわせて契約継続率などにも注目する必要がある。

Section

4-4

3利源、生保儲けのカラクリ

生命保険の保険料は3つの要素から計算されます。それが3利源です。特に逆ザヤ問題で注目を浴びたのが利差損。従来は秘密にされていましたが、大手生命保険会社は2006年から公表しています。

大手生命保険会社の多くはほかの金融会社と異なり、**相互会社**という独特の企業形態を採用しています。生命保険会社の保険に加入した契約者は社員となり、生命保険会社はこの社員に保険金や給付金を支払い、内部留保にも回しますが、利益があれば契約者に配当として支払うことになっています。一般的な株式会社と違って利潤を求めないのが相互会社の基本原則です。

では、生命保険会社の利益構造はどのようになっているのでしょうか。それは、保険料がどのようにして定められているかを考えればわかります。契約者が支払っている保険料は、基本的に**予定死亡率**、**予定事業費率**、**予定利率**という3つの要素で計算されています。

予定死亡率は、過去の統計から算出された死亡率です。保険に加入した契約者が今後10年の間にすべて死亡することはありません。生命表（**生保標準生命表***）に基づいて計算します。生命表とは、男女別・年齢別に生存率、死亡率、平均余命などを示した表です。

予定事業費率は、生命保険会社が事業を営んでいくためにかかると想定される費用を指します。社員の給与や営業物件の取得費、維持費などがこれにあたります。さらに、今後の運用見通しから予定利率を決め、その分を割り引いて保険料を計算します。運用環境が上昇しているときは予定利率が高く設定されてその分だけ保険料は安くなり、予定利率が低くなるほど保険料は高くなります。

利源開示に踏み切った大手生保

生命保険会社の経営問題になっているのは予定利率です。最近では契約期間中でも予定利率を見直すことができる保

生保標準生命表　日本アクチュアリー会が算出・公表している。これをもとに生命保険会社は保険料を計算する。2018年、11年ぶりに死亡率が改定された。

険が登場していますが、基本的に契約時に結んだ予定利率は満期まで変わりません。そのため、予定利率を上回る運用益を上げられているなら問題ありませんが、これを下回ると利差損となって生命保険会社の経営を苦しめる原因にもなりかねません。実際、1990年代後半からいくつもの生命保険会社が破たんし、社会問題になりました。

90年代後半は、相次ぐ破たんで生命保険に対する不信が高まりました。経営内容が不透明だからです。しかし生命保険会社は、**基礎利益***やおおよその逆ザヤ額こそ開示してきましたが、利源別開示を一貫して拒否してきました。逆ザヤを他の利源で埋め合わせている実態がわかれば、保険料の取り過ぎを非難されかねないからです。

ところが、明治安田生命が2006年3月期決算から3利源の開示に踏み切りました。その後、大手生保は追随するかのように開示へと傾きました。当時の明治安田生命は保険金不払い問題の発端となった生保で、業界の中でも孤立しており、消費者の信頼回復を得ようとしたことが開示を決断した背景にあります。

3利源の内訳

予定死亡率	死亡率とは、多数の人々のうち、1年間に死亡する人数の割合です。過去の統計をもとに男女別・年齢別の死亡者数を予測し、将来の保険金の支払いにあてるために必要な保険料を算定しますが、この計算に用いる死亡率を予定死亡率といいます。
予定事業費率	保険会社は、事業の運営上必要とする経費をあらかじめ見込んで保険料の中に組み込んでいますが、この割合を予定事業費率といいます。
予定利率	保険会社は、あらかじめ資産運用による一定の運用収益を見込み、その分だけ保険料を割り引いていますが、この割引率を予定利率といいます。

基礎利益　2000年度決算から開示された、生保会社が保険本業から得たフロー収益を表す統一指標。一般事業会社の営業利益、銀行の業務純益に相当する。

Section

4-5 窓販・ネットで販売網様変わり（生保）

生命保険はニード喚起型金融商品といわれています。自ら進んでお金を出す銀行預金や損害保険商品、証券会社の投資などとの差は歴然です。そのため、これまでは地縁・人縁を頼りにした女性営業職員が活躍してきました。しかし、銀行窓販やインターネット販売の登場で様変わりしています。

生命保険会社が扱う商品は多岐にわたります。**終身保険**は必ず訪れる人の死を生涯補償し、**定期保険**は一定期間に限って死亡を補償します。同じ死亡保障でも、貯蓄性を備えた保険もあります。**養老保険**は、保険期間は短く死亡保障も少ない代わりに、生きて保険期間を満了すれば、支払った保険料を上回る保険金が返ってきます。**年金保険**も同じく貯蓄性に重点が置かれ、死亡保障は少なくても保険期間満了後に保険金が支払われる商品です。

保険商品の販売チャネルはどのようになっているのでしょうか。国内生保のほとんどは、営業職員が販売しています。一定の地域で営業エリアを決め、地元で採用した女性営業職員がパンフレットやチラシを持って営業にあたります。

もともと**生命保険**は、**ニード喚起**＊**型金融商品**と位置付けられています。生命保険を利用したいと思った人が自らの意思で保険に興味を持ち、加入するのではなく、保険のニーズを掘り起こすことで初めて契約に至るのです。自動車を購入すれば、万一の事故に備えて自発的に自動車保険に加入するのを思い浮かべてもらえれば、同じ金融商品でもその性格がずいぶんと異なっていることがわかります。

そして、ニーズを呼び起こすには、まったく知らない人や知らない土地で営業するよりも、知っているほうが断然有利になります。生命保険は「地縁」「人縁」ともいわれるゆえんです。営業エリア制はバッティングを避けるためです。

ニード喚起　見込み客に対して、将来万が一の事態が起きた際に残された家族が困窮する様子を想像してもらい、保険の必要性に気付いてもらうこと。保険の必要性（ニード）を喚起すること。

生保レディは代理店職員の4分の1

生保レディ（女性営業職員）に頼り切っていた国内生保ですが、銀行の窓口販売が2007年から解禁され、インターネットによる販売も増加するなど、販売チャネルが変化しています。

これまで、**金融のワンストップショッピング**＊の実現を旗印に、銀行による保険の窓口販売が段階的に認められてきました。銀行窓販は01年、長期火災保険や団体信用生命保険など銀行が扱う住宅ローンに関連した商品を皮切りに始まり、翌年には年金保険、06年には一時払いや積み立て型の貯蓄保険、07年に全保険商品の銀行販売がスタートしました。

下図は、21年度までの5年間の営業職員数と代理店数の推移を示したものです。銀行や保険ショップなどの代理店とその職員数は横ばいで、販路として定着した感があります。代理店の職員数は17年度に100万人を突破。生保レディ（登録営業職員）はその約4分の1で推移しており、生命保険の販売先は、銀行や保険ショップが主流になっているといっても過言ではありません。

生命保険会社の営業職員数・代理店数の推移

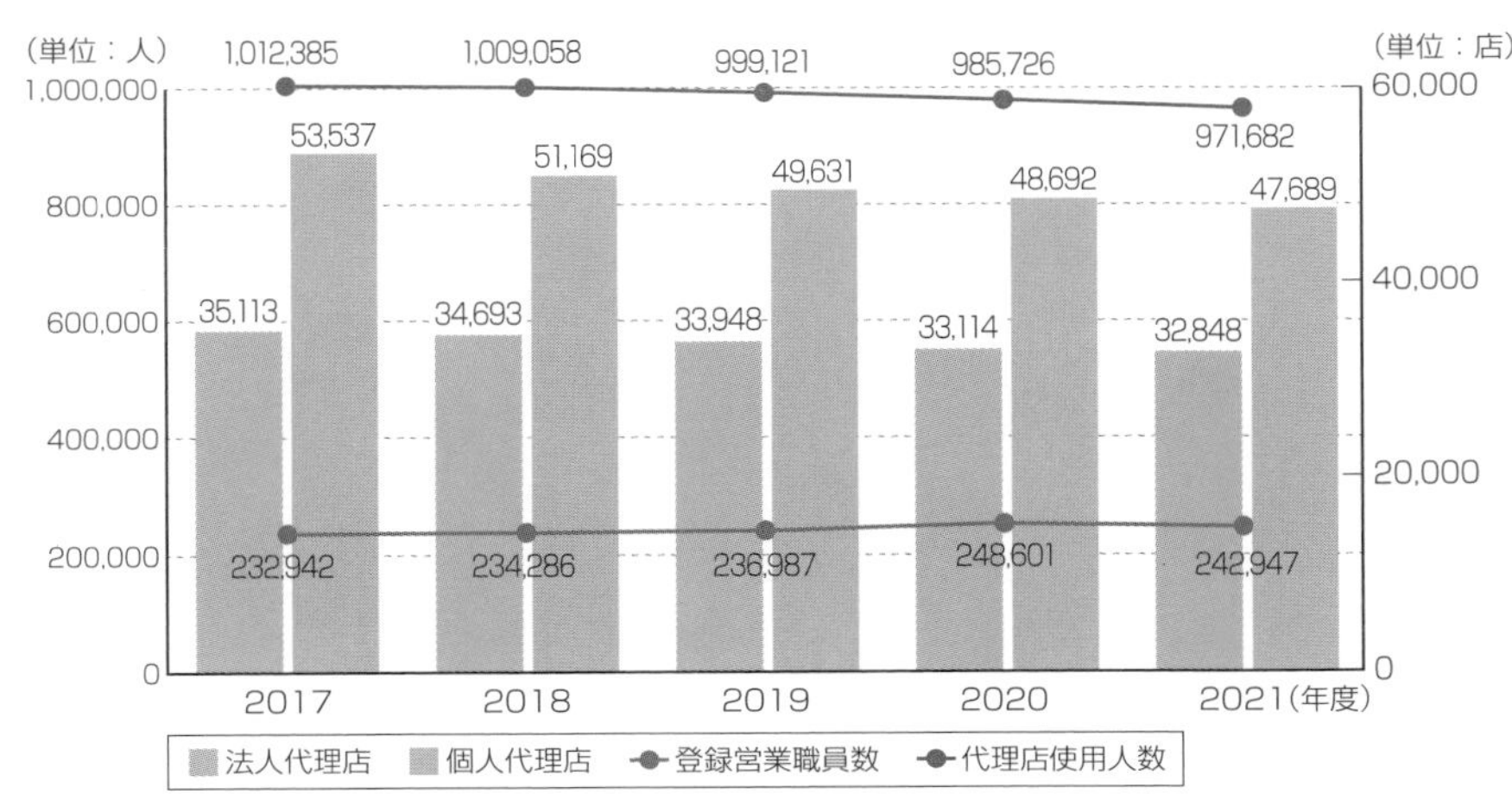

※代理店使用人数は、法人代理店使用人数と個人代理店使用人数の合計

出典：生命保険協会「2022年版　生命保険の動向」

金融のワンストップショッピング　銀行、証券、保険の垣根をなくし、消費者がどこでも金融商品を購入できる仕組みにすることを指す。

Section
4-6 ソルベンシー・マージン比率

健全な保険会社かどうかは、保険商品を購入する際の大切な判断材料になります。保険会社にはソルベンシー・マージン比率という健全性を測る指標が用意されており、200％が確保されていれば安全圏とされます。しかし、その信ぴょう性が問題になり、算出方法が見直されることになりました。

生命保険会社の健全性を測る指標が**ソルベンシー・マージン比率**＊です。1997年度決算から開示するようになりました。ソルベンシー・マージン比率は「支払い余力」を指します。

生命保険会社は保険金を支払うことを生業にしています。そのため、預かった保険料のほとんどを責任準備金に積み立てて運用しています。保険料は一定の糊代（のりしろ）を取っているので、通常は保険金を支払えないような事態が起こることはなく、約束どおり契約者に保険料を支払うことができるはずです。

ところが、想定外の事態も起こり得ます。例えば大地震などの自然災害によってたくさんの人が亡くなったり、市場が大暴落して保有中の株式や債券が紙くず同然になってしまうといったリスクです。通常の予測を超えて発生するリスクにきちんと対応できているかどうかを判定するのが、ソルベンシー・マージン比率です。

具体的なソルベンシー・マージン比率は、基金や資本金などの基本財産をはじめ各種の準備金、さらには有価証券の含み損益などのソルベンシー・マージン総額を、保険リスク相当額や予定利率リスク相当額で構成されるリスクの総額で割り、さらに半分にした比率で算出されます。その比率として200％以上を確保していれば、安全な保険会社と判断されます。

算出方法厳格化で信頼回復

ソルベンシー・マージン比率は、保険会社の健全性を見

ソルベンシー・マージン比率　Solvency Margin Ratio。

るうえで重要な指標です。ところが問題が発生しました。2008年に破たんした大和生命保険は、その年の3月末時点で555%と安全性ラインを超えていたのです。わずか半年で26%にまで急落してしまい、金融庁への信頼性も揺らぎました。そこで金融庁は算出方法の見直しに着手し、より厳格化した新ソルベンシー・マージン比率が導入されることになりました。これまで、負債である責任準備金の一部（保険料積立金等余剰部分）を無制限にマージンに参入できましたが、新基準では保険計理人の指摘に基づいて債務履行に不可欠とされた部分については算入できなくなりました。

また、劣後ローンなどの**負債性資本**＊調達手段についても、新たに「**中核的支払い余力**（**コア・マージン**）」の概念を取り入れ、コア・マージンまでしか組み入れられないよう算入制限も設けられました。

新ソルベンシー・マージン比率は12年3月期決算から適用されました。生命保険会社では、負債性資本に頼れなくなるため、資本の質を高めるべく資本増強などに懸命に取り組んでいます。

ソルベンシー・マージン比率の計算式

- 資本金または基金等の額（＊1）
- 価格変動準備金、危険準備金、一般貸倒引当金
- その他有価証券の評価差額 × 90%（＊2）
- 土地の含み損益 × 85%（＊3）
- 全期チルメル式責任準備金相当額超過額
- 持込資本金等（外国生命保険会社のみ）
- 負債性資本調達手段等、控除項目、その他

$$\text{ソルベンシー・マージン比率(\%)} = \frac{\text{マージン総額}}{\text{リスクの総額} \times 1/2}$$

- 保険リスク相当額
- 第三分野保険の保険リスク相当額
- 予定利率リスク相当額
- 資産運用リスク相当額
- 経営管理リスク相当額
- 最低保証リスク相当額

（＊1）相互会社は「基金等」、株式会社は「資本金等」、外国生命保険会社は「供託金等」
（＊2）（＊3）マイナスの場合100%

負債性資本　「膨らし粉」や「水増し」と呼ばれている。自己資本を少しでも引き上げたい思惑がある。ただのお金ではなく金利を支払っている資金で、調達には疑問が残る。

Section

4-7 生保の健全性判断「実質純資産」

あまり知られていませんが、ソルベンシー・マージン比率と同じくらい大切な指標が実質純資産（額）です。これがマイナスになると、保険会社は事業を継続することができなくなります。

生命保険会社の健全性を見るうえで、ソルベンシー・マージン比率と同じくらい重要な指標があります。それが**実質純資産（額）**です。**実質資産負債差額**あるいは「破たん基準」ともいわれています。

実質純資産とは、有価証券や不動産といった価格変動資産を時価で洗い直した資産から、危険準備金などの資本性を帯びた項目を控除後の負債を差し引いた値です。言い換えれば、有価証券などの**含み損益**＊をすべて反映させた時価ベースの資産から、**修正負債**を引いた実質的な自己資本です。

修正負債は、契約者に支払うべき純粋な保険金です。それを下回る資産しかないなら、その生命保険会社は実質的な債務超過状態にあるのです。保険会社の清算価値の立場から判断した行政監督上の指標の1つです。

3段階ある早期是正措置

金融庁は、ソルベンシー・マージン比率を基準にしながら実質純資産を加味して、早期是正措置を発動するかどうかを決定します。ソルベンシー・マージン比率が200％を上回っていれば、早期是正措置の対象になることはありません。しかし200％を下回ってくると、いろいろな制限がかかってきます。

生保の早期是正措置は3つに区分されています。最初は改善計画書の提出など軽いジャブで始まり、次には契約者配当の禁止、役員への賞与も止められてしまいます。最後は業務そのものをストップさせられます。

Term

含み損益　帳簿価額と時価との差額。バランスシート（貸借対照表）に記載された資産の額と実際の価格は乖離（かいり）しており、帳簿価額が時価より安ければ、それを売却して利益にすることができる。逆に高ければ、時価会計の求めから減損処理の対象になり、経営の障害になる。

しかし例外規定が設けられています。ソルベンシー・マージン比率が0％未満という第3区分に該当していても、実質純資産がプラスならワンランク上がって第2区分になります。

逆に第2区分でも、実質純資産がマイナスなら第3区分に落とされることもあるのです。

■市場環境に左右される実質純資産

実質純資産では資産を時価で評価することはすでに述べたとおりです。生命保険会社は、預かった保険料を株式や債券市場で運用しています。そのため、市場次第で保有有価証券の含み損益が揺れ、それに伴って実質純資産も影響を受けます。下表は、2023年3月期決算の大手生保の実質純資産額です。

業界トップの日本生命は、膨大な保有有価証券の含み益を背景に17兆円の実質純資産を保有しています。第2位の明治安田生命、第3位の第一生命と比較しても2倍近い額を保有しています。生保4強といわれる大手4社が群を抜いた資産を持っており、中でも日本生命1社で主要9社全体の3割近くを占めています。この数字を見ても、「ニッセイ」の体力が桁違いに優れている様子がわかります。

生保大手4社の実質純資産額（2022年度）

単位：億円、％

社名	実質純資産（A）			一般勘定資産（B）		実質純資産比率（A/B）		
	2022年度	2021年度	増減率	2022年度	2021年度	2022年度	2021年度	増減ポイント
日本	174,141	202,129	-13.8%	744,574	753,599	4.3	3.7	0.6
明治安田	86,148	99,008	-13.0%	436,718	434,710	5.1	4.4	0.7
第一	69,813	83,555	-16.4%	270,120	316,976	3.9	3.8	0.1
住友	45,022	59,572	-24.4%	282,252	307,209	6.3	5.2	1.1

出典：各社決算関連資料

実質純資産比率　実質純資産額を一般勘定資産で割った値。実質純資産額は破たん価値で、元手に対する儲けの体質を表している。比率が高いほど安全性も高くなるが、必ずしも規模とリンクしていない。

Section

4-8 生保最後の砦、構成員契約規制

生命保険会社には構成員契約規制と呼ばれる不思議な規制があります。この規制のおかげで、生命保険会社は企業内で大手を振って保険を勧めることができます。国内大手生保の既得権で「最後の砦」として死守しようと懸命です。

銀行の保険窓口販売問題を巡って激しいバトルを続けたものの、結局は全面解禁と敗れ去った生命保険会社ですが、決して落胆しているわけではないようです。ビジネスモデルの根幹に触れる営業職員チャネルが崩壊しかねないのに、どのような訳があるのでしょうか。

それは**構成員契約規制**というルールがあるからです。構成員といっても反社会的勢力の構成員ではありません。この場合、企業の構成員である従業員を指します。大企業に勤めている方ならご存知かもしれませんが、大手企業の中にはグループ会社として保険代理店を保有しているところが少なくありません。

旅行を企画しているので海外旅行保険を手配したい、子供が小学校に上がったから賠償責任保険に入る、といったときに世話をしてくれます。もちろん生命保険も取り扱っています。表面上は従業員の福利厚生を目的としていますが、内実は退職後のOBの受け皿だったり、保険の販売手数料が狙いになっているのです。

構成員契約規制は、この企業内の保険募集代理店が自社や関係会社の従業員に対して生命保険を販売するのを原則、禁じています。会社が社員に生命保険の購入を無理強いする圧力販売に配慮して設けられた規制です。ところが損害保険は対象になっていません。むしろ損保は「**回覧板営業**＊」といわれ、堂々と社内販売されています。構成員契約規制は、生命保険にだけ適用される摩訶（まか）不思議なルールなのです。

Term

回覧板営業　損害保険会社の職域マーケットの手法をこう呼ぶ。保険代理店が社内でお手軽に損保商品を売り込む様を指す。

規制は職域マーケットの確保が狙い

では、この規制があることでどんなことが起こっているのでしょうか。答えは簡単です。生命保険商品は自社の保険代理店ではなく、生命保険会社の営業職員から購入することになるのです。大手生命保険会社は「**職域**」と呼んで、企業内の保険マーケットを最重視しています。

大企業は融資を通じて銀行と密接な関係がありますが、生命保険会社とも親密です。生命保険会社は大手にもなれば毎年何兆円という保険料が入ってきます。契約者への保険金や配当の還元を目的に預かった保険料を運用していますが、その1つが株式です。

そこで、大企業は生命保険会社に安定株主になってもらいます。そして、親密になった生命保険会社1〜2社に限って社内に入れるのです。

「お昼時になるといつも同じ生命保険会社のおばちゃんが飴玉を持ってやって来て保険を勧めるのはなぜだろう」と不思議がっているかもしれませんが、カラクリがわかれば合点がいくでしょう。

構成員契約規制のイメージ

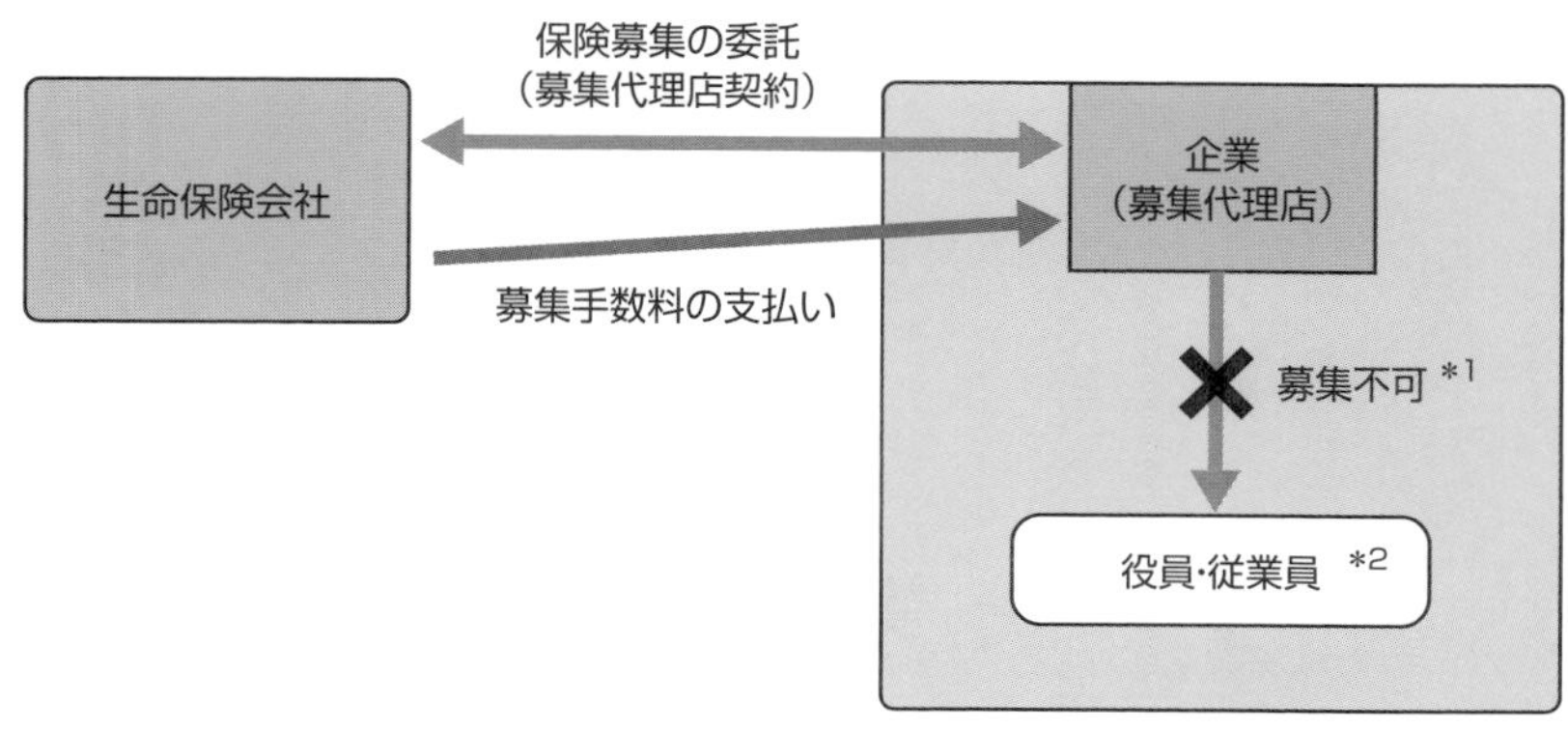

*1：医療・がん保険などの募集は可
*2：当該企業と密接な関係を有する企業の従業員への募集も不可

出典：金融審議会

構成員契約規制と圧力販売　金融庁は構成員契約規制の必要性について「従業員が加入を無理強いさせられる」と主張しています。今時、ナンセンスとしかいいようがありません。共働き世帯が増え、都心部だけでなく地方でもセキュリティにやかましくなり、生保が得意とする訪問が難しくなっています。

Section
4-9 生保乗合代理店の評価制度がスタート

生命保険の代理店が顧客本位ではなく、自社の販売手数料増を狙って販売する実態を是正する目的で、新たな評価制度が2022年4月から始まりました。

乗合代理店（のりあい）とは、複数の保険会社から委託されて保険を販売している代理店のこと。より多くの商品を販売していることで比較検討の選択肢が広く、顧客の意向に沿った商品を選択できるというメリットがあります。

この販売環境のもとでは、販売を委託する各保険会社は、代理店により多くの商品を売ってもらうために販売手数料（率）を他社と比べて多めに出す傾向が出てきます。代理店もより多くの収益を上げたいために、販売手数料（率）の多い商品を顧客に推奨しがちになります。

実際にそのような傾向が生命保険業界で散見されたため、16年5月施行の改正保険業法で、顧客の意向を把握・確認したうえで比較可能な商品の推奨・説明をすることが義務付けられました。

ところが、改正業法で定めた「顧客本位の販売」は実態として見えにくく、より多く売ってほしい生保会社は代理店を実態よりも著しく高く評価し、高額の手数料や成功報酬を支払って販売拡大につなげる傾向が出ました。

販売至上主義の生保が独自の基準で手数料第一主義の代理店の顧客本位主義を評価するのですから、恣意的なバラツキが出るのも当然です。

生命保険の販売は、かつての外務員から銀行窓販そして生保代理店へと時代とともに移り変わり、販売チャネルは現在、代理店が約6割、外務員・支店窓口が約4割、わずかなシェアでインターネット経由が続いています。

初年度は42社が認定される

そこで金融庁は、代理店の販売における業務品質の評価を業界で統一することにしました。20年6月から議論を重

Term

生命保険協会　正式名称は「一般社団法人生命保険協会」。1908年創立。会長は慣例で上位4社が日生、明治安田、住友、第一の順に輪番で務める。

ね、**生命保険協会**＊が運営主体となり、「**生命保険乗合代理店評価制度**」が創設されました。22年4月から受付が始まり、23年2月に42社が業務品質の高い優良代理店として認定されました。

同制度では保険商品の販売業務の品質が審査され、150の基本項目の基準をクリアしていると判断されれば、その代理店にはお墨付きが与えられます。提出資料での審査ならびに事務所などへの立ち入り検査があり、審査料は30万円で有効期間は3年。

ただ、制度を運用したからといって、代理店による顧客本位の販売スタンスが確保されるとは限りません。制度を活用して優良代理店の認定を受けた結果、その代理店にどのくらいの販売手数料を支払うかは生保側の自由です。

問われる業界の自浄作用

そもそも、優良かどうかは生保協会という業界団体が決めるものでもなく、顧客が決める類いのものです。また、金融当局が過度に介入して生保や代理店を拘束するものでもありません。業界の自浄作用が機能することが最も重要ではないでしょうか。

始まった生保乗合代理店評価制度

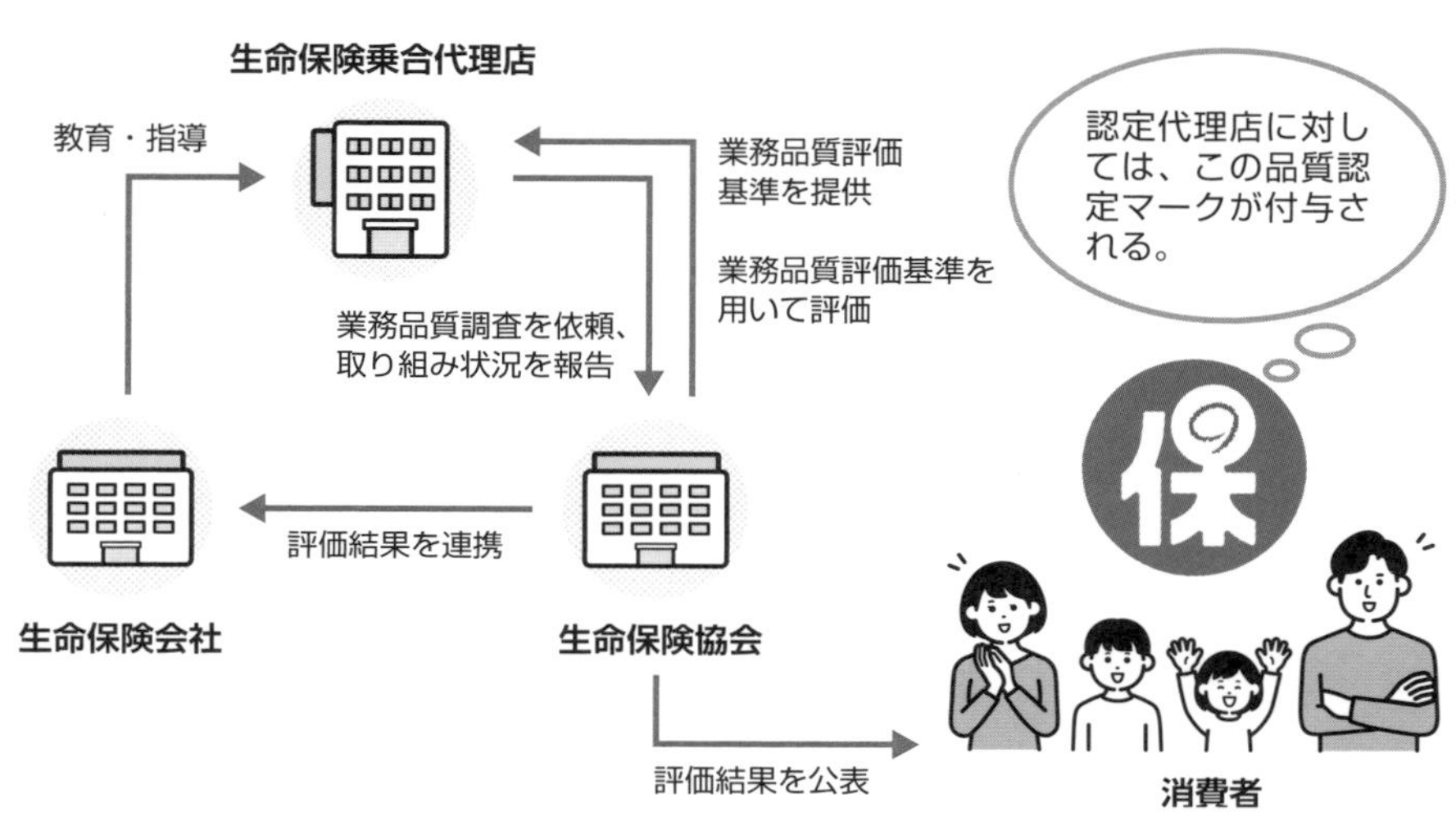

出典：一般社団法人　生命保険協会Webサイト「代理店業務品質評価運営」

生命保険乗合代理店評価制度の調査・評価方法　調査を希望した乗合代理店に対して、①契約時の対応が適切に行われているか、②契約後のアフターフォローが充実しているか、③顧客の個人情報の管理ができているか、④健全な経営・企業活動が行われているか――の４つの視点で調査・評価しています。

Section
4-10 競争激化する少額短期保険

保険金額が少額で保険期間が短い少額短期保険の人気が高まっています。市場規模は年々拡大しており、生損保をはじめ家電量販店や不動産など異業種からの参入も相次いでいます。

略して「**少短**」または「**ミニ保険**」とも呼ばれる**少額短期保険**は、もともと**無認可共済***業者に対する監督強化を図るため、2006年の保険業法改正で創設された保険分野です。

「**少短**」は無認可共済の時代から、多くの損害保険の系列会社が家財（家具や家電製品など住居内で移動可能なもの）を火災や災害から守る家財保険を取り扱っていたことから、商品別では現在も家財保険のシェアが最も高くなっています。火災保険は建物全般を保険対象にしており、持ち家世帯が加入者ですが、家財保険は賃貸住宅で暮らす人も加入できます。

しかしながら「少短」の文字どおり商品規模が小さいので事業としてのうまみもまた少なく、参入する業者は限られていました。ところが、スマートフォンが普及しデジタル化が進展したことで、オンラインによる保険加入者が増加。若い世代を中心に小口で安価な保険の人気が上昇してきました。生活スタイルの変化やコロナの感染拡大なども後押しする結果になり、21年度の保険料収入は業界全体で1277億円（対前期比8％増）、契約件数は1054万件（10％増）。業者数も115社と年々増えています。

商品別(21年度)では家財保険が65％と圧倒的に多く、ペットが15％、生保・医療13％。キャンセル保険や弁護士費用保険、故障や紛失に備えたスマホ保険など、多様な商品が登場しています。

大手生損保が本格参入

これまで消極的だった大手の生損保も「少短」への参入を開始しています。第一生命は21年4月から「第一スマート少短」、日本生命は22年4月から「ニッセイプラス少短」の営業を開始しました。

Term

無認可共済　保険業法などの根拠法のない共済のこと。2006年の保険業法改正で保険業法の適用対象になり、保険会社または少短業者に変更することを義務付けられた。

損保大手はすでに自前で少短の会社を保有していますが、業界トップの東京海上は23年7月に少短の新会社を設立しました。

ただ、大手各社は大きな収益は望めないとの判断から、少短事業においては他社との協業をもくろんでいるとの指摘もあります。少短は既存の保険商品分野から見れば〝スキマ分野〞であり、巨額の資金投入は望めません。コストコントロールの観点から、他社とタッグを組んでリスクを分散する狙いがあるのです。

いま金融業界で提唱されている**「組み込み金融」（エンベデッド・ファイナンス）**の考え方を導入し、例えばスポーツ団体と組んで観戦チケットのキャンセル保険を開発するといった動きがあります。

また、子育てや妊婦、家事代行といった、生活スタイルの変化に応じた少短の開発も進められています。

「生保商品は生涯または終身」、「自動車保険は毎年更新」などという保険の固定観念は希薄になりつつあります。少短は保険ニーズの変化によって生まれたニュービジネスといえるかもしれません。

少額短期保険の業績推移

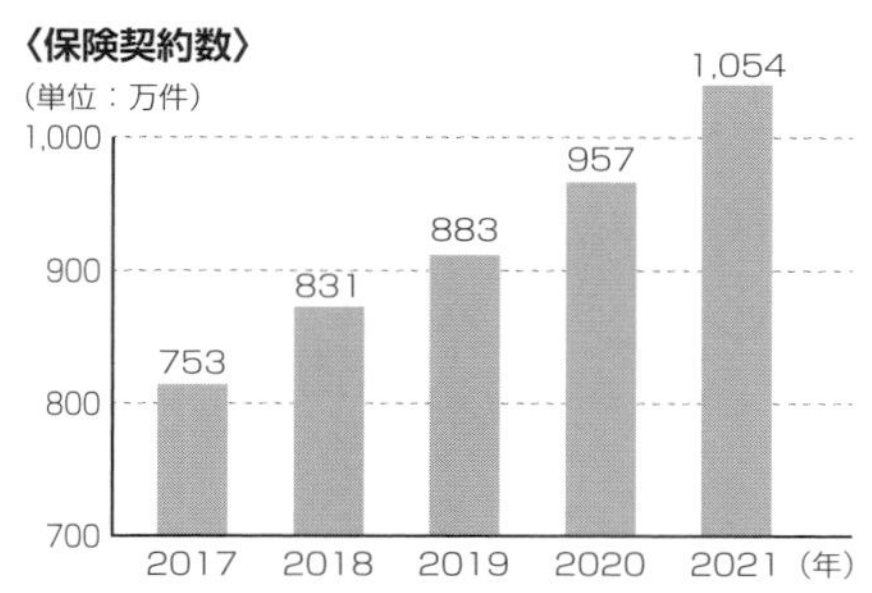

商品別の収入保険料（2021年度）

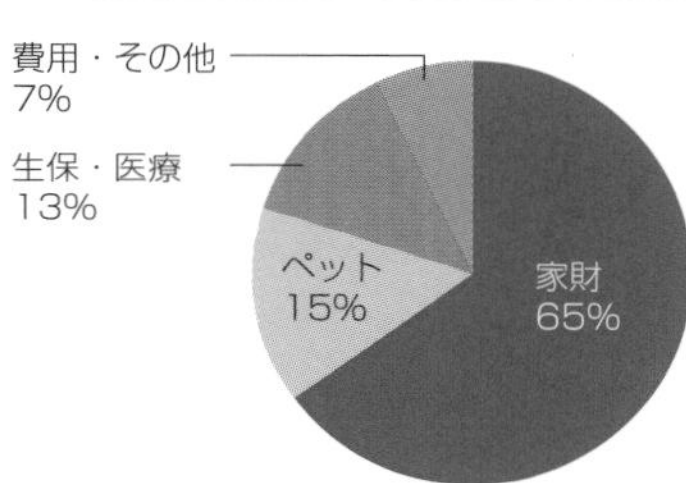

出典：「2021年度　少額短期保険業界の決算概況について」（2022年7月7日付　一般社団法人 日本少額短期保険協会）

Section

4-11 加速する生保のDX化

生命保険業界のDX（デジタル・トランスフォーメーション）化が進展しています。長期の契約期間や外務員主体の販売手法など、伝統的な営業手法を堅持してきた業界も、コロナ禍を経てデジタル化に本腰を入れています。

生命保険業界はデジタル化が遅れている、との指摘がありました。その背景には規制当局からの厳しい業務規制や営業体制、特殊な商品性が生んだシステムの硬直性などがあるといわれています。金融当局からの規制は、銀行業界も同様であり、生保特有の理由にはなりません。デジタル化が遅れた大きな理由は、営業手法とその商品設計にあるといえるでしょう。

長年にわたって外務員制度に依存してきた生保は、その後、銀行の窓口販売さらに保険代理店へと販売チャネルを拡大してきました。

インターネットの隆盛に伴いオンライン販売システムを構築してきましたが、銀行や証券と比べるとインターネットによる営業はコロナ禍を経てようやく緒に就いたばかりです。営業ツールだけをオンライン化しても、バックオフィス体制をデジタル化しなければ意味がありません。

全体的なシステム移行を阻んでいるのが、保険会社の基幹系システム。いわゆるレガシーシステムと化しており、デジタル化を難しくさせています。

生命保険は一度契約すれば何十年、極端な場合は生涯にわたって契約内容が変わりません。損保商品のような毎年更新ではなく、顧客データは長期間放置されます。一方で商品設計の変更は「特約」で随時可能です。こうした独特の商品設計が、システム自体の更新を阻んできました。過去に起きた不払い問題も、こうしたレガシーシステムの存在に一因があったともいわれています。

Point

複雑怪奇な保険特約　生命保険は死亡保障などメインの保険である「主契約」と、任意で付加する「特約」の2本立てになっています。保険の見直しは特約の見直し（解約や新規）が多く、特約はオプションで主契約を補完する形ですが、保障内容がわかりにくいとの指摘もあります。

コロナ禍を経て対面営業デジタル化

コロナ禍の2021年3月期決算では、大手4社の保険料等収入、基礎利益は軒並み前年度割れ。新契約の年換算保険料も大きく減少するなど、対面営業の限界を突き付けられました。大手各社は20年後半からDXを強化。業界トップの日本生命は営業担当の端末にビジネス版のSNSを導入。顧客がスマートフォンで提案書を受け取れる仕組みを開発しました。

住友生命は21年1月からビデオ会議サービスを活用した申し込み手続きを開始。スマホによる営業を推進しています。第一生命は21年4月に新ブランド「**デジホ***」を立ち上げ、申し込みから給付金受け取りまでスマートフォンで完結する、若い世代を対象にした保険商品を取り扱っています。

ただ、保険商品はこれまで営業職員の地縁・人縁で契約数を伸ばしてきた歴史があります。保険加入者が自ら望んで契約したというよりは、勧められて入った人が大半です。対面営業における顧客マインドが変わらなければ、見込み客との関係が希薄なオンライン営業で従来を上回る成約にこぎつけるのは厳しいものがあるのではないでしょうか。デジタル対面営業は、生保の喫緊の課題です。

生保のDX化を阻んできた要因

厳しい業務規制	外務員による対面営業
レガシーシステム	独特の商品設計

デジホ　医療保険のほか、家事代行費用保険、所得保障保険、定期保険を販売している。

Section

4-12 生保ランキング

生命保険会社をランキングするうえではいくつかの指標があります。「将来性」「収益性」「健全性」の3つの面からアプローチしてみます。

生命保険会社の収益性を見るうえで最重要視されていたのは**保有契約高**でした。保有契約高は死亡保険金の累計。右肩上がりで保険加入者が増え、死亡保険が買われている時代はそれでよかったのですが、逆に保有契約高は年を追うごとに減少するばかりで、指標になじまなくなりました。

現在は**保険料（等）収入**で見る傾向が強まっています。収入保険料は1年間に契約者から預かった保険料の総額を指します。実際の実入りで、一般企業の売上高に相当します。

かつては不払い問題で契約者の反発を買い、国内大手生命保険会社は苦しみました。それでも規模の大きさがモノをいいます。

日本生命は2022年度に年間約4兆6479億円の収入を上げています。明治安田生命が3兆2036億円で2位に付け、メットライフ生命が2兆8734億円と躍進。第一、住友の大手の下に、15年に上場した「かんぽ生命」が続いています。

将来性は、新契約年換算保険料で比較しました。その年に新たに獲得できた保険料を指します。保険会社の勢いが判断できます。

ただ、保険料の支払い方法には月払いや年払い、一括払いなど多様です。そこで月払いは12倍し、一括払いは1年間に割り戻した保険料で対等に比較しようというのが、この年換算保険料です。ただしあくまでもタラレバです。保険の**継続率**＊を確認する必要があります。無理な販売をすれば、保険料は増えても結局は中途解約も増えてしまい、収益性が損なわれてしまうからです。

Term
継続率　生命保険契約に加入したあとの契約が有効に継続している割合。一般に新契約の保険金額を基準に、保険料の払込方法が月払いの場合は13回目で判断するため、保険会社は「13カ月目継続率」などと呼んで重要視している。

■総合評価トップは日本生命

最後が健全性です。ソルベンシー・マージン比率の多寡で比べました。もちろん200%が確保できていれば問題ありません。トップは朝日生命グループで21年4月に営業したばかりの「なないろ生命」。

2位はSOMPOホールディングスの子会社「ネオファースト生命」で、損保系生保。3位は日本生命グループの「はなさく生命」。いずれも新興の大手または準大手生保系列の会社。歴史が浅いだけに初期の資産がまだ留保されている状態で、支払い余力を示す数値が高いのはある意味で当然でしょう。

ランキングは相対評価で判断しました。それぞれの項目で1位から42位まで順位付けしてポイント（1位に42P、42位に1P）を付け、総合ポイントが多いほうから上位としました。その結果、1位は日本生命、2位はソニー生命、3位は明治安田生命の順になりました。

生命保険ランキング（2022年度）

単位：億円、%

総合順位	社名	総合P	収益性		将来性		健全性	
			保険料(等)収入	P	新契約年換算保険料	P	ソルベンシー・マージン比率	P
1	日本	109	46,479	42	2,354	41	1,019.9	26
2	ソニー	108	14,738	35	1,285	38	2,046.1	35
3	明治安田	104	32,036	41	1,631	40	980.8	23
4	かんぽ	92	22,009	37	659	31	1,003.7	24
5	大同	91	8,103	26	670	33	1,116.1	32
6	メットライフ	87	28,734	40	1,359	39	725.4	8
7	三井住友海上プライマリー	86	12,204	31	1,236	37	899.3	18
8	東京海上日動あんしん	85	8,127	27	534	30	1,047.6	28
9	住友	85	22,164	38	1,094	35	812.8	12
10	第一	81	22,968	39	462	27	865.4	15
11	第一フロンティア	79	21,806	36	22,074	42	440.5	1
12	アフラック	78	12,942	33	503	28	889.1	17

（次ページに続く）

総合順位	社名	総合P	収益性		将来性		健全性	
			保険料(等)収入	P	新契約年換算保険料	P	ソルベンシー・マージン比率	P
13	プルデンシャル	76	14,330	34	661	32	771.2	10
14	SOMPO ひまわり	69	4,344	18	332	22	1,053.2	29
15	ジブラルタ	69	8,794	28	358	25	866.6	16
16	PGF	69	12,428	32	390	26	781.5	11
17	富国	68	5,260	22	141	13	1,133.8	33
18	ネオファースト	67	2,323	15	120	11	4,329.0	41
19	大樹	67	8,848	29	355	24	854.3	14
20	メディケア	64	940	13	184	15	2,078.2	36
21	なないろ	63	395	9	138	12	6,444.0	42
22	ニッセイ・ウェルス	63	5,705	23	1,227	36	643.9	4
23	オリックス	62	4,532	19	265	18	1,004.9	25
24	三井住友海上あいおい	62	4,890	21	271	19	975.5	22
25	フコクしんらい	60	2,345	16	154	14	1,068.9	30
26	T&D フィナンシャル	60	7,146	25	505	29	659.4	6
27	マニュライフ	59	9,320	30	308	20	739.7	9
28	FWD	57	2,011	14	196	16	1,041.5	27
29	はなさく	55	222	5	106	10	3,645.4	40
30	朝日	55	3,792	17	202	17	933.0	21
31	エヌエヌ	54	4,546	20	313	21	851.7	13
32	ライフネット	52	292	7	38	7	3,158.2	38
33	チューリッヒ	52	938	12	70	9	1,089.2	31
34	楽天	50	347	8	45	8	1,461.9	34
35	太陽	50	6,433	24	333	23	580.9	3
36	みどり	49	130	4	21	6	3,259.9	39
37	アクサダイレクト	45	129	3	14	5	2,841.3	37
38	アクサ	41	80	2	836	34	655.1	5
39	SBI	30	250	6	10	4	915.7	20
40	イオン・アリアンツ*	22	31	1	0.99	2	907.9	19
41	カーディフ	19	713	11	0	1	709.6	7
42	クレディ・アグリコル	15	451	10	3	3	539.1	2

注：① P はポイントの略、②マニュライフ生命は 2021 年度
出典：各社決算情報

イオン・アリアンツ生命　2020年にイオンフィナンシャルサービスがアリアンツ生命株式の60%を取得し、イオン・アリアンツ生命に商号変更。アリアンツは1880年創業で、ドイツ・ミュンヘンに本拠を置き、銀行・保険などを手がける世界有数の金融グループ。

Section

4-13 大手生保①

国内市場深耕の日本生命

生命保険業界の絶対王者・日本生命（ニッセイ）。国内保険市場の深耕を狙いに3子会社を活用して営業推進しています。また少額短期保険事業にも進出しています。

保険業界は金融業界の中で最も保守的で、当局の庇護（ひご）が最も強い業態と見られています。国は戦後の復興資金を調達するため、生保が保険料や掛け金を国債で運用することに期待する一方、いわゆる戦争未亡人の生活資金確保のため、保険外交員の制度確立を後押しした背景があるといわれています。

生保業界の自由化は1995年の保険業法改正から始まりました。生保と損保の相互参入の道が開け、2001年には銀行による保険の取次（窓口）販売がスタート。しかしながらバブル崩壊で証券市場が低迷して運用難に陥り、予定利率を確保できない逆ザヤ問題で中堅生保が相次いで破たん。1997年の日産生命からの4年間で7社が経営破たんしました。2003年にはタブーだった予定利率の引き下げを容認する業法改正が行われ、05年には不払い問題が各社で相次ぎ、業界の信用が失墜しました。

銀行に劣らず受難の時代を経験した生保業界にあって、**日本生命**はトップに君臨していますが、その威容には陰りが見え始めました。

14年11月に開いた中間決算の発表会見で、第一生命に保険料収入で初めて首位の座を奪われたことを受けた同社担当役員は、「日本最大であることにこだわっている当社としては、看過できない」と語り、業界を驚かせました。銀行や証券その他どの業界の最大手を探しても、ここまで露骨で傲岸不遜な物言いをする役員はいないでしょう。

8年ぶり保険料収入で2位に陥落

2022年度のグループ業績は、一般企業の売上高に相当する経常収益が9兆6391億円（対前期比15・3%増）。その大半を占めるのが保険料収入です。業界のガリバーと称されるニッセイですが、近年は第一生命ホールディング

生保と「戦争未亡人」 戦前の生命保険会社では主に代理店が保険金の集金に従事していましたが、戦後は販売チャネルの見直しに着手。パート雇用を増やしましたが、その初期段階では戦争で夫を亡くした女性が多くを占め、1950年代後半にはほとんどの生保で女性が販売員の主力となっていったとされています。

スが急追。前述のように14年度に保険料収入で初めて第一に抜かれ、22年度も8年ぶりに2位に甘んじる結果になりました。

業界最大手にとって「日本一」「国内トップ」の称号は譲れません。本業の儲けを示す基礎利益では依然首位を堅持していますが、生保業績の主要指標である保険料収入で後塵を拝するのは、ニッセイのプライドが許しません。そこで同社は国内市場を深掘りすべく、企業買収によって販売チャネルを強化しました。

16年3月に約2800億円で**三井生命**＊を子会社化（19年4月に**大樹生命**に商号変更）、18年5月に**マスミューチュアル生命**＊を約1040億円で買収（19年1月に**ニッセイ・ウェルス生命**に改称）。そして19年4月に「**はなさく生命**」を設立・開業しました。

3子会社ともに業績は堅調

大樹生命は、ニッセイと同様に旧三井生命時代から外務員主体の販売モデルでしたが、外貨建てなどニッセイにはない保険商品があり、相互に商品供給して相乗効果を上げているといわれています。

ニッセイ・ウェルス生命は、ニッセイが不得意にしてきた銀行窓販対策のため、この分野で業績を伸ばしていた旧マスミューチュアル生命を傘下に収めました。ニッセイの法人担当は、ウェルス生命が開発した「年金新時代」などを大手証券、メガバンク、そして地方銀行や信用金庫などの地域金融機関に売り込んでいます。

はなさく生命は、保険代理店に商品を供給するために設立されました。保険ショップの分野は複数の保険会社の商品を取り扱う乗合代理店が増えて競合が激化しており、迅速な商品供給および代理店との意思疎通が不可欠でした。

22年度の保険料収入は日本生命本体が4兆6479億円（7・9％増）、大樹生命8848億円（77・5％増）、ニッセイ・ウェルス生命5705億円（63・0％増）、はなさく生命222億円（15・0％増）と好調に推移しています。

22年4月には少額短期保険会社「ニッセイプラス少額短期保険」を開業。妊娠・出産のリスクに備える医療保険「ママとこどもの1000dayほけん」を販売開始しました。

海外事業の収益力拡大へ

日本生命の弱点は、海外事業。2021年度におけるグループ基礎利益で、海外事業は238億円と過去最高を記録しましたが、同年度のグループ基礎利益は8721億円。

三井生命　1914年創立。2004年に株式会社化。上場を目指していたが、業績不振と08年のリーマン・ショックで損失が拡大。第一生命の追い上げに苦慮していた日本生命との経営統合を選択した。

全体の2・8%に過ぎません。

海外事業は保険事業とアセットマネジメント事業で稼いでいますが、アセマネ事業で得る資産運用益に依存しています。2015年に買収した豪州の生保子会社MLCの業績悪化が海外事業低迷の要因の1つでしたが、21年度に収支改善して海外事業部門における最高益を記録しました。23年10月に米系生保「レゾリューションライフ」への約1110億円の追加出資を完了し、持分法適用会社としました。

介護最大手を2100億円で買収

23年11月、介護業界最大手のニチイホールディングスを買収することで合意しました。買収額は約2100億円。ほぼ全株取得で子会社化します。同社にとって、生保や資産運用といった本業以外の企業買収では最大規模。保険業界では損保大手のSOMPOホールディングスが介護事業をグループの主要事業の1つと位置付けていますが、大手生保としては初の本格的な介護事業への参入となります。

ニッセイとしては、国内生保事業の頭打ち傾向を打開する戦略として、高齢化時代における中核事業の1つとして展開していきたい意向です。

日本生命のグループ業績推移

単位：億円

		2018年度	2019年度	2020年度	2021年度	2022年度
経常収益		82,271	80,506	81,609	83,568	96,391
	増減率	8.1%	-2.1%	1.4%	2.4%	15.3%
保険料等収入		60,692	57,193	51,901	53,860	63,735
	増減率	11.9%	-5.8%	-9.3%	3.8%	18.3%
資産運用収益		18,423	20,074	26,820	26,959	29,921
	増減率	-1.5%	9.0%	33.6%	0.5%	11.0%
経常費用		77,986	77,693	76,853	78,214	94,967
	増減率	9.3%	-0.4%	-1.1%	1.8%	21.4%
経常利益		4,284	2,813	4,756	5,354	1,423
	増減率	-9.2%	-34.3%	69.1%	12.6%	-73.4%
当期純利益		2,787	1,921	3,315	3,467	1,182
	増減率	14.3%	-31.1%	72.6%	4.6%	-65.9%
基礎利益		7,551	6,958	6,899	8,721	4,794
	増減率	4.5%	-7.9%	-0.8%	26.4%	-45.0%

出典：日本生命「業績の概要」

マスミューチュアル生命　1907年に横浜生命設立後、1947年に平和生命。2001年マスミューチュアル生命、2018年に日本生命の子会社となり、翌年にニッセイ・ウェルス生命。

Section
4-14 大手生保②
営業職員数抑制の第一生命HD

業界2位の第一生命ホールディングス（HD）も日本生命同様、グループ経営を展開して販売チャネルを強化しています。また、不祥事を契機に法令順守に注力しています。

「野武士軍団」ともいわれるのが、1902年創立で生命保険業界第2位の**第一生命**。業界ではガリバー日本生命の背中はこれまで遠くにありましたが、銀行窓販や外資買収で業容を拡大。トップの座をうかがうまでに肉薄してきています。

冒頭に述べた異名を取るのは、同社が新機軸を業界に先駆けて打ち出してきたからです。2010年に4大生保では初めて株式上場を果たし、16年にはいち早く持株会社に移行。株式を公開することで証券市場からの資金調達を可能にして経営の自由度を高め、持株会社方式によって国内の異業種企業や海外の生保などの迅速な企業買収を展開する体制を整えたのです。

■大手生保初の上場

株式上場は、「保険契約者が株主」という生保独特の相互会社の殻を破り、少子高齢化と低金利局面における逆風に耐える経営体質を付けるためといわれています。

第一生命HDはニッセイと同様、3つの保険チャネルを持っています。第一生命は外務員などの営業職員と訪問型の乗合代理店。06年に設立した銀行窓販特化型の**第一フロンティア生命**、そして14年に傘下に収めた、インターネット販売および保険ショップ向けの**ネオファースト生命**＊です。

22年度の保険料収入は第一生命本体が2兆2968億円（対前期比0・9％増）、第一フロンティア生命2兆6126億円（73・8％増）、ネオファースト生命2323億円（21・4％増）。銀行窓販の第一フロンティア生命が第一生命を抜いてグループトップとなり、ニッセイを抜く原動力になりました。

Term

ネオファースト生命　1999年に日産火災（当時）が設立したDIY生命が、損保ジャパンの誕生に伴い2002年「損保ジャパンDIY生命」に商号変更。2014年に第一生命が買収して完全子会社となり、同年、現社名に改称した。

カギは銀行窓販、小短にも参入

保険料収入は、年度の増減幅が一定のレンジに収まる銀行の預金量と異なり、年ごとの浮き沈みが激しいのが特徴です。

低金利や市場の低迷で運用環境が厳しければ、貯蓄性保険の販売が消極的になって収入が落ち込むことがあります。近年は外貨建ての保険をさばく銀行窓販の業績が売上高に直結するようになっているので、この分野で強い第一と、弱みがある日生とのつばぜり合いが今後も続くでしょう。

20年4月には少額短期保険市場に参入、第一スマート少額短期保険を設立。スマートフォンで申し込みから契約まで完結する新タイプの医療保険「デジホ」の取り扱いを開始。コロナ禍に対応する保険商品の販売をスタートさせました。しかし、感染状況が拡大したり緩和したりするなど不安定な状況が続き、販売停止・再開を繰り返しています。

国内生保は保険後進国であるアジアに熱い視線を送っていますが、同社もいち早く進出していきました。07年に買収したベトナムの保険会社に始まり、インド、インドネシア、タイでは現地の生保を関連会社化して個人分野での販売に力を入れ、18年に「第一カンボジア」、19年に「第一生命ミャンマー」を設立するなど、アセアン諸国への進出を加速させています。また、17年には「第一生命ベトナム」がベトナムの銀行と保険販売で業務提携。国内の銀行窓販で培ったノウハウを東南アジアで展開しています。

雇用は上限80歳、ノルマ主義撤廃へ

20年10月、第一生命山口支社で90歳の女性営業職員が架空の投資話を持ちかけて約19億円を詐取する事件が明らかになりました。

この職員は55年の長期にわたって勤務しており、「特別調査役」という独自のポストと個室を与えられる厚遇を受けていました。自分だけの特別な運用枠があるなどと誘い、約20年間に24人の顧客からだまし取っていたといわれています。同社は社内調査を実施、20年10月以降にも8件の不正事案が明らかになるなど対応に苦慮しました。

これを機に第一生命HDは顧客から直接現金を預ることを禁止。営業職員の雇用上限を80歳までとするなどの措置を取りました。

また、22年度から営業職員の採用数を抑制すると同時に給与体系を見直し、成果給の割合を引き下げて無理な契約数などノルマ主義を改めました。同社では営業職員の約半

山口支社の不祥事　第一生命の調査によれば、元社員の女性（90歳）は2002年から2020年にかけて、顧客24人から約19億5100万円をだまし取ったとされています。顧客に対し「成績優秀者だけが認められた高利子の特別枠を持っている」などとだましていました。

数がノルマ未達などで入社6年目までで退職していたとされています。

保険の営業は極めて属人的な側面があり、こうした不祥事は第一生命に限ったことではありませんが、契約者の信頼を踏みにじる行為は許されません。

新事業「資産形成プラス」、23年スタート

第一生命は23年1月、デジタルプラットフォームサービス「資産形成プラス」を開始しました。このサービスは、住信SBIネット銀行と楽天銀行が提供するサービス、「BaaS（Banking as a Service）」の仕組みを活用しています。

専用のスマホアプリを通じて、預金や各種ローンを利用したり、満期になった保険金の一部を外貨預金や投資信託で運用したり、資産寿命シミュレーションを行うことができます。

同社はデジタル化を推進しており、医療保険「デジホ」など保険ビジネス（Insurance）とテクノロジー（Technology）を融合させた「InsTech」の取り組みを強化しています。資産形成プラスも、こうしたデジタル化の一環として位置付けることができるでしょう。

第一生命のグループ業績推移

単位：億円

	2017年度	2018年度	2019年度	2020年度	2021年度	2022年度
経常収益	70,378	71,840	71,141	78,278	82,097	95,194
増減率		2.1%	-1.0%	10.0%	4.9%	16.0%
保険料等収入	48,845	53,440	48,854	47,303	52,919	66,354
増減率		9.4%	-8.6%	-3.2%	11.9%	25.4%
資産運用収益	18,026	15,832	18,766	27,195	25,511	22,808
増減率		-12.2%	18.5%	44.9%	-6.2%	-10.6%
経常費用	65,658	67,511	68,957	72,749	76,188	91,085
増減率		2.8%	2.1%	5.5%	4.7%	19.6%
経常利益	4,719	4,329	2,183	5,528	5,908	4,109
増減率		-8.3%	-49.6%	153.2%	6.9%	-30.5%
当期純利益	3,639	2,250	324	3,637	4,093	1,923
増減率		-38.2%	-85.6%	1022.5%	12.5%	-53.0%
基礎利益	5,738	6,058	5,463	6,232	5,501	3,642
増減率		5.6%	-9.8%	14.1%	-11.7%	-33.8%

出典：第一生命ホールディングス　決算短信、財務・業績の概況

アジアの生保事情　生命保険の浸透率は低いとの指摘もありますが、人口増加や経済成長で中間所得層が急増し、普及段階にあります。インド・中国をはじめ、世界人口の約6割を占めるアジア地域は生産人口（15〜64歳）も多く、この地域の保険市場は無尽蔵との見方があります。

Section

4-15 大手生保③ 外務員営業に特化する明治安田生命

大手生保の3番手に位置する明治安田生命は、営業職員のダイレクト販売を重視する独自のスタイルを貫いています。また、業界初の配当制度を導入して契約者還元に注力しています。

大手生保で唯一合併したのが**明治安田生命**。その名が示すとおり財閥系の生保が合併した背景には、メガバンクグループに代表される金融再編があります。トップを競う日本生命・第一生命とは異なり、この合併は業界生き残り策でもありました。

1996年の金融制度改革で生保と損保の相互参入が解禁され、生保系損保がこの年に次々と誕生する一方、02年には4大メガバンクグループが出揃いました。

そんな中、損保業界トップの東京海上が01年に日動火災との間で生損保の再編統合を画策し、**ミレア保険グループ***を発足させましたが、経営難の朝日生命は親密先の第一勧銀に増資を仰ぐなどして方針を転換してグループから離脱。こうした生損保再編にのまれる不安を払拭したいと考えたのが、明治と安田の大手2社でした。

明治は東京海上と同じ三菱グループ。安田は旧富士系列でみずほフィナンシャルグループ。しかし明治は、東京海上主導のミレアGに入れば生保再編が進んで朝日だけでなく、第一勧銀に近い業界2位の第一生命との経営統合を迫られることを懸念しました。

安田も、同じ富士銀系の日動火災がミレアGに入ったため、遠からず東京海上の手で生保再編にのみ込まれる危険性を感じます。両社ともに、保険再編の名のもとに埋没するリスクが高まったため、敵の敵は味方とばかり手を組んで大手生保の面目を保ったというわけです。

当時の明治生命・**金子亮太郎***社長は、「損保と一緒になるメリットはない」などと生損保再編を一蹴。東京海上が目指した保険再編は道半ばになり、04年10月に業界第3位の明治安田生命が誕生しました。

ミレア保険グループ　2002年5月から2008年6月まで使われていた東京海上ホールディングスの持株会社の名称。

4年ぶりに経常収益が3兆円回復

2022年度のグループ業績は、経常収益が5兆4166億円（対前期比28・5％増）。保険料収入は3兆6702億円（30・6％増）と4年ぶりに3兆円を上回る水準になりました。外貨建一時払保険の販売が増加、15年に買収した米中堅生保**スタンコープ**＊社の増収が寄与しました。

明治安田の強みは法人営業にあります。売上高にあたる22年度（単体）の保険料等収入は3兆2036億円。このうち団体保険と団体年金保険の合計が8079億円と25％を占めており、日本生命に次ぐ規模を誇ります。

法人分野に強み、外務員営業に特化も

保険の法人分野は、企業の福利厚生や経営者向けなど多岐にわたりますが、こうした保険ニーズは一定以上の企業規模で初めて発生するだけに、わが国を代表する企業群を持つ財閥グループとのパイプはこの上ないアドバンテージといえます。

大手他社が生保本体の外務員チャネルのほかに銀行窓販や保険ショップなどの販路にも注力するべく専業子会社を設立したりして収益を上げている中、外務員の直販に特化する営業スタイルも同社の特色の1つ。銀行窓販の保険料収入シェアは22年度で見ると6128億円と前期比2・4倍の大幅増ですが、それでも2割を切っています。個人保険・個人年金保険の保険料収入は2兆3547億円。営業職員チャネルは1兆7066億円（28・2％増）。「生保レディ」の営業に大きく依存していることが数字にも表れています。

同社には、「生命保険に対する国民の意識の変化や高齢化社会の進展に対応していくには、多様な販売チャネルを展開するより、営業職員の人間力を向上させるほうが得策」との判断があるように思われます。

22年4月から「MYリンクコーディネーター制度」をスタート。保険商品の販売に加えて、契約者の健康増進や地域貢献活動を担うことにしました。処遇にもメスを入れ、入社後1年間は固定化した給与体系に改めました。

従来は半年ごとに業績給の部分が変動する不安定な給与体系でした。新制度は営業職員の質を重視した評価制度になっており、営業職員数も30年度には4万人になるよう採用を増やしていく計画（21年度は約3万6400人）です。

金子亮太郎　1965年一橋大経済卒、明治生命入社。2004年初代の明治安田生命社長に就任。2001年に生命保険協会会長。

新たな配当制度を導入

同社では21年10月から、対象となる保険に加入後一定期間（10年・20年）を経た保険契約者に対して、10万円程度の新たな配当を支払う制度「MYミューチュアル配当」を始めました。MYミューチュアル配当は、生保業界で初めての制度です。相互会社の特徴を生かした配当で、内部留保の積み立てに貢献した契約者に、従来の社員配当に加えて支払われます。競合他社との差別化を図る画期的な制度といえるでしょう。

MYミューチュアル配当の支払いは、契約時の保険料や更新後の保険料によって異なります。例えば契約時の保険料が月2万2000円で10年ごとに同じ額で更新した場合、20年目の支払金額は約10万円になります。

生保では長期間、確実に保険金・給付金の支払いに備えるため、剰余金の一部を内部留保として積み立てています。こうした資産は生保の経営努力による運用益ですが、その背景には保険金を長期間支払い続けてきた契約者の存在があります。同社では契約者のこうした貢献度に応じて新たな配当を還元し、同社への保険加入を促進するとともに、解約リスクの低減を図る方針です。

明治安田生命のグループ業績推移

単位：億円

		2018年度	2019年度	2020年度	2021年度	2022年度
経常収益		41,825	40,733	40,286	42,143	54,166
	増減率	1.6%	-2.6%	-1.1%	4.6%	28.5%
保険料等収入		30,813	29,118	26,693	28,098	36,702
	増減率	1.9%	-5.5%	-8.3%	5.3%	30.6%
資産運用収益		9,802	10,511	12,634	13,030	16,481
	増減率	2.2%	7.2%	20.2%	3.1%	26.5%
経常費用		37,918	38,198	37,996	39,829	51,459
	増減率	1.2%	0.7%	-0.5%	4.8%	29.2%
経常利益		3,906	2,535	2,289	2,313	2,707
	増減率	5.5%	-35.1%	-9.7%	1.0%	17.0%
当期純利益		2,295	2,078	1,887	1,817	858
	増減率	-13.4%	-9.5%	-9.2%	-3.7%	-52.8%
基礎利益		6,338	6,355	5,798	6,171	4,018
	増減率	8.3%	0.3%	-8.8%	6.4%	-34.9%

出典：明治安田生命　決算（案）説明資料

スタンコープ　2015年に約6246億円（当時）で買収。オレゴン州ポートランドに本社を置く中堅生保で、団体保険に強いとされる。

Section

4-16 大手生保④ 新保険で浮上する住友生命

健康増進型保険の取り扱いで急伸するのが業界4位の住友生命。従来の生命保険と一線を画す商品で新境地を切り開いています。

住友生命は1907年5月創業。合併こそしていませんが、明治安田生命と同じく、メガバンクグループ誕生を受けて始まった生損保再編の波を受けた歴史を持っています。

2001年、住友生命はメインバンクの三井住友銀行が系列の生損保を統合してグループ拡大を目指す戦略に共鳴。同年11月に三井住友海上、三井生命とともに業務提携に合意しました。

ところが、この金融4社の共闘体制は三井生命の経営不振から乱れていきます。業績低迷が続く三井生命は資金調達の多様化を目指して04年に株式会社化を打ち出しましたが、08年のリーマン・ショックで多額の運用損失を出して経営が悪化。

このとき他の3社は総額600億円の資金支援を実施しましたが、住友生命は人材も派遣するなど最も熱心に支援しました。それだけに16年にニッセイが三井生命を傘下に収めたのは意外に映りました。

住友生命の特徴は全方位の販売チャネル。営業職員のほか銀行窓販に加えて2010年には銀行窓販専門の**メディケア生命***を三井生命と合弁で設立（14年に完全子会社化）しています。

保険ショップの拡大にも熱心です。自社で「**ほけん百花***」を展開するほか、17年には「保険デザイン」（大阪市）を子会社化して手薄な関西エリアの店舗網を補完。18年には中部地区にも乗合代理店を出店する「保険ホットライン」と業務提携するなど、チャネル拡大に注力しています。

■全方位型から脱皮、「バイタリティ」前面に

2022年度の単体業績は、経常収益が3兆4953億円（対前期比13・0％増）。保険料収入は2兆2164億円（3・4％増）と5年ぶりに対前期比増を記録しました。

Term

メディケア生命　2010年開業。生命保険の銀行窓口販売専門の会社として、住友生命と三井生命の共同出資だったが、2014年に住友が三井から株式を取得して子会社化した。

全方位型の生保である同社のカラーを塗り替える商品が18年から登場しました。それが健康増進保険「Vitality（バイタリティ）」。96年に南アフリカの金融サービス会社「**ディスカバリー**[*]」が開発した同名の保険を日本向けにしたものです。

生活習慣のビッグデータ狙う？

これまでの保険商品は、死亡したり病気にかかったりしたときの金銭的な補償が目的でしたが、健康増進保険は保険を契約した人の健康維持や改善を狙いに開発されている点で大きく異なり、業界では革命的な商品と目されています。

契約するスポーツジムでの参加状況や健康診断の受診内容など、契約者の健康増進の取り組みをポイントに換算し、健康レベルの評価が判定されます。それに基づいて翌年からの保険料が高くも安くもなるという仕組みで、同社はこうしたプログラムをソフトバンクと提携して共同開発。保険契約者がホテルなどの各種施設を優待利用できるポイント制度を導入しています。

また、スマホや多機能端末——特に血圧などを測定できるウエアラブル端末も販売されており、契約者増に寄与しています。

22年度のバイタリティ会員数は105万人で3年後に240万人を目標にしています。23年4月からは同商品から保険契約を切り離し、健康プログラムを単独で販売する「Vitality スマート」の取り扱いを開始しました。

「この保険の最大の魅力は、契約者から得られる生活習慣のビッグデータではないか」（生保業界関係者）との声も聞かれます。少子高齢化が進み金融業界は業容が先細っています。ヒトの寿命で事業を展開する生命保険は、その影響をモロに被ります。健康増進にスポットをあてた生保商品には他社の追随が予想されます。

銀行窓販に力を入れたり、保険ショップの店舗を増設したりするのは、保険契約者を増やす営業行為です。しかし、国民皆保険といわれるわが国で、公的保険との2頭立てで図太く成長してきた生保業界も、そろそろ成長のエンジンを大きく見直す時期に来ているのではないかと思われます。

ほけん百花　運営母体は、住友生命の100%子会社である「いずみライフデザイナーズ」。

住友生命に限らず、業界挙げてこの健康増進保険に期待を寄せるのは、今後、契約者数の伸びが鈍化しても、現在契約している人たちの「健康データ」を積み上げていけば、そのデータを他のサービス産業に販売して十分な儲けが出ると考えているからです。情報の二次加工に次世代の生命保険経営の可能性を見いだしているのかもしれません。

海外戦略はアジアと米国に軸足

住友生命の海外事業はアジアと米国を重視しています。2005年に中国における現地パートナーとの合弁会社「PICC生命」を設立。13年にはベトナム、14年にはインドネシアの生命保険市場に進出。19年には英保険グループ「アビバ」のシンガポールにおける保険会社「シングルライフ」に出資、東南アジア地域の事業拡大を進めています。

米国においては16年に大手生命保険グループ「シメトラ」を完全子会社化、同社を通じ世界トップの保険市場・米国で安定した収益確保を目指しています。同社の22年12月期は、低調な個人年金部門を好調な企業保険部門が補い、収益は大きく改善。当期純利益は対前期比で113%増となっています。また、同社の主力商品であるインデックス年金を日本国内で販売するなど、シナジー効果が出ています。

住友生命の業績推移（単体）

単位：億円

		2018年度	2019年度	2020年度	2021年度	2022年度
経常収益		32,850	30,850	31,089	30,942	34,953
	増減率	-3.4%	-6.1%	0.8%	-0.5%	13.0%
保険料等収入		24,053	22,243	21,877	21,431	22,164
	増減率	-4.1%	-7.5%	-1.6%	-2.0%	3.4%
資産運用収益		7,598	7,400	8,160	8,670	12,030
	増減率	0.1%	-2.6%	10.3%	6.3%	38.8%
経常費用		30,844	29,898	29,533	29,483	34,334
	増減率	-2.7%	-3.1%	-1.2%	-0.2%	16.5%
経常利益		2,005	951	1,556	1,459	618
	増減率	-12.8%	-52.6%	63.6%	-6.2%	-57.6%
当期純利益		606	493	547	583	1,472
	増減率	-7.3%	-18.6%	11.0%	6.6%	152.5%
基礎利益（グループ計）		2,850	2,704	2,757	3,375	2,613
	増減率	-21.6%	-5.1%	2.0%	22.4%	-22.6%

出典：住友生命　電子公告など

ディスカバリー　「バイタリティ」は1国1社の契約を結び、日米英独中豪など世界40カ国で約3000万人が加入しているといわれる。

ビッグモーター不正事件を考える

Column

本書執筆時点で、中古車販売大手「ビッグモーター」を巡る報道が続いています。発端は2021年秋の社員による内部告発。告発を受けた損保が調査を開始したところ、30あまりの修理工場で300以上にのぼる不正があったことが明らかになりました。

故意に車体にキズを付けて修理代金をかさ上げしたり、部品交換せずに部品代金を請求したりするなど、事故車の修理費を不当に割り増しして損保会社に請求していました。複数の大手損保会社もこれを黙認していたことがわかりました。

また、幹線道路沿いにあるビッグモーターの営業所では、所在がより明確になるように、視界を妨げる街路樹を許可なく勝手に伐採するなどの行為が大きな批判を浴びました。同族経営による過度なノルマが、不当な修理代金請求にもつながっていました。2023年7月に行われた同社の記者会見で創業者は謝罪しましたが、不当なノルマを従業員に強いたとされる長男の副社長は出席せず、世論の非難を再度浴びました。

ビッグモーターに対する批判は当然ですが、同社に多くの社員を出向させ、「不正請求を黙認した」といわれても仕方のない対応をしていた損保会社の責任も重大です。一部の大手損保が槍玉（やりだま）にあがっているようですが、氷山の一角との指摘もあります。

損保会社にとって、ビッグモーターから請求される修理代金は、高ければ高いほど経営上はマイナスです。保険加入者の支払保険料は極力使わないほうが利益は増えるのに、なぜビッグモーターからのかさ上げ請求に応えようとしたのか？　修理費用にコストがかかってもなお、同社との取引パイプを維持し太くしたほうが経営上プラスと判断した——それ以外に理由がないのは明らかです。ビッグモーターが犯した所業は断罪されるべきですが、損保の企業倫理欠如も看過できません。

金融庁は2023年11月30日付で、ビッグモーターの損保代理店登録を取り消す処分を行った。

Section

4-17 実損てん補と代理店（損保）

損害保険は「実損てん補」が基本で、支払い限度額は決めるものの、実際に被った損失分だけが保険金として支払われます。死亡保険金などの支払額があらかじめ確定している生命保険とは異なります。

損害保険の保険料も、生命保険と同じように**大数の法則**＊によって導き出されます。過去の統計から、あるエリアの中で事故が起こる確率を算出し、被害額がわかれば、おのずと保険料が割り出されます。

例えば、A市では10万台の自動車が所有されていると します。A市で起こる自動車事故は、過去の統計から年間1000件です。1件当たりの平均被害額が100万円とすれば、「平均被害額×件数÷台数」の計算により、自動車1台当たり1万円の保険料を負担すればよいことになります。実際には、この計算は純保険料を求めるのに用いられ、別に事故の調査費用や運営費部分の付加保険料が上乗せされることになります。

もちろん、社会情勢の変化によって事故率は変わってきます。技術の進歩で事故率が下がれば保険料率は下がり、逆に高級自動車の盗難事件が相次いで保険金の支払いがかさむようなことがあれば、保険料率は上がることになります。

損害保険は、生命保険と違って「**実損てん補**」が基本になります。聞き慣れない言葉かもしれませんが、要は実際の損害額を保険金として支払うことです。例えば、上限1000万円の火災保険に加入していて、火災の被害に遭ったとしても、1000万円全部が保険金として支払われるわけではありません。

被害額に見合った保険金が支払われるのであって、「死亡保険金1億円の生命保険に加入していた人が亡くなれば、保険金受取人が1億円を手にできる」生命保険とは性格が異なっています。

大数の法則　少ない件数では事例の発生する割合は定まらないが、件数が多くなればなるほど、計算で求められる確率の値に近付く。サイコロを1回振って1の目が出るのは偶然だが、多く振れば振るほど、計算上の確率である6分の1に近付く。これを大数の法則という。

なぜ損害保険は実損てん補なのでしょうか。それは損害保険の基本原則として「**利得禁止の原則**」があるからです。

代理店には専業と兼業がある

損害保険の販売の担い手となっているのが**代理店**です。代理店には、保険の販売を専業で行っている**プロ代理店**と、それ以外の**兼業代理店**があります。

自動車保険に加入するきっかけになるのが、自動車を購入した**ディーラー**との接触です。ディーラーは自動車を販売しながら代理店の資格を持ち、自動車保険も売っています。ほかにも、不動産業者が火災保険の代理店を兼ねていたり、旅行会社が傷害保険の代理店になっていたりします。より業務に密接した形で、サービスに付随する損害保険を販売するスタイルになっているのです。

代理店には**乗合代理店**という形態があります。生命保険の営業職員が1社専属制なのに対して、損害保険の代理店は複数の損保会社と代理店契約を結ぶことが認められています。代理店以外にも、顧客利便性を考えて販売チャネルは広がっています。1996年の保険業法の改正で、**保険ブローカー制度**が導入され、生保と同様に銀行での販売が全面解禁されました。

損保代理店数の内訳（2022年度）

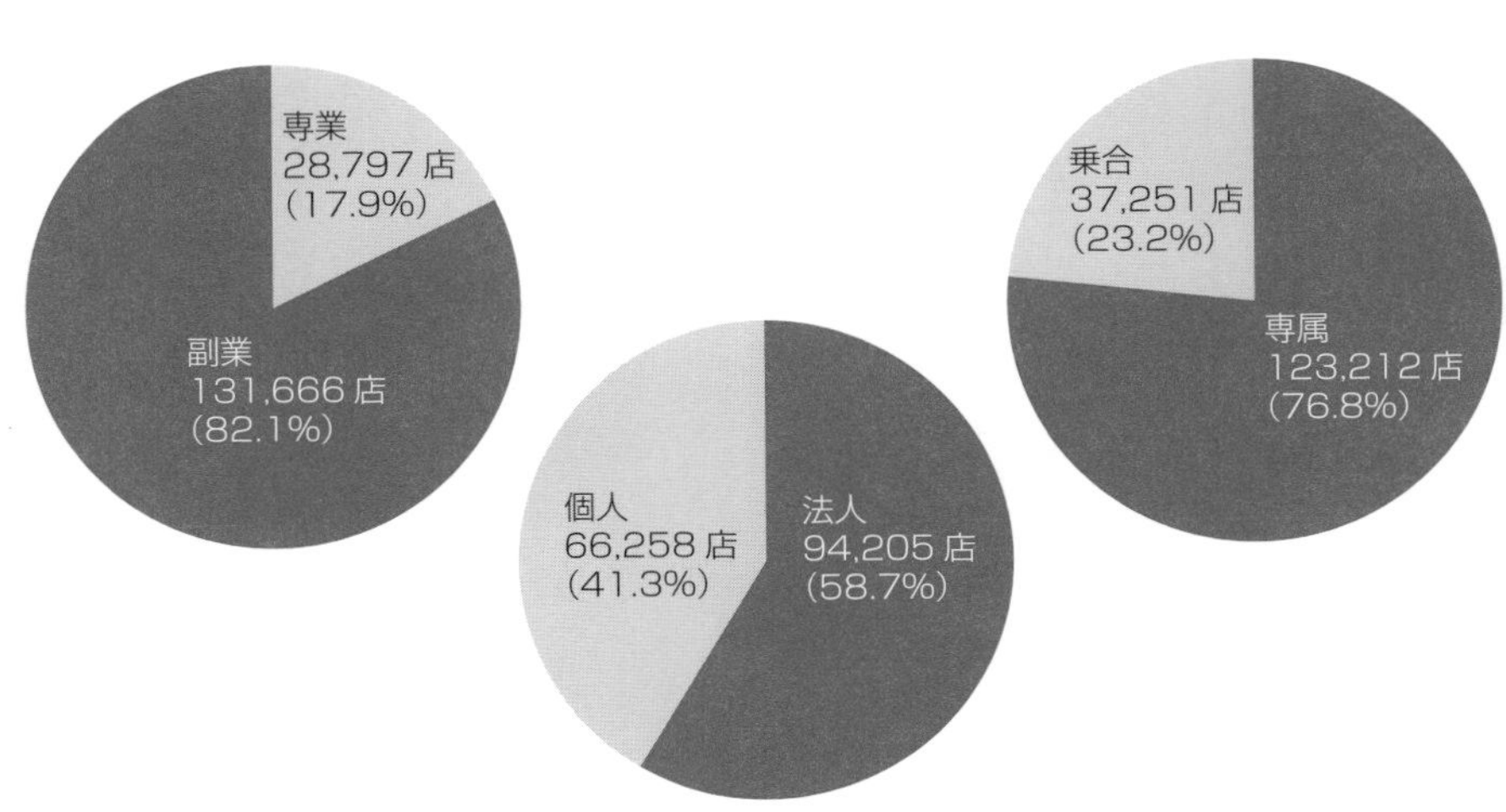

出典：日本損害保険協会「ファクトブック2022　日本の損害保険」

保険ブローカーの登場　保険仲立人とも呼ばれます。代理店との大きな違いは、損害保険ブローカーには契約締結権がないことです。仮に成約しても保険会社からの手数料は見込めません。その代わりにアドバイス料が徴収でき、1件当たりのロットが小さい個人保険ではなく、むしろ大口の企業保険分野で活躍しています。

Section

4-18 損保儲けの仕組み「収支残率」

損害保険会社に支払う保険料は、事故が起こった際に保険金として支払う純保険料と、代理店などに支払う付加保険料とで構成されています。

住宅を購入すれば、万が一の火事に備えて**火災保険**に加入します。自分の家だけは火災が起こらないとはいえないからです。いくら気を付けていても、隣家の火災からもらい火を受ける危険もあります。住宅金融支援機構は、融資の条件として団体信用生命保険と火災保険の加入を義務付けています。

社会人になって初めて自動車を購入すると、自賠責保険とあわせて**任意自動車保険**に加入するのが一般的。誤って人身事故を起こしてしまったら、何千万円もの補償を求められるからです。もちろん、黙っていても新車ディーラーや中古車販売会社から任意保険の加入を勧められたり、夏休みに海外旅行を計画する際には海外旅行保険に加入することもあります。保険に入っておけば、現地で起こった様々な事故やトラブルに保険金を支払ってくれます。

このように生活に欠かせない損害保険ですが、私たちが支払う保険料はどのような仕組みになっているのか、知っている人は少ないでしょう。

保険料はもちろん保険会社が勘で決めているのではありません。統計データに基づいて計算されています。

厳密にいうと保険料は、「保険金の支払いにあてられる**純保険料**」および「損害保険会社の経営を維持したり、代理店（保険を委託販売している業者）に支払われる**代理店手数料***などに充当する**付加保険料**」で構成されています。

先の例でいえば、自動車ディーラーは純粋に親切心で任意保険を勧めているわけではありません。保険を売ればその分の手数料がちゃんと得られる仕組みになっているのです。

代理店手数料　代理店に支払う手数料はかつて一律だったが、現在は取扱高や事務能力などによって損害保険会社ごとに異なっている。ただ一般的には20%ほどになっていると考えられる。

100%超えると事業は赤字

損害保険会社を収益で見る際に重要な指標があります。それが**コンバインドレシオ**と呼ばれるものです。日本語では「**収支残率**」と訳されます。

支払った保険金の累計を総保険料で割ったものが「損害率」、事業を維持するのにかかった経費を同じく総保険料で割ったものが「事業費率」ですが、この損害率と事業費率を足したものがコンバインドレシオです。

コンバインドレシオが100%を超えていれば、事業そのものが赤字経営になってしまいます。ですから、100%からコンバインドレシオを差し引いた分が保険会社の利益になるわけです。

損害保険会社は、自然災害と切っても切れない関係にあります。特に、地震や台風などの風水害が発生すると経営が圧迫され、コンバインドレシオが100%を上回ることもあります。2022年9月下旬に発生した「令和4年台風第15号」では、静岡県を中心に土砂被害や浸水害、河川の氾濫が発生して多大な人的被害や住家被害が起き、損保各社の収益に影響を与えました。

風水害などによる高額保険金の支払い

	災害名	地域	発生年月日（西暦）	支払件数（件）	支払保険金（億円）			
					火災・新種	自動車	海上	合計
1	平成30年台風第21号	大阪・京都・兵庫等	18年9月3～5日	857,284	9,363	780	535	10,678
2	令和元年台風第19号（令和元年東日本台風）	東日本中心	19年10月6～13日	295,188	5,181	645	－	5,826
3	平成3年台風19号	全国	1991年9月26～28日	607,324	5,225	269	185	5,680
4	令和元年台風第15号（令和元年房総半島台風）	関東中心	19年9月5～10日	383,585	4,398	258	－	4,656
5	平成16年台風第18号	全国	04年9月4～8日	427,954	3,564	259	51	3,874
6	平成26年2月雪害	関東中心	14年2月	326,591	2,984	241	－	3,224
7	平成11年台風18号	熊本・山口・福岡等	1999年9月21～25日	306,359	2,847	212	88	3,147
8	平成30年台風第24号	東京・神奈川・静岡等	18年9月28日～10月1日	412,707	2,946	115	－	3,061
9	平成30年7月豪雨	岡山・広島・愛媛等	18年6月28日～7月8日	55,320	1,673	283	－	1,956
10	平成27年台風第15号	全国	15年8月24～26日	225,523	1,561	81	－	1,642

出典：日本損害保険協会　統計「自然災害での支払額」

地震保険　地震によって発生した火災や津波被害は、火災保険では補償されません。政府が一括して引き受ける特別な保険です。火災保険とセットで加入しなければなりません。阪神・淡路大地震や新潟中越地震を契機に加入者が増加し、火災保険加入者のうち地震保険加入者の率（付帯率）は2022年度で69%に上昇しています。

Section

4-19 テレマティクス保険は普及するか（損保）

ドライブレコーダーや専用アプリなどを使い、走行距離や安全運転レベルの分析・測定の結果を自動車保険料に反映させるテレマティクス保険が注目されています。

テレマティクスとは、通信（Telecommunication）と情報工学（Informatics）を組み合わせた造語です。

近年は車載カメラやドライブレコーダーの設置台数が急増しています。**テレマティクス保険**は、こうした技術を利用して走行距離や運転特性など運転者ごとの運転情報を取得・分析し、その情報をもとに保険料を算定する自動車保険です。

この保険は、**PAYD**（Pay AS You Drive の略。**走行距離連動型**）と**PHYD**（Pay How You Drive の略。**運転行動連動型**）の2つに分かれており、リスクに応じた詳細な保険料を設定することで、安全運転の促進や事故の減少などの効果をもたらすといわれています。

若者のクルマ離れや高齢者の自動車免許返納などで自動車の保有人口が減っている現状で、損保業界にとって従来型の自動車保険に代わる新たな主力商品になるかどうか、業界内でも注目を集めています。

欧米では2010年以降浸透しつつあります。測定装置の精度が向上したことで日本にも導入されるようになり、わが国でも任意保険の加入者が特約保険として利用する機会が増える——と、取り扱いを開始した損保各社は期待しています。

矢野経済研究所*は、23年度の自動車保険におけるテレマティクス保険の国内市場規模は2860億円（6・6％）、25年度には3895億円（8・6％）に拡大すると予測しています。

業界の浮沈を握る注目商品になるか

走行距離によって保険料が変化するタイプはこれまでにもありました。注目を集めているのは「運転行動連動型」。安全運転のレベルによって最大20％の割引になる商品もあ

矢野経済研究所　1958年に設立された民間の独立系シンクタンク。同業他社が調査対象にしない業界への調査にも定評がある。2018年に共同通信グループと資本提携している。

ります。

ドライブレコーダーなどを活用して安全運転のスコアを測定し、損保会社がその情報を収集します。急ブレーキや急発進などが少なく安全運転をしている車などは、保険料の割引やキャッシュバックが受けられる商品設計になっています。ただし、運転行動連動型のテレマティクス保険で実際に割引を実施しているのは、損保ジャパンなど数社にとどまっています。

テレマティクス保険には課題もあります。1つは通信機器の導入コスト。近年普及してきているとはいえ、保険契約者に一定の負担をかけるので、加入促進を進めるならば、損保会社による機器のリースなども検討する余地があります。

また、GPSによる自動車の位置情報など個人情報の漏えいリスクも生じるので、損保会社は契約者のプライバシー保護のための対策を講じる負担も出てきます。

安全運転ならば保険料が減額される仕組みは、健康なほど保険料が安くなる健康増進保険の損保版ともいえます。自動運転の時代になっても、損保の主力商品は自動車保険。テレマティクス保険の普及が業界の浮沈を握るカギになるかもしれません。

テレマティクス保険の概念図

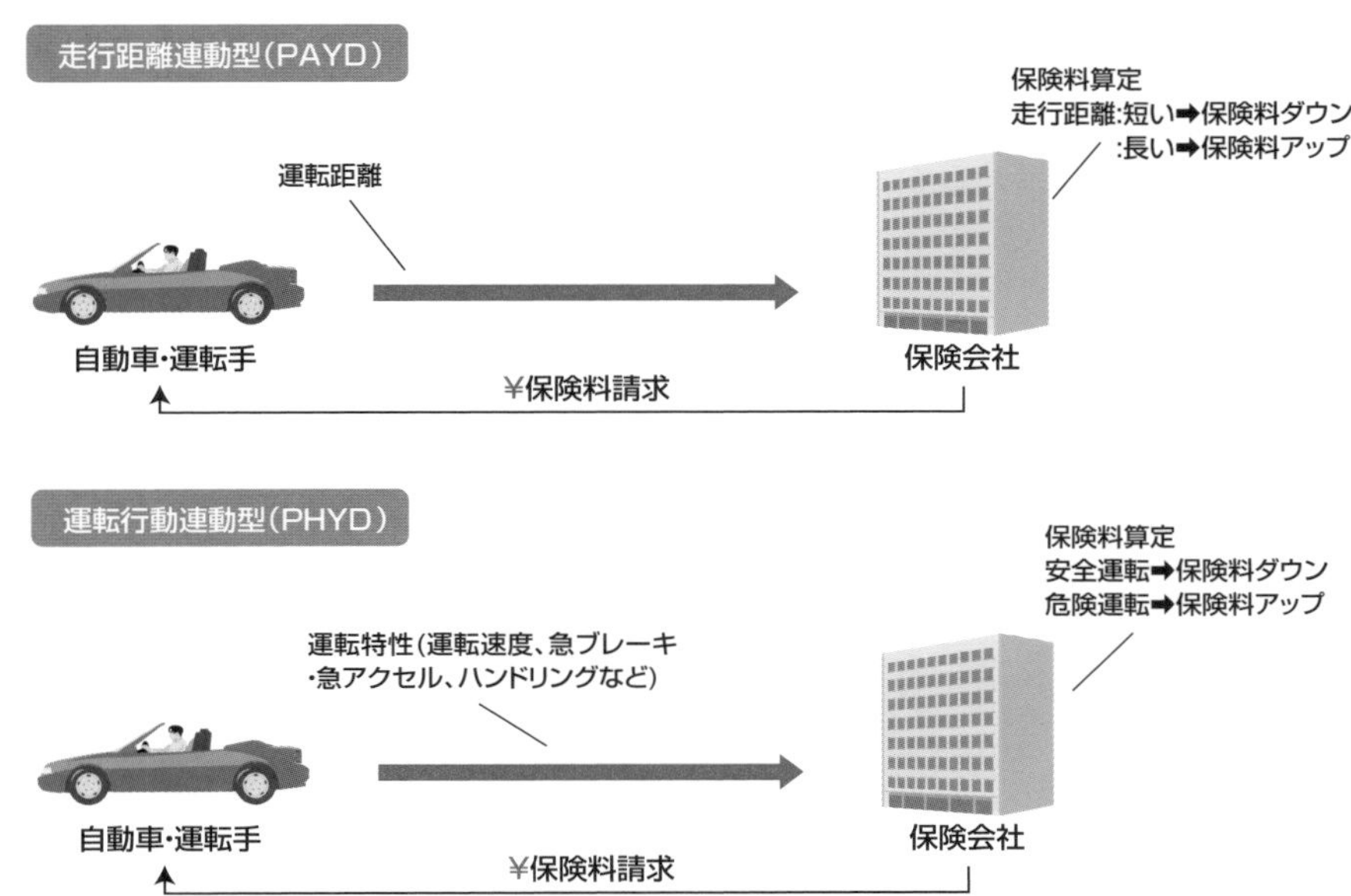

出典：国土交通省自動車局安全政策課「第9回自動車関連情報の利活用に関する将来ビジョン検討会」

Section

4-20 損保ランキング

損害保険会社は、商品のほとんどが1年更新の短期のビジネスモデルです。生命保険会社のように逆ザヤに苦しむこともありません。規模が大きいほど有利と考えてよいでしょう。

損害保険会社は「規模の利益」といわれています。例えば、自動車保険や自然災害の事故対応には損害調査網が不可欠です。どんな事故で過失割合はどうなのか、損害額はいくらなのか、保険金はいくら支払うべきかなどを詳細に調べる必要があります。

しかし、自動車は日本全国どこでも走っていて、いつなんどき、事故が全国どこで起こるかわかりません。「あの地域での保険販売は少ないから、損害調査の手を緩めても構わない」というわけにはいかないのです。こういったネットワークは、損害保険会社の規模にかかわらず整備しなければなりません。

それに、国内の主要な損保は、基本的にすべての損害保険商品を扱っています。必然的に、規模の大きな損保ほど利益が上がる体質になるわけです。国内の主だった損保は再編を経験しています。それは、価格競争の波にのまれても生き残るためですが、一方で規模の利益を追い求めたからです。損保で利益を確保するには規模が絶対的要件なのです。

一般的に、損保の規模を比較する際に最も多く使われるのが**正味収入保険料***です。その保険会社が引き受けているリスクの総額を指します。売上高といってもよいでしょう。

保険業界は生保・損保とも過去に保険金の「支払漏れ」や「不払い問題」で大揺れし、消費者の信頼を大きく損ないました。加えて損保では保険金の支払いに問題があっただけでなく、もともとの入口になる保険料の設定段階で多く取り過ぎていた「超過保険料問題」まで浮かび上がり、損保は杜撰(ずさん)だと反発を浴びました。しかし、生保ほど大きな打撃は受けていません。

Term **正味収入保険料** 元受正味保険料に受再正味保険料を加え、支払再保険料と収入積立保険料を控除したものをいう。

3メガの損保4社が上位独占

2022年度における正味収入保険料を見ると、業界トップは東京海上日動。年間で2兆3852億円ものリスクを引き受けています。2位は僅差で損保ジャパン、3位に三井住友海上、4位には同じMS&ADのあいおいニッセイ同和が続き、上位4社はメガ損保が独占しています。

22年度は商品改定の影響で火災保険が増収となったことなどで、業界全体の正味収入保険料は9兆1195億円と前年度比3・6%増加しました。

保険本業の利益を表したのが**保険引受利益**＊です。22年度は交通量回復と自然災害の増加で自動車、火災の保険支払いがともに増加したため、28社中13社が赤字。業界全体では前期比63・2%減少して1144億円になりました。トップは東京海上日動で1164億円。2位のAIG損保152億円を大きく引き離して断トツの業績を上げました。健全性ではどうでしょうか。損保にも生保と同じくソルベンシー・マージン比率が用意されています。200%以上確保されていれば合格点なのは変わりありません。国内主要損保が軒並み700%以上を達成しており、この点では問題はありません。

損保商品はほとんどが1年更新の短期

▲三井住友海上本社ビル

▲東京海上日動ビルディング本館 by Hanonimas

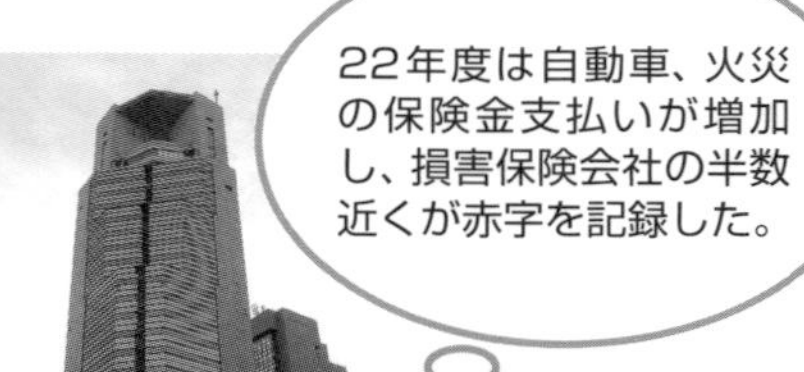
22年度は自動車、火災の保険金支払いが増加し、損害保険会社の半数近くが赤字を記録した。

▲あいおいニッセイ同和損保フェニックスタワー by yama0904

▲損保ジャパン本社ビル by Carbonium

保険引受利益 損害保険を引き受けることで得られる利益。「保険引受収益」−「保険引受費用」+「保険引受に係る営業費及び一般管理費」+「その他収支」で算出。生保の「基礎利益」に該当する。

単位：億円、%

収益性								健全性	
P	保険引受利益	P	当期純利益	P	総資産	P	代理店数	P	ソルベンシー・マージン比率
27	1,164	28	1,895	28	94,271	23	45,920	17	843.3
26	152	23	142	24	7,265	21	13,757	23	1,260.5
15	6	25	431	25	37,336	25	47,070	16	830.8
24	67	22	70	20	3,665	20	10,912	22	1,245.2
1	-198	27	1,080	27	72,666	24	46,512	10	623.3
2	-159	26	1,078	26	70,000	22	30,719	12	684.3
25	78	21	64	18	2,797	11	379	15	813.3
21	14	20	45	22	5,695	0	—	14	732.8
3	-49	9	6	21	5,656	12	476	21	1,118.6
20	13	15	11	14	677	7	182	28	2,847.6
23	47	24	172	16	946	19	9,650	9	592.9
6	-26	11	7	17	2,340	17	2,401	19	855.0
16	8	18	14	9	440	15	1,375	18	844.1
22	22	19	25	10	483	16	1,917	3	373.1
5	-46	6	2	19	3,617	18	2,843	20	1,110.2
19	12	17	12	4	150	5	114	26	1,885.4
18	11	13	8	12	588	8	228	7	527.5
7	-23	1	-22	7	208	6	162	25	1,666.0
14	4	7	3	5	195	0	—	27	2,304.6
8	-9	2	-9	15	841	13	560	5	409.2
4	-47	15	11	8	263	9	311	2	267.2
11	-1	3	-3	11	515	14	1,237	11	647.2
10	-3.7	12	8	13	626	0	—	13	705.5
—	—	5	0	23	6,890	3	10	1	193.0
13	-0.8	8	4	2	26	1	3	24	1,468.2
16	8	10	7	4	96	2	6	8	530.5
12	-1	4	-0.8	3	86	10	368	4	387.2
9	-7	14	8	1	24	4	58	6	472.8

損保総合ランキング

総合順位	社名	総合P	将来性			
			P	正味収入保険料		
					うち自動車	うち火災
1	東京海上日動	151	28	23,852	11,140	4,147
2	AIG	138	21	1,515	524	126
3	あいおいニッセイ同和	131	25	13,355	7,652	2,246
4	日新火災海上	128	20	1,450	855	237
5	損保ジャパン	116	27	22,255	10,832	3,850
6	三井住友海上火災	114	26	16,298	6,885	2,660
7	ソニー	109	19	1,395	1,239	47
8	トーア再保険	100	23	2,072	232	437
9	明治安田	97	22	1,728	632	266
10	アクサダイレクト	96	8	148	0	4
11	共栄火災海上	95	17	563	526	0
12	セコム	86	16	510	90	155
13	大同火災海上	85	9	166	110	11
14	アニコム	85	15	509	—	—
15	楽天	78	10	174	104	7
16	au	76	5	55	—	—
17	SBI	71	13	325	303	5
18	日立キャピタル	62	7	105	—	—
19	三井ダイレクト	62	3	51	—	—
20	セゾン自動車火災	61	18	644	606	4
21	イーデザイン	56	12	319	—	—
22	アイペット	55	11	298	—	—
23	日本地震再保険	53	14	345	342	—
24	全管協れいわ	51	24	2,524	—	2,524
25	ジェイアイ傷害火災	48	1	0	—	0
26	さくら	44	4	55	—	—
27	ペット＆ファミリー	39	6	86	—	—
28	エイチ・エス	36	2	19	19	—

出典：各社の直近決算状況

Section

4-21 3メガ損保①

3メガ損保首位を堅持する東京海上HD

損保業界で長く首位の座にある東京海上ホールディングス。先細る国内市場から海外事業に目を向け、業容拡大に成功しています。

金融の業態で最も寡占が進んでいるのが損害保険業界。「**メガ損保**」といわれる3つのグループが業界シェアの8割以上を押さえて、業界をほぼ制圧しています。

損保の再編統合劇は二幕ありました。第一幕は2001年の「ミレア保険グループ」結成の時期、第二幕は10年の「MS&AD」と「NKSJ」のヨコ文字損保グループの発足の前後です。再編の仕掛け人は業界トップの東京海上でした。

損保業界にも、銀行業界と同じように再編統合の序章がありました。1996年に施行された新保険業法で、生命保険と損害保険の子会社方式による相互参入が認められました。東京海上もこの年「東京海上あんしん生命」を設立しました。生損保の相互参入でプレーヤーの数が増えて競争が激化。法改正で保険料率が自由化されて体力勝負になり、大手損保も生き残りをかけて合併再編に走りました。

2001年、東京海上は第一勧銀系の朝日生命、旧富士銀系の日動火災との間で生損保の再編統合を画策し、ミレア保険グループを発足。しかし、経営難に陥っていた朝日は方針を転換してグループから離脱しました。

主力3社体制

04年に日動火災と合併して東京海上日動となり、業界中堅の日新火災を子会社化。08年に持株会社の名を東京海上ホールディングスに変更して現在に至っています。グループの国内主要子会社は、主力の東京海上日動と東京海上日動あんしん生命、通販型損保の**イーデザイン損保***の3社。

かつて損害保険は「金太郎飴」と揶揄（やゆ）されていました。どこの損保でも同じ商品で同じ価格。保険の安定供給を御旗に国から厚い保護を受け、規模の小さい損保でも生き残れるような保護行政が長く続いてきたのです。

Term **イーデザイン損保**　インターネット専業の損保。東京海上ホールディングスとNTTファイナンスの出資で2009年に設立。

　しかし少子高齢化で契約者数は減少、損保会社の収益の主力である自動車保険は、若者のクルマ離れで衰退の一途。一方で相次ぐ大規模な自然災害による保険料の増大などで、収益環境は劣化してきています。

　生命保険と違って1年契約（更新）の損害保険は、短期的な景気動向に左右されるビジネスモデル。そこに、予期できない自然災害が発生して莫大な保険金の支払いがあるので、収益のブレが大きい業界です。そうなると、リスクを回避するのが商売の保険会社自体が経営のリスクヘッジの必要に迫られるという珍現象が生まれ、必然的に事業の多角化が課題になってきました。

海外戦略と生損一体保険に活路

　東京海上HDはグループ発足時から積極的に海外の保険会社を買収してきました。

　08年3月に英保険グループのキルン社を1000億円、同年7月に米保険大手フィラデルフィアを5000億円で買収。11年にはインドに現地企業との合弁で生保会社を設立、さらに米保険大手デルファイを2000億円で傘下に収めました。そして15年、9400億円という過去最大の巨費を投じて米国の**スペシャリティ保険**大手であるHCC社のM&Aを実行しました。スペシャリティ保険とは、高年俸のプロスポーツ選手に対する補償保険など、特殊な環境にある個人への損害保険です。

　こうした海外M&Aの結果、22年度業績の国内と海外の比率は、正味収入保険料（損保）で国内57%に対して海外は43%と肉薄。生命保険料は52%と海外が国内を上回っています。

　とはいえ、国内の自動車保険への依存度は相変わらず高く、22年度の保険料で見ると自動車保険51・2%、自賠責9・8%を合わせて61%と断トツ。「損保の主力はクルマ」という事実は動きません。自動ブレーキ車など最新機能を搭載したタイプが増えて事故率は低下している一方で、将来の自動運転化も進み、事故率の低下とともに保険料の低価格化は避けられません。保険特有の「カラクリ」である特約の付加で各社とも低価格化に歯止めをかけようと懸命ですが、ドライブレコーダー貸与の新サービスなど、各社とも似たりよったり。

　そこでいま注力しているのが、02年に開発し13年から取り扱いを本格化した生損一体型の「**超保険***」。自動車保険と火災保険の損保ならびに医療保険の生保商品をひとまとめにした商品で、家族全体で加入できる範囲が広がるため、

超保険　東日本大震災で被害を受けた東北地域で地震保険の上乗せ補償に注目が集まり、販売が伸びたといわれている。

1世帯で複数の契約者が見込め、複数契約の割引もあるので人気が高いようです。

ただし、工夫を凝らしても自動車・火災・医療のカテゴリーでは保険契約者が爆発的に増加するわけではありません。このため、同社が新たなビジネスモデルに乗り出したのが、中小企業・農業・介護分野。17年に東京海上日動は小規模事業者の集まりである全国商工会連合会と提携し、「小規模事業者等のリスクマネジメント支援に関する協定」を締結。災害が起きても事業の継続・再開を短期間で行えるようにするBCP＊の策定などの研修を通じて、損害保険を売ろうという搦め手の作戦です。18年1月には農業コンサルタント会社と協定を結びました。農業従事者に対して同社の農業向け損害保険を売り込むための提携事業の一環です。

介護事業は96年に「東京海上ベターライフサービス」を設立して以降、本格進出。16年に介護付き有料老人ホームを運営する「東京海上サミュエル」と合併して事業再編するなど、力が入っています。

損保業界最大手も、ガリバーの地位から一歩後退気味。「規模の利益は追わない」方針でしたが、背に腹は代えられず海外でのM&Aで規模の利益を追求し、首位の座を堅持しています。

東京海上ホールディングスの業績推移

単位：億円

		2018年度	2019年度	2020年度	2021年度	2022年度
経常収益		54,767	54,654	54,611	58,637	66,486
	増減率	1.4%	-0.2%	-0.1%	7.4%	13.4%
保険引受収益		47,696	47,019	46,699	49,886	56,348
	増減率	2.3%	-1.4%	-0.7%	6.8%	13.0%
資産運用収益		5,892	6,422	6,614	7,381	8,754
	増減率	-5.6%	9.0%	3.0%	11.6%	18.6%
経常費用		50,603	51,014	51,944	52,963	61,446
	増減率	0.1%	0.8%	1.8%	2.0%	16.0%
経常利益		4,163	3,639	2,667	5,674	5,039
	増減率	20.7%	-12.6%	-26.7%	112.7%	-11.2%
当期純利益		2,745	2,597	1,618	4,204	3,764
	増減率	-3.4%	-5.4%	-37.7%	159.8%	-10.5%
修正純利益		2,809	3,361	3,996	5,783	4,440
	増減率	-17.7%	19.7%	18.9%	44.7%	-23.2%

出典：同社決算短信など

BCP　Business Continuity Planningの略。事業継続計画。

Section
4-22

3メガ損保②

中核損保2社が軸のMS&ADHD

ニッセイ、トヨタの2枚看板と2つの財閥グループを後ろ盾に事業展開しているのが、MS&ADホールディングス。絶好の環境がありながら業界トップに届かないのは、海外事業の取り組みの差ともいわれています。

正式な社名は、**MS&ADインシュアランスグループホールディングス**株式会社。29字で日本一長い社名ではないでしょうか。覚えやすく工夫して利用者に親しみを感じてもらう意識が希薄なのかもしれません。社名同様にわかりにくいのはその組織・企業体。2010年4月に誕生するまでの経緯を追ってみます。

グループは傘下に損保3社、生保2社を抱えています。損保業界3位争いをしていた三井海上と住友海上が、メインバンクである住友銀行とさくら銀行の合併で10年10月に合併して三井住友海上になり、同年4月に準大手の大東京火災と、トヨタ自動車と親密関係にある千代田火災が合併して「あいおい損保」となりました。

一方、生損保の相互参入で日本生命が1996年に設立した損保子会社ニッセイ損保と老舗の同和火災が2001年4月に合併して「ニッセイ同和損保」となり、三井住友海上を含む3社が合流してMS&ADが発足。半年後にグループ再編で「あいおいニッセイ同和損保」が誕生。三井住友海上系列で1996年にできたネット通販専業の三井ダイレクト損保を含めて、グループの損保は3社。

生保は複雑怪奇です。96年の生損保相互参入で損保各社が設立した生保は、社名から「ひらがな生保」または「カタカナ生保」と呼ばれました。三井海上みらい生命と住友海上ゆうゆう生命は2001年に合併して「きらめき生命」。大東京は「しあわせ」、千代田は「エビス」の名を冠した生保を作り、前述の損保再編で生保4子会社が糾合して「三井住友海上あいおい生命」が生まれました。

三井住友海上にはもう1つ生保子会社がありました。米**シティグループ***との保険合弁会社「三井住友海上メット

シティグループ　160カ国以上の国・地域に約2億の顧客を持つ世界有数の金融グループ。1812年創業。1970年代にシティコープ、1998年に全米最大の保険会社トラベラーズと合併した。日本法人のシティバンク銀行は2014年に撤退、SMBC信託銀行がリテール事業を継承した。

ライフ生命」。11年4月にMS&ADが引き取り、銀行窓販専門の三井住友海上プライマリー生命に改称しました。

生保分野は22年度の当期純利益で見ると、国内損保事業1510億円に対して324億円と5分の1であり、発展途上といえるでしょう。

強固な経営基盤を誇る

再編前の損保業界は、最大手の東京海上が頭ひとつ抜きん出た構図が長く続いていました。3メガ損保に収れんされたことで、東京海上HDとMS&ADの規模格差は縮まっていましたが、近年は海外事業の巧拙で差が開いています。

MS&ADの強みは、稼ぎ頭の損保2社が強い顧客基盤を持っていることにあります。三井住友海上は2つの旧財閥をバックに名門企業とのつながりが深く、**船舶保険***や貨物・運送、航空・宇宙の保険に強みがあります。あいおいニッセイ同和損保は生保最大手の日本生命を後ろ盾にした旧ニッセイ損保の地盤があり、旧あいおい損保は、このグループの最大基盤にもなっているトヨタ自動車との太いパイプを堅持しています。

損保にとって自動車保険は永遠の米びつ。世界最大級の自動車会社との絆(きずな)は譲れない一線です。

損保の売上高を示す正味収入保険料（23年3月期）を傘下の損保で見ると、三井住友海上が1兆6298億円（前期比7.2%増）、あいおいニッセイ同和が1兆3355億円（9.0%増）。損保単体では業界3、4位に位置します。

本業の利益を示す保険引受利益は、コロナ禍を経て交通量が回復したことに加えて保険金の単価上昇、国内の自然災害多発などで三井住友海上が159億円の損失を出しています。

課題は海外事業、損保2社合併は？

ニッセイ、トヨタの大看板と2つの財閥グループという絶好の環境がありながら、東京海上を凌駕(りょうが)できていない原因の1つは、海外事業の取り組みの差だとの指摘があります。

MS&ADは三井と住友の旧2社が早くからアジア地域に進出してきました。00年代前半に英国損保のアジア事業部門や台湾の損保を買収。17年にはシンガポール最大の損保「**ファーストキャピタル***」を1755億円で買収するなど、アセアン地域の10カ国すべてに拠点を持ち、保険料収入は域内で世界トップ級です。

船舶保険　海上での航行上の危険に対して掛けられる保険。貨物保険と船舶保険を総称して海上保険といわれる。

ただ、15年に約6347億円で買収した英損保アムリンが、北米の台風による保険金支払いやガバナンス違反による課徴金支払いなどで業容を悪化させており、立て直しが急務になっています。

三井住友海上がアムリンの買収を明らかにしたのは15年9月。その頃、東京海上HDが米保険大手HCC、第一生命が米保険グループのプロテクティブ、明治安田生命も米保険大手スタンコープと、大手の生損保が次々と外国の保険会社を傘下に収めて海外事業を強化しました。「ここで遅れてはいけないと三井住友海上は焦っていた」（保険業界関係者）といわれ、買収前の調査が不十分だったとの指摘も出ていました。現在、自然災害リスクの引受制限などによって、アムリンの収益改善を図っているもようです。

もう1つの課題は主要損保2社の合併問題。三井住友海上とあいおいニッセイ同和は現在、単体では東京海上日動、損保ジャパン2社の後塵を拝して3位と4位。実現すれば、同じく合併で首位の座をうかがう損保ジャパンも抜いて業界トップに躍り出ます。

MS & AD インシュアランスグループホールディングスの業績推移

単位：億円

	2018年度	2019年度	2020年度	2021年度	2022年度
経常収益	55,004	51,683	48,922	51,320	52,512
増減率	5.4%	-6.0%	-5.3%	4.9%	2.3%
保険引受収益	49,186	46,405	34,253	42,395	44,824
増減率	5.8%	-5.7%	-26.2%	23.8%	5.7%
資産運用収益	5,611	5,115	14,507	8,586	7,457
増減率	1.9%	-8.8%	183.6%	-40.8%	-13.1%
経常費用	52,095	50,106	45,857	47,415	50,201
増減率	4.1%	-3.8%	-8.5%	3.4%	5.9%
経常利益	2,908	1,577	3,065	3,904	2,311
増減率	37.5%	-45.8%	94.4%	27.4%	-40.8%
当期純利益	1,927	1,430	1,443	2,627	1,615
増減率	25.1%	-25.8%	0.9%	82.1%	-38.5%
グループ修正利益	1,898	2,331	2,166	3,471	1,727
増減率	-5.6%	22.8%	-7.1%	60.2%	-50.2%

出典：同社決算短信など

ファーストキャピタル（シンガポール） 1950年設立。従業員約160人。収入保険料は約434億円、当期純利益は約72億円（2016年時点）

Section

4-23 介護事業で独自性発揮するSOMPOHD

3メガ損保③

SOMPOホールディングスは業界3位の大手。経営統合が一段落して以降は、海外の保険会社買収で業容拡大、介護事業にも注力し、独自性を発揮することに重点を置いています。

経営統合はやや複雑な経緯をたどりました。4大メガバンクグループが出揃った2002年、損害保険ジャパンが発足。みずほフィナンシャルグループ（FG）と平仄（ひょうそく）を合わせるように、富士銀行系の安田火災と第一勧業銀行系の日産火災が合併。その後、01年の米同時テロによる保険金支払いで債務超過に陥った中堅損保の大成火災海上を吸収しました。

一方、財閥系4社（東京海上・安田火災・住友海上・大正海上）を含めた5大損保の一角である名門の日本火災は01年、業界再編の波にのみ込まれ、関西に強い地盤があり同じ三和銀行系の興亜火災と合併して、日本興亜損保が誕生しました。

再編第2ラウンドは09年。業界5位の日本興亜は同3位の損保ジャパンとの経営統合を決めましたが、日本興亜で経営陣による内紛が勃発。当時は業界2位の三井住友海上、4位のあいおい、6位のニッセイ同和の3社が統合（のちのMS&ADホールディングス）することで合意しており、このままでは5位の日本興亜は埋没するところでした。新旧経営者の内紛はガバナンス欠如を世にさらし、「相手のプライバシーまであげつらう社長と、定年制がもとで退任させられたと恨む前会長が、低レベルの口論を展開した」（業界紙記者）と言われました。

16年に現社名、国内は2損保1生保

10年4月に発足したのがNKSJホールディングス。日本興亜の頭文字NKと損保ジャパンのSJをつなぎ合わせた持株会社です。そして14年に損保ジャパン日本興亜損保が難産の末に誕生。16年に現社名の**SOMPOホールディングス**となりました。

新旧経営者の内紛　2009年に日本興亜は業界3位の損保ジャパンとの経営統合を決めましたが、日本興亜は株主総会で兵頭誠社長と松澤健前会長が対立。業界2位の三井住友海上、4位のあいおい、6位のニッセイ同和の3社が統合に合意。5位の日本興亜は埋没しかねない局面で内紛が起きました。

同社のグループ構成は、中核会社で20年に現社名となった損保ジャパン、流通系クレジットカード大手クレディセゾン系列で連結子会社の「セゾン自動車火災保険」。日本一長い社名と揶揄された損保ジャパン日本興亜ひまわり生命（19年にSOMPOひまわり生命と改称）。

海外事業は後発も介護に注力

損保ジャパンの正味収入保険料（23年3月期）は2兆2255億円で業界2位。本業の利益を示す保険引受利益は、22年6月の「ひょう災」や同年9月の台風、米国のハリケーンなどによる自然災害で保険金支払いが増加し、198億円の赤字になりました。

クルマ離れと高齢化でわが国の自動車保険はジリ貧、自然災害の多発で災害保険は支出増——。同社の戦略も国内損保事業は低成長を見込んでおり、力を入れるのは海外保険事業と、本格参入8年目になる介護事業です。

海外事業は3メガ損保の中では後発で、00年代に入って急速に力を入れ始めました。16年に米再保険会社**エンデュランス**＊（現SOMPOインターナショナル＝SI社）を約6400億円で買収。SI社は連結修正利益の3割を占めるまでに成長しています。

損保業界では異色のビジネスが介護。12年に介護サービス業者のシダーを買収したのを皮切りに、15年には介護大手の**ワタミの介護**＊、メッセージを傘下に収め、18年に統合して「SOMPOケア」を設立しました。介護業界ではニチイ学館に次いで1361億円（22年3月期）と堂々の2位に付けています。

介護事業は高齢化社会における数少ない成長産業ですが、そのエンジンは必ずしも大きくはなく、国の社会福祉政策と連動するだけに歩みは鈍いとの指摘があります。介護人材の不足による反動で、コスト増になっており、入居率は伸び悩んでいます。

そこで同社では、介護におけるデジタル化と外販を目的に介護プラットフォームともいえる事業「egaku」を立ち上げ、23年から事業本部を設置しました。これまで同社の介護事業が積み上げてきた介護の知見を駆使して、介護ビジネスの業容拡大を図る狙いがあります。介護業界は大手5社合計でも市場シェアが3％程度と推計されており、中小零細の事業者が大半との背景があります。同社の資本力を背景に、介護業界でのシェアを高めたい思惑があると見られています。

エンデュランス 2001年創業。農業、貿易、災害などの分野の損害保険・再保険に強みがある保険会社。

業界売上高順位とマーケットシェア

2022年3月期売上高※1

（単位：億円）

A社※2	1,537
SOMPOケア	1,361
B社	1,273
C社※3	932
D社	688

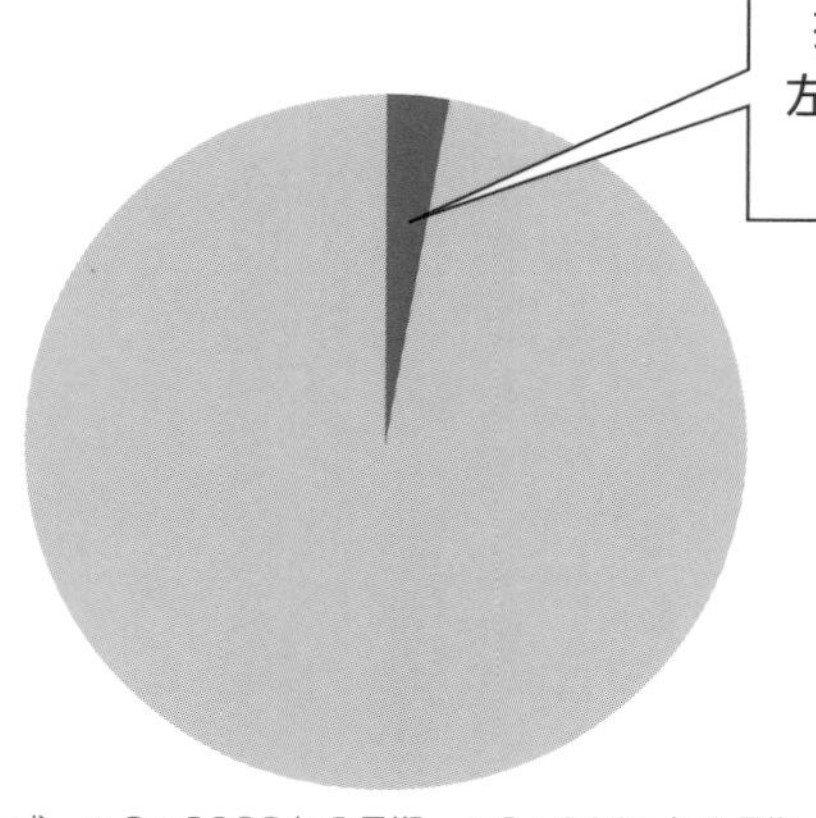

※1：各社公表状況をもとに当社にて作成　※2：2020年3月期　※3：2021年3月期
※4：令和3年度 介護給付費等実態統計の概況、各社公表状況をもとに当社で推計

出典：介護・シニア事業「egaku.」戦略説明会（2023年3月7日）

SOMPOホールディングスの業績推移

単位：億円

		2018年度	2019年度	2020年度	2021年度	2022年度
経常収益		36,430	37,603	38,463	41,674	46,071
	増減率	-3.4%	3.2%	2.3%	8.3%	10.6%
保険引受収益		32,200	33,346	34,037	36,568	40,907
	増減率	-4.4%	3.6%	2.1%	7.4%	11.9%
資産運用収益		2,732	2,667	2,794	3,384	3,257
	増減率	7.4%	-2.4%	4.8%	21.1%	-3.8%
経常費用		34,440	35,679	36,312	38,519	44,846
	増減率	-5.1%	3.6%	1.8%	6.1%	16.4%
経常利益		1,989	1,924	2,150	3,155	1,225
	増減率	40.3%	-3.3%	11.7%	46.7%	-61.2%
当期純利益		1,466	1,225	1,424	2,248	911
	増減率	4.9%	-16.4%	16.2%	57.9%	-59.5%
修正連結利益		1,135	1,508	2,021	2,613	1,522
	増減率	-30.2%	32.9%	34.0%	29.3%	-41.8%

出典：同社決算短信など

ワタミの介護　2004年設立。05年に居酒屋チェーン大手のワタミが前身の会社を買収したが、主力の外食事業で14年度に赤字を計上して介護事業から撤退、損保ジャパンに210億円で売却した。

第5章

証券会社の仕組みと最新動向

個人金融資産2000兆円を巡る争奪戦は、必ずしも「貯蓄から投資へ」の合言葉どおりには進んでいません。大手証券の不正取引による不祥事もありました。2024年から始まる新NISAへの対応や、東京証券取引所の市場再編を紹介するとともに、大手証券（グループ）5社の最新動向を取り上げています。

Section
5-1 証券会社の基本業務

証券会社は株や債券の売買を取り次ぐだけではありません。企業の資金調達でも重要な役割を担っています。また、破たんに備えたセーフティーネットも用意されています。

この四半世紀、預貯金の金利は限りなくゼロに近い超低空飛行が続き、100万円を1年間預けても普通預金だと利息はわずか10円にしかなりません。だからといって、預金者は株式投資にはなかなか向かいません。

証券商品や証券会社をよく知って、そのうえで許容できるリスクの範囲を理解しながら上手に付き合うべきでしょう。

証券会社は株を売買している金融機関だと思いがちですが、役割はそれだけではありません。証券会社の業務は、①**仲介業務**、②**自己売買業務**、③**アドバイザリー業務**、④その他業務――の4つに分けることができます。

仲介業務は委託売買が中心。**ブローカー業務**ともいわれ、証券会社の伝統的な仕事です。顧客から株式や債券などの有価証券の売買注文を受けて市場に取り次ぎます。**引受**(ひきうけ)も重要な仕事。**アンダーライティング**とも呼ばれます。企業や地方自治体が新たに株式や社債、地方債を発行する際に、発行された有価証券を引き受ける仕事のことです。引受後、証券会社は投資家に販売しますが、もし売れ残りがあれば自ら買い取らなければなりません。

自己売買業務は**ディーリング業務**ともいわれます。証券会社が自己資金で有価証券を売買する業務です。地場証券にはこの**ディーリング***を収益の柱にしているところが多く見受けられます。

アドバイザリー業務は、投資家に対する助言や市場の情報提供を軸に、資産管理、企業向けの投資助言（企業買収、株式公開の支援など）を行います。その他業務としては、株式や債券を担保とした融資や外国為替取引、情報配信などがあります。

ディーリング　地場証券でディーリングが多いのは、証券会社の自己売買には手数料がかからないため。ただし、株価に影響を与える大規模な売買は規制されている。

国内の証券会社は270社前後で推移

日本の資金調達構造は長い間、企業が銀行からお金を借りて設備投資する間接金融に偏っていました。しかし、企業自らが投資家から必要な資金を調達する直接金融の比率を高めていこう、という金融改革（**金融ビッグバン**）が1990年代に始まりました。仲介業者である証券会社の設立認可を巡る制度が大きく変わり、98年からは従来の免許制から登録制に移行しました。

これにより、国内の銀行や異業種などがこぞって証券業に参入してきましたが、その後は減少しています。

登録制によって新たな参入業者が登場、インターネット専業証券も増えましたが、再編統合も多く、新規参入と業界からの退出が起きています。近年は270社前後で推移しています。

証券会社は株式や債券を預ってはいますが、顧客資産を預かる金融機関ではないので、銀行破たん時のような買い付け騒ぎは起きにくく、経営不振になれば清算手続きのあと自主廃業します。参入しても状況次第ではさっさと退出する風土が、証券業界にはあるのです。

証券会社の主な仕事

仲介業務

- 委託売買（売買注文の市場取次）
  ➡ブローカー業務
- 引受（新規発行の株式や社債の引受）
  ➡アンダーライティング

自己売買業務（ディーリング業務）

- 証券会社が自らの資金で有価証券を売買

アドバイザリー業務

- 投資家への助言
- 資産管理
- 企業買収（M&A）や新規株式の公開（IPO）

その他業務

- 有価証券（株式、社債など）担保融資
- 外国為替取引
- 株式市場の情報配信
- …etc.

山一證券の自主廃業　証券は新規参入も退出も比較的自由な業界ですが、1997年に自主廃業した4大証券（当時）の一角・山一證券の場合は、取引の不備に対する損害賠償、保護預かりの株券や債券が返済されないトラブルが発生しました。このため清算手続きは2006年まで8年以上の歳月を要しました。

Section
5-2 常態化したオンライン取引

証券取引はいまやインターネット固有のビジネスといっても過言ではありません。ただし、オンライン取引が既存証券会社でも定着し、インターネット専業証券の独壇場ではなくなっています。

インターネットの急速な普及は、証券会社のビジネスを一変させることになりました。従来の証券会社の営業手法は、富裕層を中心にした顧客への訪問や、株式投資に興味を持つ顧客の証券会社への来店などの対面販売が主流でした。

もちろん、情報機器を活用した非対面取引もありましたが、電話や専用端末機に限られていました。そこにインターネットが登場し、パソコンが普及したことで、これらを売買注文に使う「**インターネット取引**」あるいは「**オンライン取引**」が始まったのです。

国内で最初に手がけたのは大和証券で、1996年4月のことでした。すぐに日興証券や野村證券が追随し、現在では多くの証券会社でインターネット取引が行われています。

インターネット取引普及の後ろ盾となったのは、何といっても1999年の株式委託手数料の自由化です。手数料の自由化は、証券会社に混乱と新たなビジネスチャンスをもたらしました。

■オンライントレードも高齢者が3割

98年10月にソフトバンクと米国の「E*TRADE*」グループが中堅証券を買収してイー・トレード証券が営業開始。翌年にはソニーなどの出資でマネックス証券も開業しました。松井証券は98年、国内初の本格的インターネット取引を開始し、**インターネット専業証券**（**ネット専業証券**、**オンライン専業証券**とも）になりました。

ネット専業証券は営業店舗を持ちません。インターネットを通じて、株取引をはじめとする証券取引サービスを提供します。インフラ整備に初期コストはかかりますが、人件費が削減できるため、手数料を安くすることができます。

Term

E*TRADE　1982年設立。日本国内では1999年からイー・トレード証券として業務開始。2006年にSBIイー・トレード証券に商号変更、2008年からSBI証券。

近年はスマートフォンの操作に特化した**スマホ証券**も登場しています。主な顧客として投資の初心者に狙いを定め、利用者を増やしています。ただ、スマホを含むネット証券もやや乱立気味で、LINE証券のように証券会社業務から撤退するところも出ています。

日本証券業協会が2022年12月に公表したインターネット取引に関する調査結果では、対象会員270社のうちインターネット取引を実施している会員数は91社、33・7%にのぼりました。インターネット取引の口座数は3900万口座。増加ペースは鈍っていますが、右肩上がりを続けています。

年代別では40歳台が21・7%と最も多く、次いで50歳台（20・6%）、30歳台（17・1%）となっています。70歳以上の人も11・1%で、若い世代中心と想像しがちのネットワーク取引でも、若者世代に比べてより多くの資産を持っている60歳以上の高齢者が全体の3割を占めています。

ただ、高齢者に対して不適切な外国株式を販売した中小証券が23年11月、日本証券業協会から処分を受ける事例が発生しました。80歳から90歳の顧客18人に対して、外国株取引ができる認知判断能力を持たないと認識しながら販売したとされています。

インターネット取引の取扱会員数および取扱比率

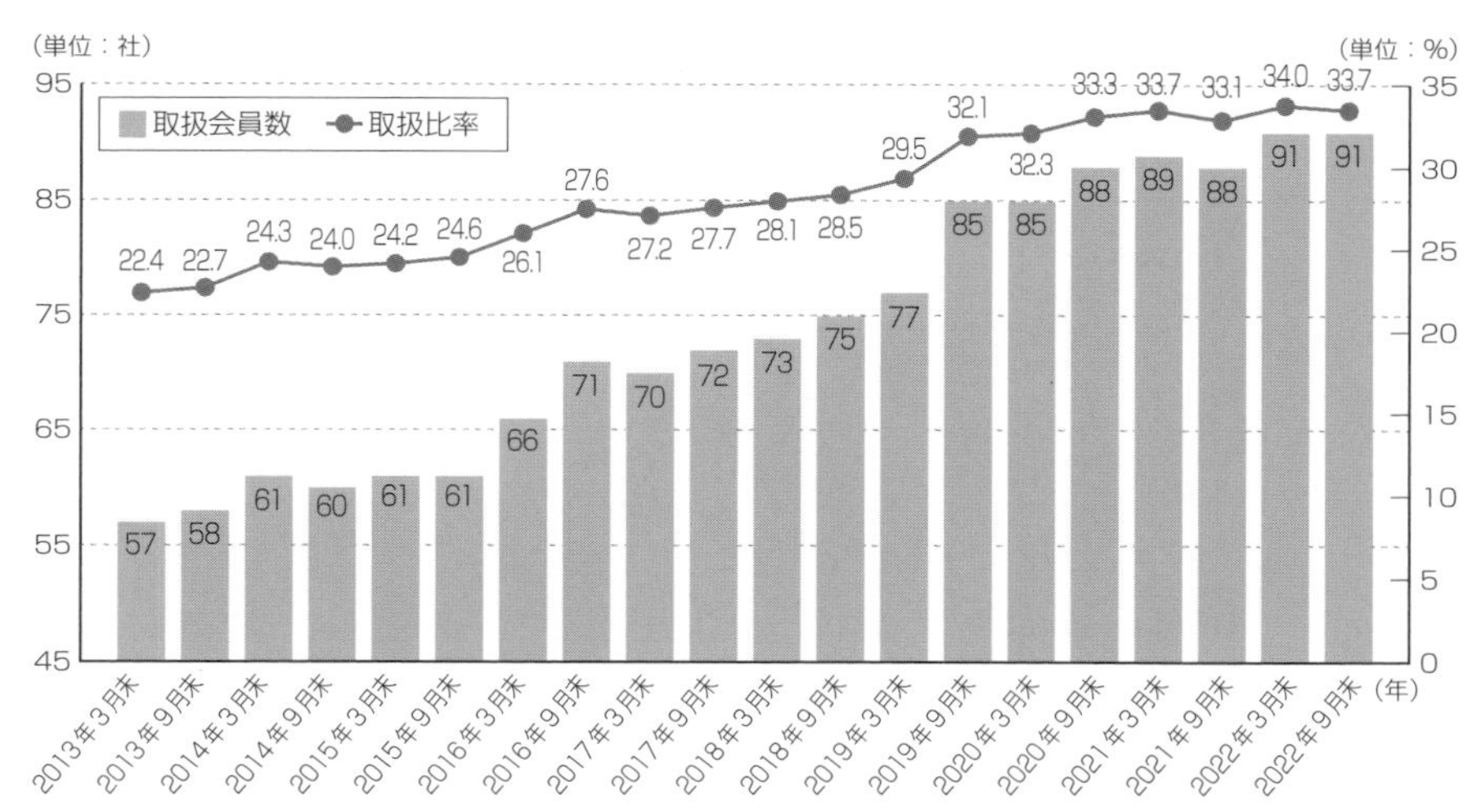

出典：日本証券業協会「インターネット取引に関する調査結果（2022年9月末）について」（2022年12月19日）

LINE証券の撤退　業績不振に加えて、Zホールディングスとヤフー、LINEの合併（2023年10月から「LINEヤフー」）により、PayPay証券と重複するというグループ事情もあり、証券業務は野村證券に2024年中に移管する計画です。

Section
5-3 豊富な商品取り扱う証券会社

証券会社は株式の取引だけをしているわけではありません。ほかにも国債や社債など豊富な商品を扱っています。

数ある金融機関の中で、最も近寄りがたいのが**証券会社**ではないでしょうか。そう思ってしまう背景には、「証券商品はギャンブル性が高くて怖い」「損したら大変」といった気持があるのかもしれません。

確かに、銀行預金と違って証券商品は元本の保証がありません。すべては投資家自らの判断に任されています。しかし、怖がっていては始まりません。

証券会社の扱っている商品の基本は**株式**です。「株式はギャンブル」という評価はあながち間違ってはいません。毎日の新聞を見てわかるように、必ず市況欄があり、株は値動きしています。買った値段より売るときの値段が下がっていれば損をします。

ただ、株式投資の妙味は安く買って高く売り抜けるだけではありません。株式には配当があります。超低金利が続く中で、銀行預金はスズメの涙ほどの利息しか付きません。配当金のほうがずっと魅力的です。最近では企業も株主に様々な優待制度を設けています。「**株主優待制度***」がそれで、これも株式投資の魅力です。

証券が銀行から投信販売シェアを奪還

投資信託も主要な商品の1つです。投資信託は、複数の投資家から資金を集めて大きなファンドを作り、株や債券などに投資する金融商品です。投資家がたった1人で資金を運用するのに比べて、たくさんの投資家が少しずつ資金を持ち寄ることで、大きなお金を動かせます。

また、**ファンドマネージャー**と呼ばれる専門のプロが資産運用にあたるため、個人投資家よりもより多くの正確な情報を集めることができ、効率的です。

ただし、知恵を借りたり、資産を管理する信託銀行が加わるため、投資信託には一定のコストを負担しなければな

Term
株主優待制度　本業に関連した商品やサービスを割引価格で購入できるものから、飲料品、地元の特産物などまで様々なものがある。

りません。

投資信託には様々なタイプがあります。運用対象によって、社債などを中心に運用する**公社債投信**と、株式を中心に運用する**株式投信**に大別されます。投資信託も株式と同じで、毎日値動きします。これは**基準価格**と呼ばれます。

購入できる時期で分けることもできます。自由に換金できる**追加（オープン）型**と、追加募集しない**単位（ユニット）型**に区分されています。また、購入手数料がかからない投資信託「**ノーロード・ファンド**」もあります。

投資信託は1998年の銀行窓口販売の解禁で大きく成長しました。証券会社は、銀行に逆転されていた販売シェアを2019年に奪い返しました。インターネット専業証券などが販売実績を伸ばしたことが背景にありそうです。ほかにも、個人向けの国債や企業が発行する社債、外貨建て債券、FX、年金保険などが購入できます。

ただ、証券業界は預金金利を引き上げている銀行に警戒感を抱いているようです。10年定期で0.2%とまだ低金利ですが、金利引き上げムードが人々の足を銀行に向かわせ、銀行で投信を購入する人が増えるのではないか、との懸念が出ているという指摘もあります。

投資信託の販売推移とチャネル別内訳

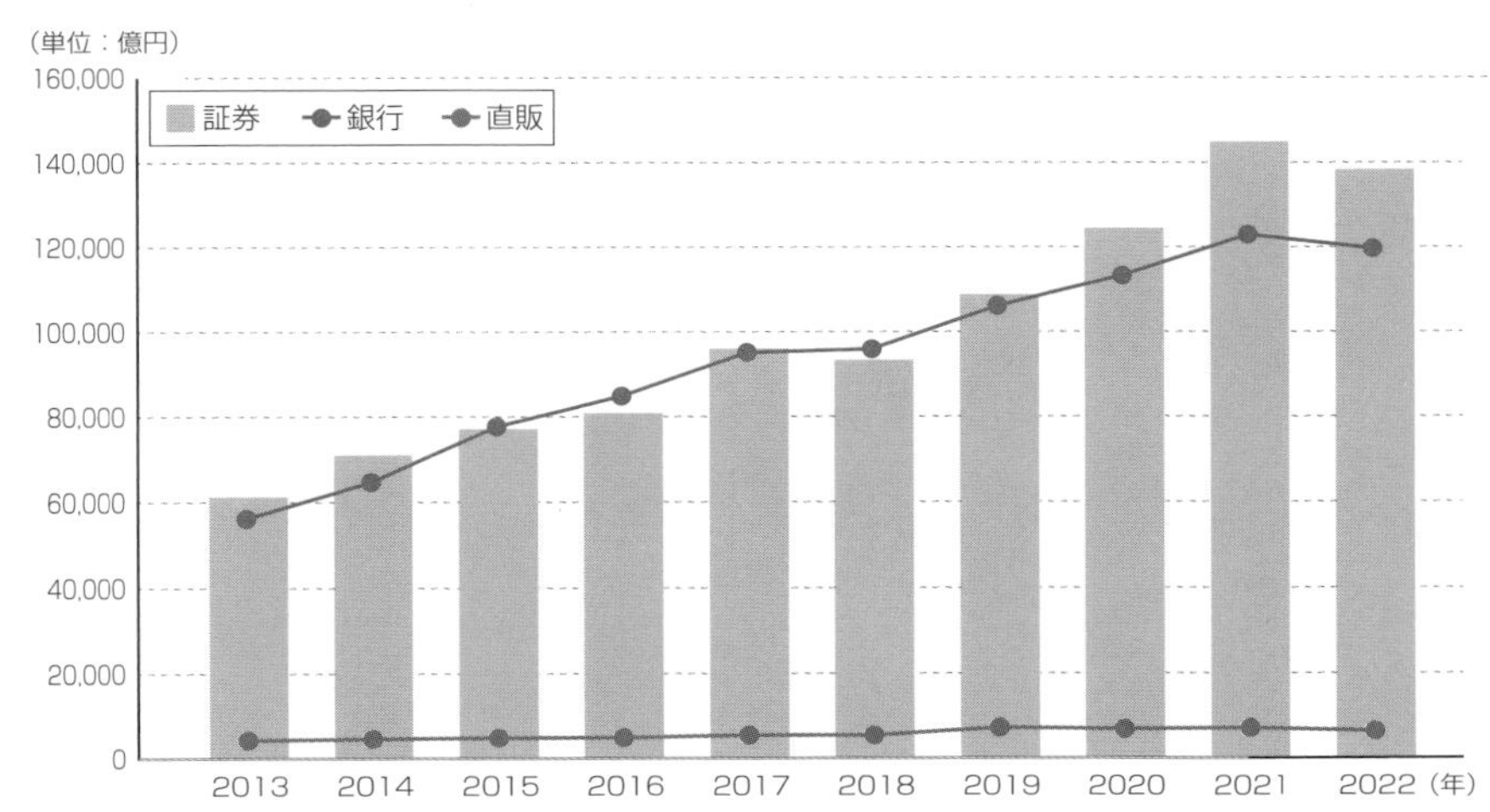

出典：投資信託協会「統計データ」

銀行の窓口販売の現在　1998年に銀行での取次による証券商品の販売が始まり、2023年で四半世紀を迎えました。当初は毎月分配型ファンドが好調で、投資信託ブームが起きました。しかし2008年のリーマン・ショック以降は低迷が続いており、近年は投資の適格性のない顧客に対する不適切販売なども見られます。

Section

5-4 株式売買の仕組み

証券取引の基本は株式売買。株式には2つの市場があり、市場に出回る株式を購入するには証券会社を通じて売買注文を出します。売り手と買い手の間で取引が成立すれば、正式契約（約定）となります。

■証券投資、まずは口座開設

株式の売買などの証券投資を始めるには、証券会社に口座を開設しなければなりません。これは、銀行に口座を開設するのと同じです。もちろん、口座開設に手数料はかかりません。

口座開設には手続きが必要で、顧客として登録することになります。証券会社の窓口には所定の申込用紙が備えられています。氏名や住所などの必要事項を記入し、印鑑も届けなければなりません。インターネット専業証券の場合はネット上で申し込み、郵送で本人確認書類を提出します。

証券会社に限りませんが、金融取引を始める際には、本人の確認をしなければなりません。麻薬などの不正取引から得た資金洗浄を防止するためです。金融機関が犯罪に手

株式市場は**発行市場**と**流通市場**で構成されています。発行市場は、企業が新たに資金を調達する場です。発行体である企業と、証券会社・投資家で成り立っています。

一方の流通市場は、すでに発行された株式を売買する場です。そのため発行企業は外れ、証券会社と投資家で成り立っています。この場合の投資家は、発行市場の投資家とは異なり、買いたい人と売りたい人を指します。売って現金化したい人は、いつでも流通市場で資金を回収できます。

流通市場にはたくさんの投資家がいます。買いたい人と売りたい人を1人ひとり探していては大変です。そこで、投資家の株式の売買注文を1カ所に集め、公正な価格で安心して売買できるようにする必要があります。そのために設けられているのが、**証券取引所***です。証券取引所は、東京、大阪、名古屋、札幌、福岡の5カ所に設けられています。

Term

証券取引所　上場企業や取引量が多い東京・大阪・名古屋の証券取引所と、それ以外の地方証券取引所（札幌・新潟・京都・神戸・広島・福岡）に大別されるが、地方で現在残っているのは札幌と福岡の2カ所。

を貸すことは許されません。架空名義やなりすましを防ぐために、取引しようとしている人が申し込み本人かどうかを確認します。本人確認手続きで実際に必要なものは、マイナンバーカードまたは住民票の写し、運転免許証、健康保険証などです。

口座を開設すれば、次に必要になるのがお金。株や投資信託などを買い付けるには、その代金が必要です。銘柄を指定し、株数を確認。**指し値注文**＊または**成り行き注文**＊を指示し、値段を指定して、売買の注文を出します。売買が成立すると、後日、取引報告書が証券会社から郵送されてくるので、注文内容を確認します。

株式投資で忘れてはならないのが、名義の書き換えです。配当金を受け取ったり、株主総会に出席して議決権を行使したりするには、自分名義に書き換えなければいけません。書き換えには手数料がかかります。

ただし、2009年1月以降は国内株式が電子化されたため、名義書き換え手続きは不要になりました。権利確定日に株式を保有していれば、配当や株主優待を受け取ることができます。

株式流通市場の仕組み

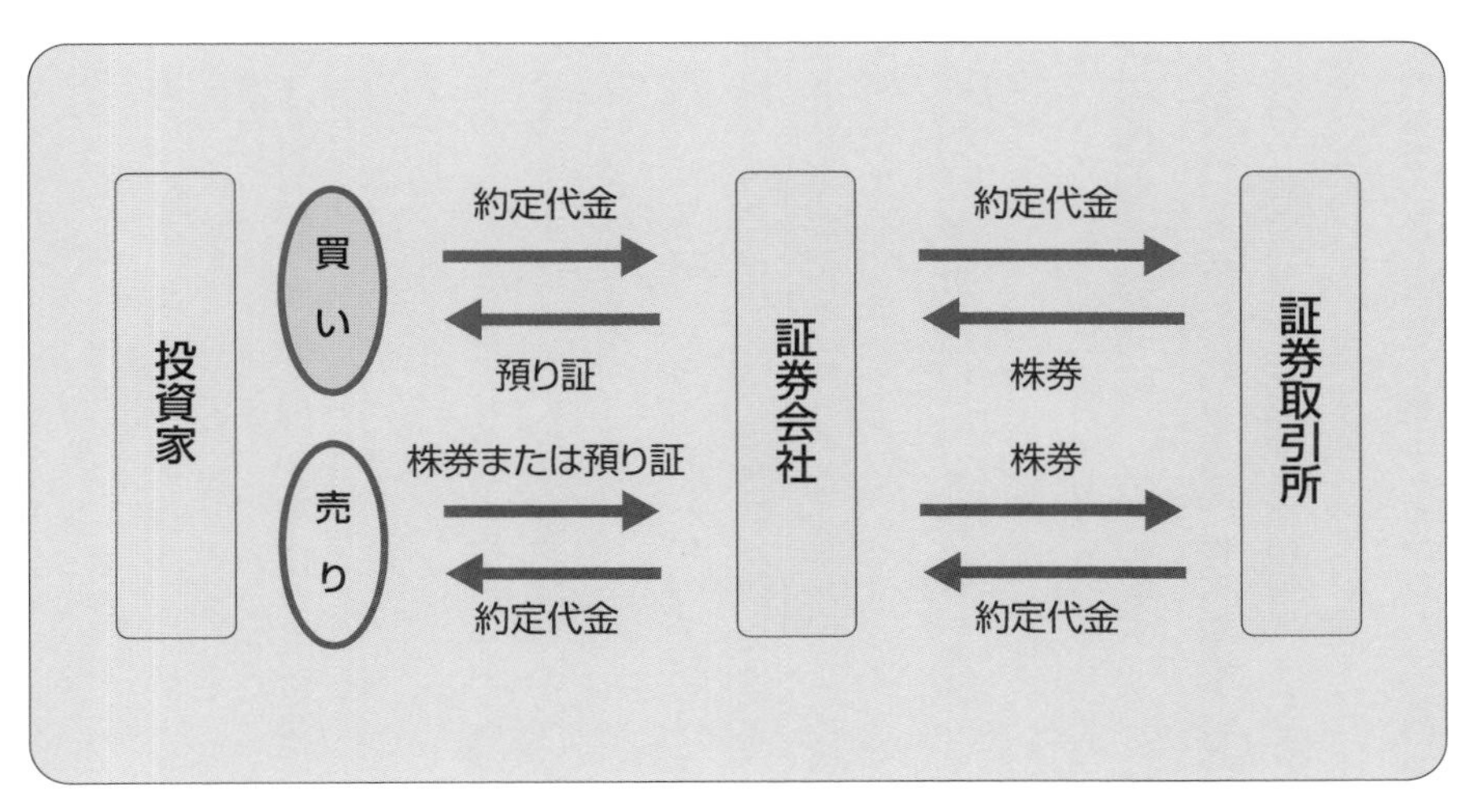

指し値注文と成り行き注文　指し値注文は、証券会社に売買の際の値段（指し値）を指示する。成り行き注文は、証券会社に売買のタイミングを任せる。市場の成り行きで早く確実に売り買いできる。

Section

5-5 投資信託の仕組み

投資信託は種類が豊富です。目論見書（もくろみしょ）やリスク・リターン分類、評価機関の格付けを参考にしながら、自分にマッチした投信を購入します。

投資信託も元本保証がない点では株式と変わりありませんが、**分散投資***をするため、証券投資の入門としては最適です。銀行が預金者などに窓口で販売しているのは、同じ投資でも安全性が比較的高いからです。

投資信託は理にかなった金融商品です。少ないお金を集めて大きな資金にまとめて運用するため、スケールメリットが生まれます。投資の世界では、少ない資金より多くの資金を持っているほうが断然有利です。

また、株式は儲かればすべての利益を一人占めできますが、逆に損をすればすべてを投資家が負わなければなりません。これに対して投資信託は利益を分け合いますが、損も分け合います。いろいろな金融商品に投資するため、リスクの分散につながります。

例えば、特定の銘柄に資金をつぎ込んで、大きく値下がりすれば損も膨らんでしまいます。それを、複数の銘柄で業種を変えたり、株だけでなく社債や国債、さらには投資対象の国を変えたりすれば、それだけ値下がりリスクを回避できるようになるわけです。

1人の投資家がこういった市場のすべての情報をかき集めるのは困難です。投資信託は、専門家が個人投資家に代わって情報を集め、事前に決められたルールの中で最適な投資先やタイミングを探ってくれます。

こうしてみると、投資信託の持つメリットが理解できるのではないでしょうか。

投信評価機関も参考に

投資信託の種類は多岐にわたります。**株式投信**と**公社債投信**に大きく分かれ、さらに**追加型**と**単位型**にそれぞれ分かれています。

公社債投信はまったく株式を組み入れません。国債や社

分散投資　株や債券、不動産、金利など、値動きが異なる複数の金融商品に投資すること。

債で運用し、より安全で元本や利払いが確定している手段で運用します。公社債投信には、**長期公社債投信**と**短期公社債投信**があります。

一方、株式投信は文字どおり株を組み入れています。組み入れ比率やどのような銘柄を入れるかによって、株式と変わらないリスクの高い投資信託にもなります。

投資信託協会では、各投資信託をリスク・リターンによって5段階で評価・分類しています。どの分類にあたるかは、証券会社（販売窓口）で配布される目論見書に記載されています。投信の性格を知るうえでは欠かせません。

投資信託のパフォーマンスを評価する第三者機関が設立されています。

2023年3月現在、大手通信社をはじめ19社あります。投資信託の格付け機関といっても構いません。過去の運用成果や方針などから、今後の収益性を客観的に評価しているので、こういった評価機関の格付けを参考にしながら商品を選ぶことをお勧めします。

投資信託が盛んな米国ではよく利用されていますが、わが国ではその存在を知らない人も少なくないようです。投資信託のパフォーマンス評価機関の分析結果は、月刊の経済誌や投資情報、インターネットでも参照できます。

投資信託の仕組み

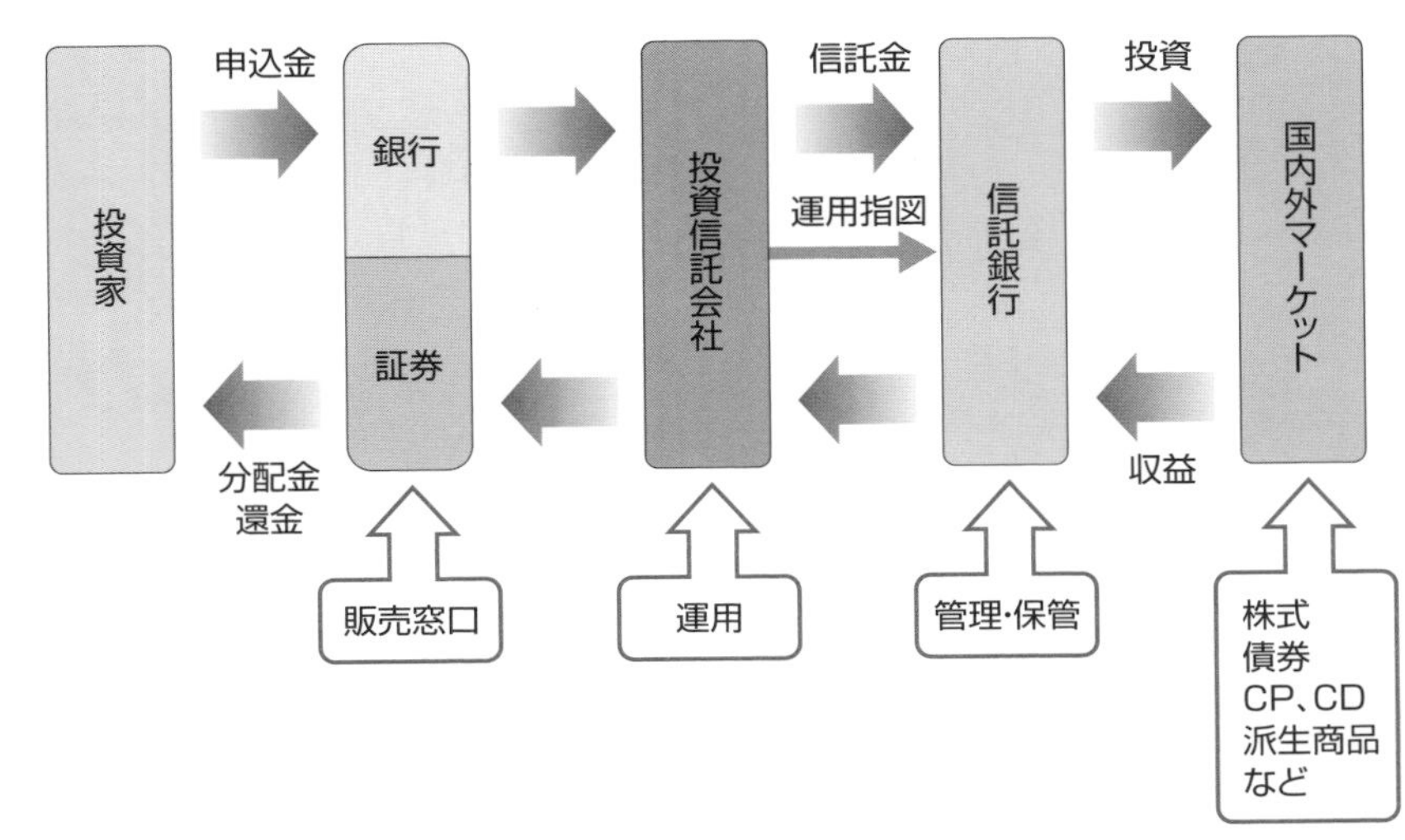

増えるノーロード投信　投資信託には手数料が発生します。証券会社や銀行に販売手数料を、信託銀行にも信託報酬を払います。中には、販売手数料のかからないノーロード投信というのもあって人気を集めていますが、信託報酬が高めに設定されている場合もあるので、目論見書を注意深く読む必要があります。

Section
5-6 デリバティブ取引の仕組み

金融技術が進み、デリバティブ取引が盛んに行われるようになりました。先物やオプションを使った商品が取引所に上場されています。

金融の自由化が進み収益機会は増え、様々な証券化商品が登場しています。金融のプロの世界では、一夜どころか一瞬で途方もない資金が世界を巡っています。

デリバティブ＊取引は、主に機関投資家などの金融のプロがリスクヘッジや投機手段として用いる取引手法です。とはいえ、このような機能を用いた預金やローン商品も登場しており、私たちもそのシステムを理解しておく必要があります。

デリバティブには大きく3つの取引があります。「**先物取引**」「**オプション取引**」「**スワップ取引**」です。それぞれについて見ていくことにしましょう。

先物取引とは、将来の売買についてあらかじめ約束を交わしておく取引のことです。日常生活では3カ月後や半年後に物を買う約束はしないのでピンと来ませんが、要は値段や数量などを約束するだけで、将来の約束の日が来た時点で初めて売買を実行します。

なぜそんな取引があるかといえば、将来その品物が必要になることが決まっているにもかかわらず、価格が変わる可能性があるからです。前もって売買の価格を決めておけば、価格変動リスクから解放され、安心できるというわけです。

反対売買で元手なしに利益確定

例えば、Aさんは最新型のスポーツカーを100万円で購入しようと考えていますが、3カ月後の冬のボーナスにならないと購入資金の手当てが付きません。

しかし人気の車種で、待っていれば値段が上がってしまいそうです。そこで販売会社といまの値段で購入する約束を交わしました。3カ月後には思ったとおり120万円に値上がりしましたが、約束の100万円で購入できたので20万円を得しました。これが先物取引です。

Term

デリバティブ　Derivative。派生的、副次的の意味がある。

この場合、差額分が得になりましたが、予想が外れて80万円に値下がりしても、約束した金額で買わなければなりません。損をする場合もあるのです。

先物取引は本来、将来の価格変動リスクの回避に利用されますが、必ずしもそれだけとは限りません。むしろ、価格の変動を積極的に利用して利益を得ようとすることに着目した取引が一般的です。これが**スペキュレーション取引**＊です。先の例では、100万円で購入できるスポーツカーを誰かが110万円で買いたいとの申し出があり、売れば差額の10万円が利益になります。金融先物取引では**差金**（さきん）（**差額**）**決済**＊が行われています。

オプション取引は先物に似ています。先物取引では取引自体を必ず履行しなければならないのに対して、オプション取引では履行するかどうか選択できる権利があり、権利そのものを売買の対象にしています。オプションには買う権利（**コール**）と売る権利（**プット**）があります。

金利スワップは、同じ種類の通貨で異なる金利（変動金利と固定金利など）を取引の当事者間で交換する取引です。スワップ（Swap）には「交換」の意味があります。一般的に、金利上昇リスクや金利低下リスクを回避する目的で利用されています。

先物取引の仕組み

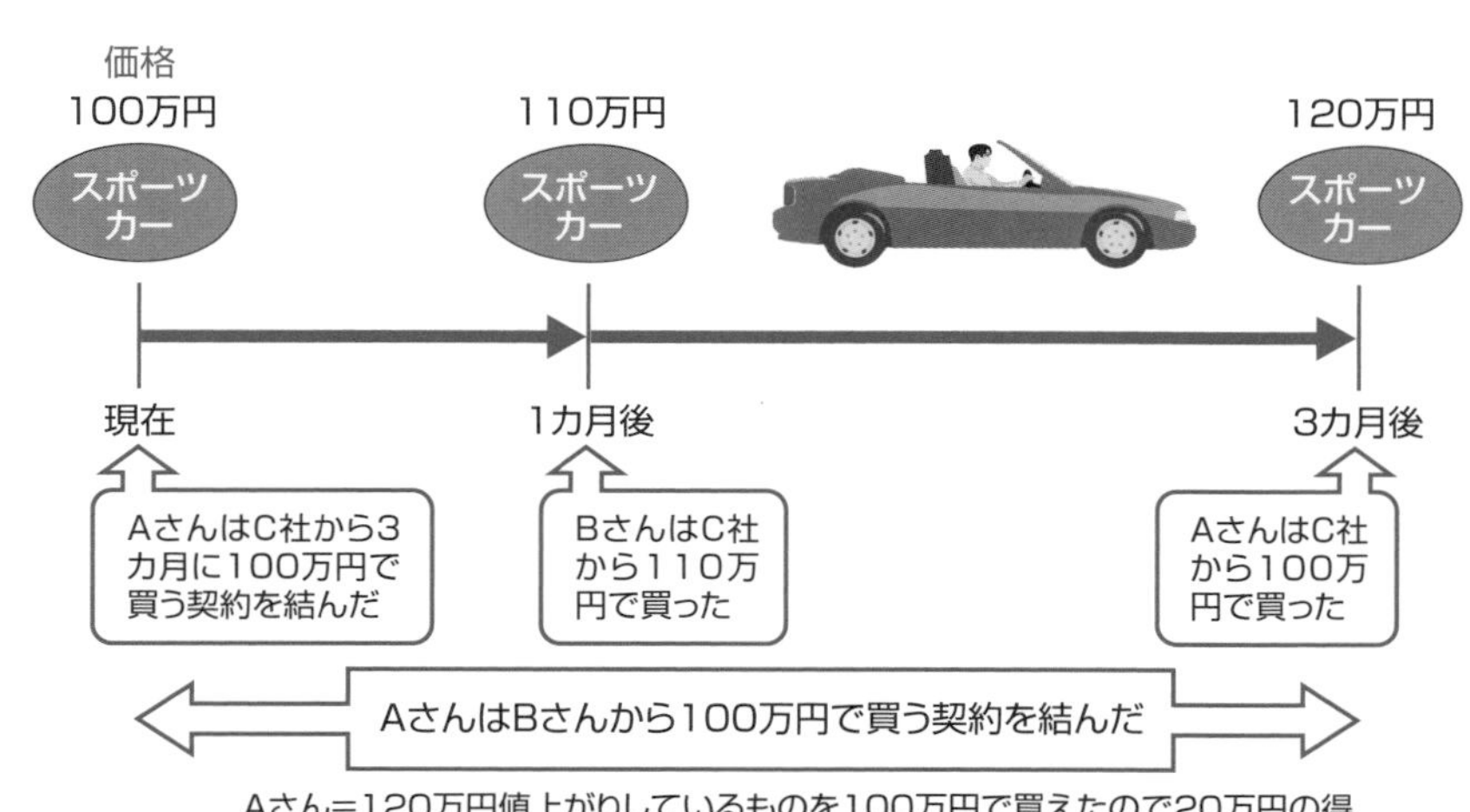

スペキュレーション取引　株や債券、不動産、金利など、値動きが異なる複数の金融商品に投資すること。

差金（差額）決済　先物取引で当初行った取引とは反対の取引（反対売買）を行って決済すること。

Section 5-7

NISA恒久化への対応

制度創設10年を経て、NISA（ニーサ）が2024年1月から恒久化されることになりました。約2000兆円とされる個人金融資産の争奪戦は、証券業界の最重要課題です。

英国で1999年に登場した少額投資非課税制度である**個人貯蓄口座**（Individual Savings Account）は、頭文字を取って**ISA**と呼ばれました。わが国でも同様の口座が創設されて2014年1月に取り扱いを開始。ニッポンの「N」が付いて**NISA**という愛称が生まれました。

18年1月に**積み立て型NISA**がスタート。年間の非課税投資枠は40万円ですが、配当など運用益の非課税期間が20年と長いのが特徴でした。17年からは高齢者から孫へのお年玉を当て込んだ「**ジュニアNISA**」も登場。20歳未満を対象に年間80万円の非課税投資枠があります。

そして24年から「**つみたて投資枠**」「**成長投資枠**」の2本立てで新制度が始まります。そのポイントは、①非課税保有期間の無期限化、②2つの投資枠の併用可、③年間投資枠の拡大（合計で年間360万円の非課税枠）、④非課税保有限度額は最大1800万円（成長投資枠は1200万円）で枠の再利用が可——など。

成長投資枠は上場株式で、ETF（上場投資信託）やREIT（不動産投信）、株式投信などです。国債、社債は対象外。つみたて投資枠は、つみたてNISAと同様、上場ETF（上場投信）や、公募により発行された株式投信のうち長期積立・分散投資に適した一定の商品性を有するものに限られています。

投資する商品には一種の規制があり、つみたて投資枠の投資信託は長期の積立・分散投資に適した公募株式型投資信託で、金融庁への届け出商品に限られます。

NISAの口座数はコロナ禍で減少し、その後盛り返しています。ただ、専用口座を開設しても稼働しているかどうかが重要。証券投資のプロを自任する証券業界にとって、預かり資産の増大という「**同床異夢***」を狙う銀行などとの激しい競争もまた、恒久化するということになります。

Term **同床異夢**　同じ床に寝ながら異なる夢を見ること。転じて、同じ立場、同じ仕事でありながら、考え方や目的などが異なっていること。12世紀の中国（南宋）の書物にあるとされる。

新NISAの制度概要

		つみたて投資枠	成長投資枠
制度の併用		同時併用可	
投資枠	年間投資枠	合わせて360万円	
		120万円	240万円
	非課税保有限度額（総枠）	1800万円（うち成長投資枠は最大1200万円まで保有可能）	
投資期間	制度実施期間	2024年1月〜	
	口座開設・非課税期間	無期限（恒久化）	
対象年齢		18歳以上	
対象商品		投資信託（条件を満たした商品のみ）	上場株式・投資信託など（一部除外商品あり）
購入方法		積立	一括（スポット）・積立

出典：野村證券Webサイト「2024年から始まる、新NISA制度」

証券会社におけるNISA口座数の推移

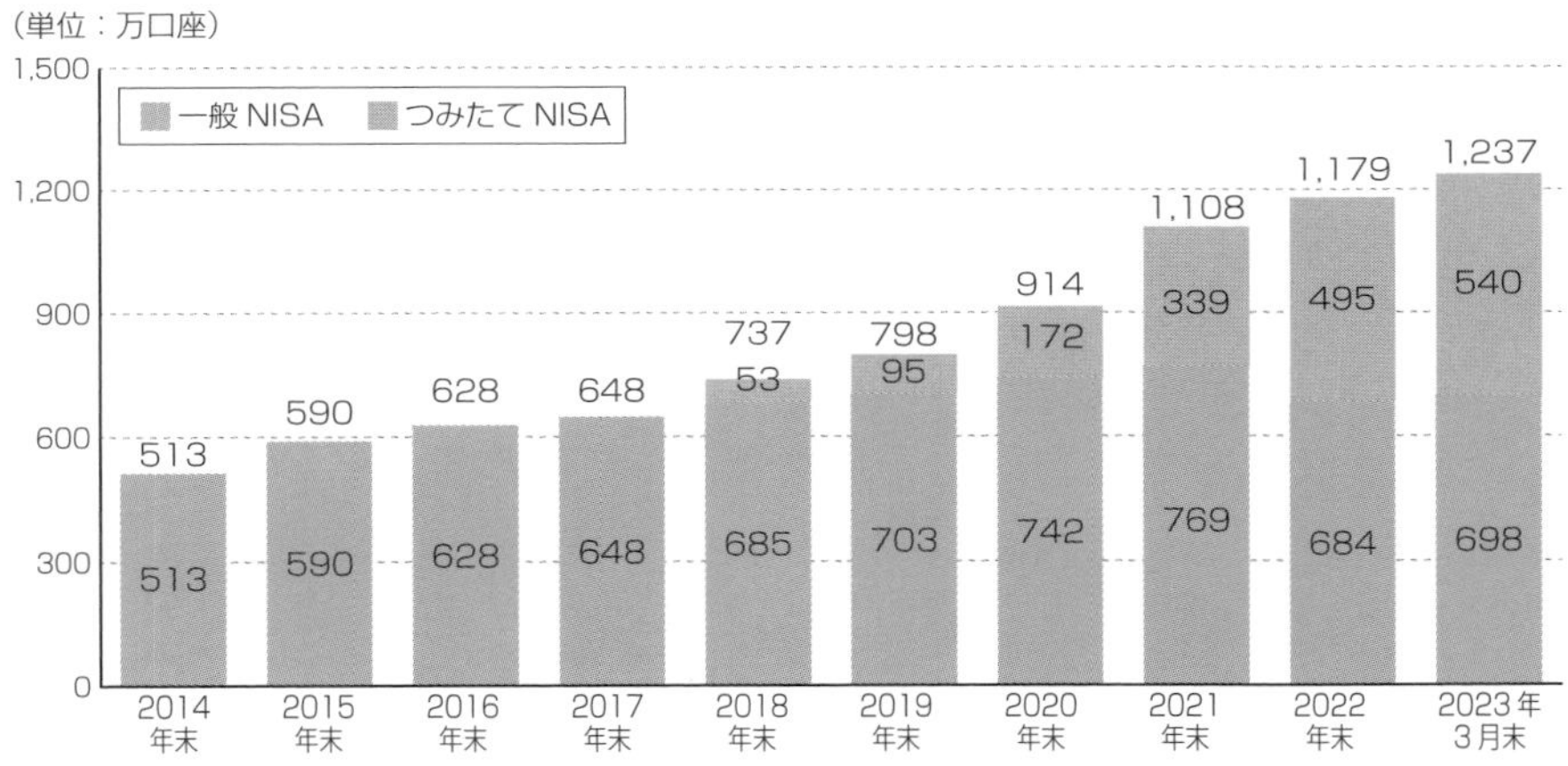

出典：日本証券業協会「NISA口座開設・利用状況調査結果について」(2023年3月末現在)

英国ではISAで億万長者も？ 野村證券の「野村週報」(2022年11月7日号）によれば、英国のISAを利用した顧客が100万ポンド（約1.7億円）を超える金融資産を積み上げたとのことです。英金融当局の調べによれば、ISAのミリオネアは2000人を超えているといわれています。

Section
5-8 証券業界にコンプライアンスはあるのか？

2021年に表面化したSMBC日興証券の不祥事。メガバンクグループ入りしてから10年あまりで4回目という異常な事態は、証券業界に対する信頼度を著しく低下させました。

証券会社は資産を保有していない、といわれます。銀行や信用金庫は、顧客から預かった預金を融資の原資に回して金利を稼ぎながら自社の資産として運用し、巨額の資産を保有しています。

保険会社は、契約者から集めた保険料を株式や債券、不動産などに投資して資産を運用し、世界の金融市場で名だたる機関投資家として存在感を発揮しています。

一方、証券会社も銀行のように永続的ではありませんが、顧客の証券や債券を一時的に預かる役割があります。また、自社が持つ資産を証券市場で運用して収益を上げることはあります。

しかし、顧客から預かった資産は厳格管理して利益を保護する責任を負っており、証券会社自体は大量の保有資産を持つことは少ないといわれています。

主要な収益源は株式委託売買、株式公開の支援、企業買収の助言などの手数料収入です。このため、証券会社のビジネスは絶えず顧客との相対取引に終始しています。かつて、「銀行は農耕民族、証券会社は狩猟民族」と形容されていました。銀行は長い取引期間を通じて果実を得るが、証券会社はその都度、刹那的に商売するから――というのがその理由でした。

多い証券会社の不祥事

「保有資産は少なく、事業は手数料に依存する」体質が証券不祥事の温床だと断言はできません。

しかし、便宜を図って利用者から手間賃を取るというビジネスモデルでは、顧客に対する距離感が銀行や保険会社に比べて近いといえるのではないでしょうか。

農耕民族と狩猟民族　かつて、顧客との取引が長期間にわたることが多い銀行は、土地に根を生やした農耕民族にたとえられました。一方、証券会社は株式売買に見られるように、売り買いの都度に手数料を稼ぐ刹那的なビジネスであることから、獲物を仕留めて生活する狩猟民族と形容されました。

証券会社で最も多い法令違反は**インサイダー取引**です。関係者だけが知り得る証券市場の内部情報を伝えて取引を有利に導く手法は、いつまでたっても根絶できません。

かつては推奨銘柄と称して証券会社が率先して特定銘柄の積極販売に動いていましたが、その一部は恣意的な販売といわれ、証券会社が保有する売れ残りの株式や、（証券会社の）得意先企業の株式を投資家に売っていたこともありました。

1997年に自主廃業した山一證券は、評価損が出ている株式を子会社などに一時的に移す「**飛ばし**＊」が原因で経営破たんしました。2021年のSMBC日興証券の事件では、大口顧客に対する忖度（そんたく）が主要因との指摘があります。

金融庁の調査による直近10年の不祥事を見ると、証券会社は49件。銀行・保険と比べても圧倒的に多く、業務改善命令38件、業務停止命令8件、資産の国内保存命令2件、登録取り消し1件となっています。

証券会社は、市場の信頼をなくしたら生きてはいけません。コンプライアンスに対する取り組みの徹底が従来以上に求められます。

証券会社に求められるコンプライアンス

▲SMBC　by HQA02330

東京証券取引所▶　by Lombroso

飛ばし　含み損が出ている有価証券を買い戻す条件で、時価より高い価格で転売すること。保有株式や債券が値下がりして決算に損が出るのを回避する狙い。決算期の異なる子会社などに避難させ、株価が回復したら引き取る。粉飾決算の一種。

Section

5-9 東証が市場再編

東京証券取引所は2022年4月、上場市場を再編しました。一般投資家向けの市場は4つから3つに減らし、各市場の特徴を明確にして投資判断を容易にする狙いがあります。

1949年に設立された**東京証券取引所**は61年に「2部」を開設しました。63年から始まった店頭登録制度は、98年の証券取引法改正で証券取引所として再出発。2004年にジャスダック証券取引所となり、10年に**大阪証券取引所**の新興市場「ヘラクレス」などと統合。一定の規模と実績を持つ「スタンダード」とベンチャー企業を集めた「グロース」の2部構成にしました。東証はさらに13年に大証と統合して**日本取引所グループ**（JPX）になります。

21年6月現在で東証1部には2192社、2部は474社あり、マザーズは369社。ジャスダックは700社ありました。大証は現在デリバティブ取引の専門市場で、JPXは現物市場を取り扱うマーケットです。

株式市場は、①株主数、②流通株式数、③**時価総額***、④純資産、⑤利益――などによって区分され、4市場はこの数値の多寡によって分かれていました。

東証1部と2部の区分の合理性については疑問視する向きがありました。その違いは株主数と時価総額、流通株式数です。株主が少なければ出回る株式は少ないので売買は活発になりませんが、優良銘柄も多いといわれています。

プライム、スタンダードなど3部構成に

疑問の矛先は、成長性に期待する新興市場との区分ではなく、2部構成が妥当な線引きなのかという点でした。また、新規上場して多額な資金調達を実施し、その後は追加の資金調達をしない企業が増えていることも、批判の背景にあります。企業価値の向上を目指す装置の役割を果たすのが上場マーケットであるにもかかわらず、上場後の成長に市場が活用されていないからです。

時価総額　企業の価値や規模を評価する際の指標の1つ。計算式は、「株価×発行済株式数」。

東証が開設してきた4つの市場は、業績が安定している企業群と今後の成長性に期待がかかるベンチャー企業群が混在しており、市場区分見直しの焦点はここにありました。

22年4月からは、最上位の市場を「**プライム市場**」（1834社）と命名し、「**スタンダード**」（1440社）、「**グロース**」（530社）と続く3つの市場に再編しました（企業数は23年6月現在）。

3市場は、①流動性、②ガバナンス、③経営成績・財政状態（グロースは事業計画）の3項目を設定。項目ごとに株主数や流通株式数、売買高、売買代金など細かい数値目標を置いています。

多くの企業は、海外事業の展開などで有利になる最上位のプライム市場での上場維持を図りたいと考えていますが、旧1部では上場維持基準が時価総額10億円以上だったのに対し、プライム市場では持ち合い株を除いた**流通株式総額**＊を基準に10倍の100億円に引き上げられました。流通株式比率は35％以上と定めています。投資家が企業との会話を進めるうえで支障となる、議決権を行使しないいわゆる安定株主が大半を占めることのないよう、公開性を求めたものです。

東証が市場区分を再編

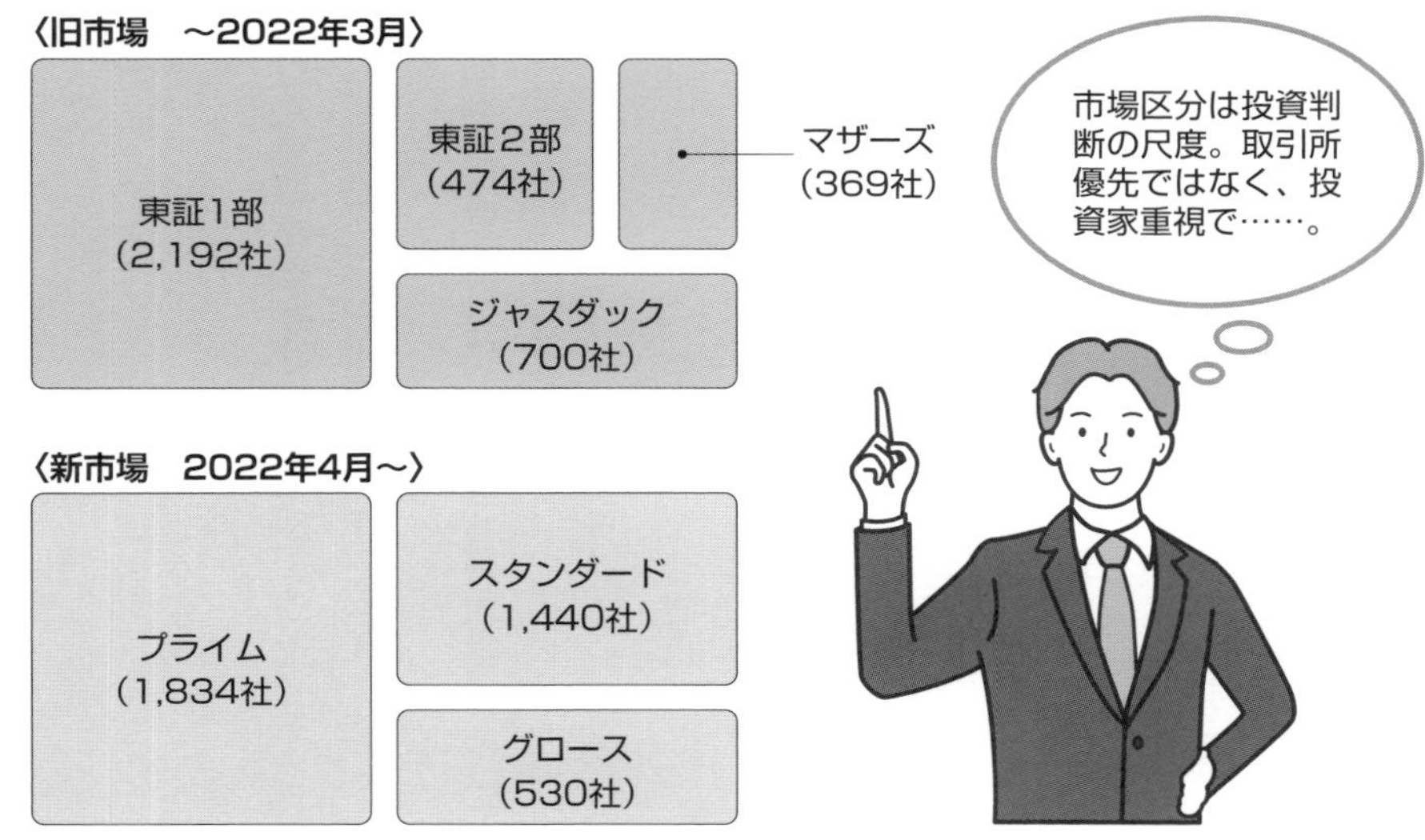

流通株式総額　企業の会計年度末日時点における最終株価の価格と流通株式数を掛けて算出された金額。投資家が売買しやすいよう、市場における流動性を高める狙いがある。

Section
5-10 国内重視の野村HD

大手証券①

野村ホールディングス（HD）は2001年に設立された金融持株会社で、中核子会社である野村證券は長年にわたって証券業界首位の座を堅持、2025年に創立100周年を迎えます。

ガリバーの異名を取り、同業他社の追随を許さない**野村證券**ですが、都市銀行がメガバンクグループを形成し、銀行・証券・信託の「三位一体」型経営を展開するようになって旗色が悪くなってきました。

23年3月期連結業績は、世界的な景気不透明感を背景に株式取引が低迷、手数料収入が伸び悩むなど、営業、**インベストメント・マネジメント***、ホールセールの3部門とも大幅減益となり、3期連続で最終利益は減益を記録しました。

インターネット専業証券の台頭も、ガリバーの威力を削ぎつつあります。個人投資家は昔のように株の指南役を証券会社に求めることはなく、インターネットで入手する情報で株式売買します。

野村證券もインターネット証券を開業したことがあります。06年に営業を開始したジョインベスト証券は08年のリーマン・ショック直後にシステムトラブルを起こして金融庁から業務改善命令を受け、その後も業績不振が続いたため09年、本体の野村證券に吸収され、わずか3年で手仕舞いしました。

23年6月にはSNSの「LINE」と共同運営しているLINE証券も業績不振で野村證券が業務を引き取るなど、オンライン証券事業での失敗が続いています。オンライン口座数は520万（23年3月期）。インターネット専業証券最大手のSBI証券はグループの証券会社を含めた合計で1000万口座（同）に達し、その差は開くばかりです。

そこで野村證券は23年2月から、オンラインサービスの改善に乗り出しました。取引履歴の表示期間と表示範囲を拡大。また、口座を持つ顧客が無料で資産やマーケット情報のチェック、取引、手続きを行えるようにしました。Web上で住所変更やNISA口座（つみたてNISA・一般NISA）の開設も可能にしました。

インベストメント・マネジメント　Investment Management。金融業界では、顧客の資産を運用し管理する業務を指す。

■地銀への接近を強める

野村HDは、景気に左右されない収益体質となるべく改善に取り組んでおり、国内重視の営業戦略に傾斜しています。20年には国内における預かり資産残高を150兆円に増やす経営目標を立てていましたが、22年3月期時点で122兆円あまり、目標は達成していません。銀行も投資信託や保険を販売して預かり資産残高を増やすなど同じ戦略を展開しており、目標達成は容易ではありません。

同社は地方銀行との業務提携に注力しています。19年に山陰合同銀行ならびに同行の証券子会社との間で、金融商品仲介業務における業務提携を結びました。地銀の顧客に対する証券商品の提供のほか、地銀の資金運用アドバイスなど、広範な業務支援を展開します。

同行のほか阿波銀行、大分銀行、福井銀とも提携しています。地銀との業務提携はSBIグループが先行していますが、野村はこれに加えて千葉銀行を盟主とする地銀グループ「**TSUBASAアライアンス***」と組んで、リモートでの金融コンサルティング提供に向けた合弁会社の設立を検討しており、地銀との関係強化を推進しています。

野村ホールディングスの業績推移

単位：百万円

		2019年3月期	2020年3月期	2021年3月期	2022年3月期	2023年3月期
営業収益（収益合計）		1,835,118	1,952,482	1,617,235	1,593,999	2,486,726
	増減率	-5.5%	6.4%	-17.2%	-1.4%	56.0%
受入手数料		640,109	650,229	715,625	751,932	664,749
	増減率	-11.2%	1.6%	10.1%	5.1%	-11.6%
トレーディング損益		342,964	356,609	310,040	368,799	563,269
	増減率	-22.6%	4.0%	-13.1%	19.0%	52.7%
金融収益		776,964	794,472	356,466	284,222	1,114,690
	増減率	32.7%	2.3%	-55.1%	-20.3%	292.2%
当期純利益		-100,442	216,998	153,116	142,996	92,786
	増減率	-145.8%	—	-29.4%	-6.6%	-35.1%

出典:野村ホールディングス決算短信

注:受入手数料=「委託・投資信託募集手数料」+「投資銀行業務手数料」+「アセットマネジメント業務手数料」

TSUBASAアライアンス　2012年に千葉銀行が日本IBMと企画した研究会が発展してできたグループ。第四北越、中国、伊予、東邦、北洋、武蔵野、滋賀、琉球、群馬の各銀行が参加する合計10行の広域連携体。

Section

5-11 大手証券②

ハイブリッド戦略の大和証券G本社

「不動の2位」を堅持する大和証券グループ本社。主力のリテール部門に加えて、不動産や再生エネルギーへの投資など新機軸に注力しています。

同社は証券業界首位の野村とともに、独立系大手「2強」を形成しています。ただ、山一證券の自主廃業（1997年）後の二十数年間は紆余曲折がありました。

99年に友好先の住友銀行（現三井住友銀行＝SMBC）との間で法人向けの証券会社「大和証券SBキャピタルマーケッツ」を設立、2001年に「大和証券SMBC」と商号変更しました。

09年にSMBCは日興コーディアル証券を買収し、大和証券SMBCとの統合を仕掛けました。しかし大和は2社統合での出資比率を巡ってSMBCと激しく対立し、大和証券SMBCの合弁を解消して09年に自主独立路線へ回帰しました。

23年3月期の業績は、リテール部門で中核商品の「**ラップ口座**」が過去最高の契約資産残高を記録するなど好調の一方で、ホールセール部門は不透明な市場環境を反映して投資家の動きが鈍り減収となり、増収減益を記録しました。

不動産と再エネ投資のハイブリッド戦略を推進

同社の収益構造は、23年3月期の**純営業収益**＊で見ると、リテール部門が405億円、ホールセール部門433億円、アセット・マネジメント部門175億円、投資部門70億円となっています。

大和が熱心に手がけているのがラップ口座。ラップ口座は、投資家から預かった資金の運用や投資アドバイス、管理などを総合的に行うサービス。23年3月期におけるラップ口座の実績は15万7000口座と過去最高、1契約当たり残高は約2000万円で業界平均の2倍となっています。

Term **純営業収益**　営業収益から金融費用を除いた額。

同社はラップ口座の高い人気を背景に、地方銀行や信用金庫、クレジットカードなど他業態との業務提携を積極的に推進しています。19年に日本郵政グループとラップ口座で協業し、同年にクレディセゾンと資本業務提携、21年には三菱UFJフィナンシャル・グループと資産形成事業で協業するなど注力しています。

また同社は、不動産や**再生エネルギー**＊などへの投資、インターネット専業銀行である大和ネクスト銀行の事業を今後の重要な成長部門と位置付け、「ハイブリッドビジネス」と呼んで推進しています。

証券会社は市場取引が主戦場のため、景気に左右されやすい事業です。業界各社が預かり資産残高の積み上げに余念がないのはこのためで、ハイブリッド戦略からも「インフラと不動産は景気の動きに左右されにくい」という同社の判断がうかがえます。

株式や債券などの市場だけでなく、大規模な太陽光発電設備（メガソーラー）へのファンド組成など、再エネ関連商品を提供して顧客を幅広く獲得していく作戦で、24年3月期にハイブリッド事業で経常利益500億円を目標にしています。

大和証券グループ本社の業績推移

単位：百万円

		2019年3月期	2020年3月期	2021年3月期	2022年3月期	2023年3月期
営業収益		720,586	672,287	576,172	619,471	866,090
	増減率	1.1%	-6.7%	-14.3%	7.5%	39.8%
受入手数料		283,027	266,574	286,835	314,051	279,991
	増減率	-9.8%	-5.8%	7.6%	9.5%	-10.8%
トレーディング損益		92,218	93,802	118,895	101,522	70,253
	増減率	-15.4%	1.7%	26.8%	-14.6%	-30.8%
金融収益		291,005	258,122	93,188	75,978	332,548
	増減率	52.8%	-11.3%	-63.9%	-18.5%	337.7%
営業利益		67,326	54,288	92,859	115,534	66,273
	増減率	-50.1%	-19.4%	71.0%	24.4%	-42.6%
当期純利益		63,813	60,346	108,396	94,891	63,875
	増減率	-42.3%	-5.4%	79.6%	-12.5%	-32.7%

出典：大和証券グループ本社決算短信

再生エネルギー　正確には、再生可能エネルギー（Renewable Energy）という。石油や石炭、天然ガスなどの化石エネルギーと異なり、太陽光や風力、水力、地熱、バイオマスなど自然界に存在するエネルギーのこと。

Section

5-12 大手証券③ グループ連携強化の三菱UFJ証券HD

収益的にはメガバンクグループの証券会社で専業の野村・大和を追う一番手ですが、知名度は低く、傘下の証券会社の社名も長くて覚えられません。

三菱UFJ証券ホールディングス（HD）の源流は、1981年に設立された国際証券。同社は野村證券を追われた幹部が創業者となり、「野村に追い付き追い越せとハッパをかけて投信を売りまくった」（証券業界関係者）といわれています。

97年に山一證券が自主廃業し、東京三菱銀行（当時）と親密な日興証券がこれに動揺、外資と提携して三菱のもとを離れました。慌てた三菱サイドは、業績好調で野村が苦々しく持て余していた国際証券に目を付け、99年に野村が保有する国際証券の株式を譲り受けて子会社にしました。

その後、08年のリーマン・ショックの際に米大手投資銀の一角**モルガン・スタンレー***に1兆円を出資して大株主となり、モルスタを取り込んで証券事業を拡大するため、09年に三菱UFJ証券ホールディングスを設立。翌年、日本国内にあるモルガン・スタンレー証券会社の投資銀行部門を取り込んで「三菱UFJモルガン・スタンレー証券（MUMSS）」ができ、三菱UFJ証券HDの中核会社になりました。

グループ内にはMUMSSのほか、モルスタHDと共同出資で設立したホールセール専業の「モルガン・スタンレーMUFG証券（MSMS）」およびインターネット専業証券の「auカブコム証券」があります。

同社の23年3月期業績は、国内では市場の不透明感から投信販売が軟調でしたが、ホールセール部門が堅調に推移。海外拠点は投資銀行業務が苦戦したものの増収増益を記録しました。国内の3子会社の業績を純営業収益ベースで比較すると、MUMSSが2611億円、MSMSが1202億円、auカブコム証券が176億円となっています。

モルガン・スタンレー　現在のJPモルガン・チェースの投資銀行部門が分離独立して1935年にできた。08年のリーマン・ショックで業績不振に陥り、MUFGから1兆円の金融支援を受けて同社の傘下になった。

ようやく始まったグループ連携

同社は、メガバンクグループ最大手で国内の銀行グループ最大の三菱ＵＦＪフィナンシャル・グループの証券事業を統括する会社だけに、国内の大手企業ならびに個人でも富裕層に対する知名度は高いものがあります。

しかしその一方で一般顧客に対するアプローチは遅く、グループの主力であるＭＵＭＳＳは23年４月に入ってようやくａｕカブコム証券との協業を開始したばかりです。両社の証券口座を使い分けることで資産運用の幅を広げて顧客増に結び付けたい狙いがあります。

ａｕカブコム証券*は大手通信キャリアとの合弁会社で、インターネット銀行（ａｕじぶん銀行）とも近しい関係にありますが、オンライン証券としては先行するＳＢＩ証券や楽天証券に後れを取っています。ａｕカブコム証券は23年11月、国内株式（現物・信用）と先物・オプションを対象に、高機能のスマートフォン向けトレーディングアプリの提供を開始しました。

ＭＵＭＳＳは、大企業中心でホールセール専業のＭＳＭＳとのすみ分けなど、グループ内再編が必要ではないでしょうか。

三菱 UFJ 証券ホールディングスの業績推移

単位：百万円

		2019年3月期	2020年3月期	2021年3月期	2022年3月期	2023年3月期
営業収益		371,484	455,781	388,058	351,282	492,807
	増減率	-1.4%	22.7%	-17.9%	-9.5%	40.3%
受入手数料		31,744	143,291	142,538	166,415	151,850
	増減率	-25.3%	351.4%	-0.5%	16.8%	-8.8%
トレーディング損益		119,559	149,668	136,957	92,630	182,567
	増減率	-30.1%	25.2%	-8.5%	-32.4%	97.1%
金融収益		103,133	162,817	108,558	92,232	158,384
	増減率	118.6%	57.9%	-33.3%	-15.0%	71.7%
営業利益		25,586	28,577	62,621	23,020	54,516
	増減率	-59.5%	11.7%	119.1%	-63.2%	136.8%
当期純利益		25,141	21,142	39,316	17,211	44,802
	増減率	-41.8%	-15.9%	86.0%	-56.2%	160.3%

出典：三菱UFJ証券HD　決算短信

auカブコム証券　1999年設立。2007年に三菱東京UFJ銀行の連結子会社。2019年にKDDIの子会社の傘下となり「auカブコム証券」に商号変更。

Section

5-13

大手証券④

ネット取引強化のみずほ証券

証券業界4位のみずほ証券は、国内上場企業の約7割が取引しているといわれるメガバンクグループの子会社。近年は米国での好業績が目立っています。

みずほ証券は、第一勧業銀の系列証券だった勧角証券と、日本興業銀行の系列だった新日本証券・和光証券を源流とし、金融制度改革のもとで設立された興銀証券の3つのグループが合流しました。

みずほフィナンシャルグループ（FG）の誕生で、興銀系証券の新日本と和光が2000年に合併して新光証券、勧角証券は「みずほインベスターズ証券」と商号変更。新光証券が09年にみずほ証券に吸収合併され、2バンクモデルが崩壊しワンバンク体制になった13年、みずほ証券とみずほインベスターズ証券が合併して現在のみずほ証券が発足しました。

同社の23年3月期業績は、米国拠点を合算しなければ営業収益が前年同期比5・9％増の4249億円、純利益は88・2％減の64億円と増収減益になりますが、合算すると純利益は798億円になります。米国みずほ証券などの米州拠点で債券トレーディング部門が収益をけん引した結果です。

「三位一体」は後退、ネット取引は増

同社は、みずほFGが目指す銀行・証券・信託の三位一体型経営の一角を担ってきました。メガバンクグループは一様にこうした戦略を取っていますが、銀行と証券の窓口を融合した共同店舗「プラネットブース」は、全国のみずほ銀行支店内にありました。18年度あたりまでは約170と証券店舗を上回り、総店舗数は270あまりと業界トップ。業界最大手の野村證券の支店数が約160店でしたから、群を抜いていました。

しかし、コロナ禍を経てインターネットによる証券取引が定着し、個人部門営業は有人店舗への来店が激減。プラネットブースは23年5月現在、約90カ所にまで減少してい

楽天証券HDとの提携　2022年10月、みずほ証券と楽天証券ホールディングスとの間で資本業務提携が締結されました。インターネット取引を強化して新たな顧客を開拓したいみずほと、携帯電話事業への巨額投資のため楽天証券の株式を一部売却して資金を調達したい楽天の思惑が一致したといわれています。

ます。

このため、オンライン取引の強化を図る狙いから、手薄だったインターネット取引のチャネル拡大を図るべく、楽天証券ならびにスマホ専業証券の「PayPay証券」に対して出資し、相次いで持分法適用会社としました。

みずほに強力な援軍

みずほ証券は対面販売がメインであり、新たなインターネット専業証券とのパイプを太くすれば、シニア層主体のみずほ証券と、30歳代の若い世代が中心のネット専業証券との間で相互補完できるメリットがあります。

楽天証券はネット専業証券の中ではSBI証券と並ぶ大手の一角で、900万口座（23年4月時点）。インターネットショッピングモール最大手の1つである楽天との関係強化にもつながります。

PayPay証券は、みずほFGとのパイプが強いソフトバンクグループ傘下。キャッシュレス決済の代表格で、登録者数5700万人（23年4月時点）と有力な決済インフラに成長しているだけに、みずほ証券としては強力な援軍を得たといえるのではないでしょうか。

みずほ証券の業績推移

単位：百万円

	2019年3月期	2020年3月期	2021年3月期	2022年3月期	2023年3月期
営業収益	381,531	381,775	441,020	401,439	424,977
増減率	0.0%	0.1%	15.5%	-9.0%	5.9%
受入手数料	167,998	161,616	203,549	208,827	161,084
増減率	-0.3%	-3.8%	25.9%	2.6%	-22.9%
トレーディング損益	101,382	108,489	147,236	102,813	92,063
増減率	-18.4%	7.0%	35.7%	-30.2%	-10.5%
金融収益	104,446	108,396	86,922	90,110	169,669
増減率	32.6%	3.8%	-19.8%	3.7%	88.3%
営業利益	21,217	29,236	95,923	69,248	16,624
増減率	-50.2%	37.8%	228.1%	-27.8%	-76.0%
当期純利益	4,377	21,428	75,553	54,982	6,494
増減率	-87.8%	389.5%	252.6%	-27.2%	-88.2%

出典：みずほ証券決算短信

みずほの900億円出資　2023年11月にみずほフィナンシャルグループがみずほ証券を通じて900億円を楽天証券に追加出資。出資比率を5割近くまで上げました。2024年1月スタートの新NISAでの若年層取り込みに備えたものとの指摘が出ています。

Section

5-14 大手証券⑤ 退潮のSMBC日興証券

SMBC日興証券は2021年に重大な不正取引が発生、翌年に金融当局から行政処分を受けました。2009年に三井住友フィナンシャルグループ（FG）入りして以来4回目の処分で、信頼が失墜しています。

日興証券はもともと旧三菱銀行系の４大証券の一角でしたが、１９９７年に山一證券が自主廃業して以降は米金融大手シティと組んで三菱と決別。99年に日興ソロモン・スミスバーニー証券となります。２００８年のリーマン・ショックで米シティが巨額損失を出し、翌年に日興を三井住友ＦＧに売却してメガバンク傘下の「日興コーディアル証券」（11年に**ＳＭＢＣ日興証券**）となりました。

一方、三井住友ＦＧは１９９９年に大和証券との間でホールセール専門の「大和証券ＳＭＢＣ」を合弁で設立しており、大和と日興という旧４大証券の2社を統合する計画でしたが、２００９年に大和が反発し合弁を解消して離脱。これを契機に三井住友ＦＧの中核である三井住友銀行のＳＭＢＣ日興証券に対する影響力が高まりました。

相次ぐ不祥事で今後に暗雲

21年6月、証券取引等監視委員会は金融商品取引法違反（相場操縦）の疑いでＳＭＢＣ日興証券の強制捜査を行いました。「**ブロックオファー***」といわれる手法を使って不正に取引したことから関係者5人が逮捕され、同社は22年10月に金融庁から3カ月の業務停止命令と業務改善命令を受けました。同社が行政処分を受けるのは、三井住友ＦＧ入りした09年から4回目となります。

今回の事件の背景の1つとして、法人営業部門の大口顧客に忖度するため不正な取引に手を染めたガバナンス欠如があると思われます。

また、こうした法人営業優先は、同社の弱点といわれたホールセール事業を推進したい三井住友ＦＧの意向が強く

Term

ブロックオファー　証券取引所の取引時間外に、大株主から株をまとめて買い取ったあと、割安で投資家に販売する取引のこと。大株主にとっては大量売却時の株価下落を回避でき、投資家は割安で買え、仲介する証券会社には差益が得られるメリットがある。

働いたのではないかとの指摘があります。

シティから買収した日興コーディアル証券、18年に吸収合併した**SMBCフレンド証券**＊はいずれも個人向けのリテール専業証券会社であり、09年に大和証券SMBCが合弁を解消したことでホールセール事業が手薄になっていたのです。

これ以降、三井住友銀行はOBをSMBC日興証券の社長に据えて法人営業を強化しました。「その結果、銀行の大得意先でもある法人に対しては便宜を図るような取引が増えていったのではないか」（業界関係者）との声があります。

同社の23年3月期業績には行政処分の影響が色濃く出ています。営業収益は受入手数料、トレーディング損益の両部門で前期比割れを記録。当期純損失は約400億円と減収減益になりました。

同社の親会社である三井住友FGは、不正事件で揺れているさなかの22年6月、インターネット専業証券最大手のSBI証券を傘下に持つSBIホールディングスと資本業務提携を結びました。一部ではSMBC日興証券とSBI証券の合併観測も流れています。

SMBC日興証券の業績推移

単位：百万円

		2019年3月期	2020年3月期	2021年3月期	2022年3月期	2023年3月期
営業収益		369,525	398,749	447,155	355,123	279,492
	増減率	-7.0%	7.9%	12.1%	-5.9%	-21.3%
受入手数料		197,033	204,915	224,026	226,943	159,130
	増減率	-1.2%	4.0%	9.3%	1.3%	-29.9%
トレーディング損益		111,738	103,696	127,259	103,286	62,728
	増減率	-24.2%	-7.2%	22.7%	-18.8%	-39.3%
金融収益		47,640	81,879	88,470	18,368	50,997
	増減率	16.2%	71.9%	8.0%	-79.2%	177.6%
営業利益		42,743	43,004	84,518	58,860	-44,485
	増減率	-52.3%	0.6%	96.5%	-30.4%	—
当期純利益		33,310	39,282	71,739	49,798	-39,838
	増減率	-47.7%	17.9%	82.6%	-30.6%	—

出典：SMBC日興証券　決算短信

SMBCフレンド証券　旧住友銀行系の明光証券、旧三井銀行系の山種証券など5つの証券会社が合併を重ね、2003年に現社名となった。

Section
5-15 インターネット専業証券の実力

証券取引のメインステージに成長したオンライントレードをけん引するのがインターネット専業証券。登場から四半世紀が経過し、業界大手に迫る勢いを見せています。

ネット専業証券最大手は1999年に営業を開始した**SBI証券**。野村證券出身の北尾吉孝氏がトップに就任し、持ち前の行動力を発揮して同社を急成長させていきました。

2023年3月期業績は営業収益1750億円（対前期比5・1％増）、当期純利益414億円（3・6％増）と増収増益を記録。口座数はSBIホールディングス（HD）内のグループ証券会社の総合計で初めて1000万口座を突破し、最大手の野村證券（534万口座）の2倍に迫る伸びを見せています。

SBIHDは22年6月、相場操縦事件の発覚で行政処分を受けて業績不振に陥っているSMBC日興証券を傘下に持つ三井住友フィナンシャルグループ（FG）との間で資本業務提携を結ぶなど、相変わらず話題に事欠きません。

業界第2位は**楽天証券**。04年に楽天の連結子会社になりました。22年10月に楽天証券HDを設立して傘下の子会社になり、同年11月にHDはみずほ証券と資本業務提携し、楽天証券の株式を一部売却しました。携帯電話事業への資金調達が狙いだったといわれています。

22年12月期業績は営業収益954億円（対前期比6・6％増）、当期純利益92億円（2・8％増）と増収増益を記録しました。口座数は864万でSBI証券とし烈な首位争いを演じており、有力なインターネットショッピングモール、1000万会員のクレジットカードなど営業地盤は強固です。

松井など3社は22年度決算で減益

2強に続くのが1918年創業の**松井証券**。元は地場証券に過ぎなかった同社ですが、95年に**松井道夫**＊氏が社長

松井道夫　1953年生まれ。一橋大経済卒、日本郵船入社。87年に松井証券入社、95年社長。98年からインターネット証券専業。20年同社顧問。

に就任し、98年にネット証券事業に特化。株式の保護預かり手数料を無料にしたり、店頭株式の手数料を半額にするなど、大胆な販売手法を導入して業界を驚かせました。

23年3月期業績は営業収益310億円（対前期比1・5％増）、当期純利益は前期に約39億円の有価証券売却益を出した反動で78億円（31・6％減）と増収減益を記録しました。

マネックス証券は国内株式の委託手数料収入に依存せず、米国など外国株の委託手数料やFXなどに注力しており、受入手数料はネット専業では2強に続いています。

23年3月期業績を見ると、営業収益は国内現物株式手数料の引き下げなどの影響で受入手数料が減少し793億円（対前期比10・7％減）、当期利益は33億円（74・5％減）と減収減益を記録しました。

auカブコム証券は、三菱UFJ証券HDと携帯キャリアauの金融持株会社**auフィナンシャルHD**＊が株主。23年3月期業績は営業収益200億円（対前期比1・3％増）、当期純利益は28億円（20・6％減）と増収減益となっています。

インターネット専業証券大手5社の23年3月期業績

単位：百万円

	SBI証券	楽天証券	松井証券	マネックス証券	auカブコム証券
営業収益	175,053	95,441	31,071	79,304	20,083
受入手数料	77,240	40,174	16,067	36,953	7,496
トレーディング損益	51,551	22,237	2,345	10,788	2,488
金融収益	46,192	28,032	12,659	29,413	9,772
口座数（単位：千口座）	10,038	8,647	1,448	2,211	1,540
当期純利益	41,467	9,283	7,823	3,392	2,890

出所：各社決算短信
備考：※SBI証券の口座数はグループ内の証券各社の総合計
※楽天証券は2022年12月期

auフィナンシャルHD　KDDIがグループ内の金融事業を統括する持株会社。2019年設立。auカブコム証券は同社の子会社。

寒い駄ジャレで悦に入る証券業界

みんなにいいさ！　NISAがいいさ！

日本証券業協会が2024年2月から始まる新NISAの販売推進用に考案したキャッチフレーズです。クスリとも笑えません。NISAという名称も、英国の非課税貯蓄制度であるISA（Individual Savings Account）にN（Nippon＝日本）を付けたもので、何の芸もない名前です。

金融商品ですから、取って付けたような受け狙いの名称を付ける必要などまったくありません。しかし、他国の制度に自国のイニシャルを付け、それで「貯蓄から投資へ」という大号令の先兵的役割を担わせようというのは、あまりにも発想が貧困。センスのなさを感じざるを得ません。

そこへ持ってきて、これまたセンスのかけらも感じない駄ジャレを飛ばすとは……。どこぞの広告代理店のコピーライターによるものかもしれませんが、GOサインを出した協会の感覚がズレているとしか思えないのは筆者だけでしょうか。

もともとISAは、1999年に英国民の貯蓄率の向上を目的として導入され、現在、成人人口の約半数がISA口座を持つなど、資産形成手段として定着しているようです。しかし、この制度はつまるところ投資で得たお金から引かれる税金の額が少し減るだけのことです。この程度のことを優遇措置と呼ぶほど、わが国の資産形成状況もまた、このキャッチフレーズと同様にお寒いということではないでしょうか。

NISAが誕生して10年。積み立てやジュニア用などマイナーチェンジがありました。今回の制度改正では年間投資枠の拡大など手が加えられていますが、個人投資家の最大の願いは、より多くの配当にほかなりません。投資をしていない人が「投資をしてみようか」と考えるきっかけになり得るかどうか――今後の推移を見守る必要があります。

▲東京証券取引所

索引
INDEX

■か行

■あ行

■さ

た行

■な行

■は行

■や行

■ら・わ行

■ま行

■数字

■アルファベット

著者略歴

平木　恭一（ひらき　きょういち）

明治大学文学部卒。経済ジャーナリスト。金融業界の取材歴30年。週刊誌や経済専門誌に執筆多数。近年は投資情報誌で企業の業績予想を手がけている。主な著書に『図解入門 よくわかる最新金融の常識と仕組み』、『図解入門業界研究 銀行業界の動向とカラクリがよ～くわかる本』『改革・改善のための戦略デザイン 金融業DX』（以上、秀和システム）など。

www.k-hiraki.com

●イラスト

おおもり やもり／PIXTA

emma／PIXTA

タナカ　ヒデノリ

図解入門業界研究

最新金融業界の動向とカラクリが

よ～くわかる本［第6版］

発行日　2024年　1月10日　　第1版第1刷

著　者　平木　恭一

発行者　斉藤　和邦

発行所　株式会社　秀和システム

〒135-0016

東京都江東区東陽2-4-2　新宮ビル2F

Tel 03-6264-3105（販売）Fax 03-6264-3094

印刷所　三松堂印刷株式会社　Printed in Japan

ISBN978-4-7980-7039-1 C0033